이지선 칼럼
'대한민국 STOP! & GO!'

이지선 칼럼
'대한민국 STOP! & GO!'

초판인쇄 2025년 11월 15일
초판발행 2025년 11월 15일

지은이 이지선
펴낸이 이해경
편집 길민정
펴낸곳 (주)문화앤피플뉴스
등록번호 제2024-000036호
주소 서울 중구 충무로2길 16, 4층 403호 (충무로4가, 동영빌딩)
대표전화 02)3295-3335
팩스 02)3295-3336
이메일 cnpnews@naver.com
홈페이지 www.cnpnews.co.kr

정가 15,000원
ISBN 979-11-94950-14-1 (03810)

※ 이책은 전부 또는 일부 내용을 재사용하려면 반드시 저작권자와 도서출판
  문화앤피플의 동의를 받아야 합니다.
※ 이 도서의 국립중앙도서관 출판시도서목록(CIP)은 서지정보유통지원시스템
  홈페이지(http://seoji.go.kr)와 국가자료공동목록시스템(http://www.go.kr/kolisnet)
  에서 이용하실 수 있습니다.
※ 이 책은 교보문고와 연계하여 전자책으로도 발간되었습니다.
※ 이 책은 국립중앙도서관 홈페이지에서 검색 가능합니다.
  잘못 만들어진 책은 바꿔드립니다.

이지선 칼럼
'대한민국 STOP! & GO!'

문화앤피플

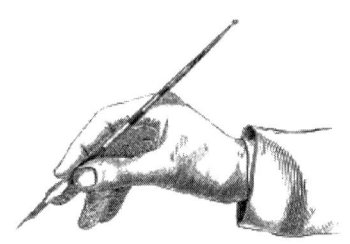

이지선 칼럼
"대한민국 STOP! & GO!"

/ 작가의 말 /

2012년부터 2025년까지
자치신문에 기고한 칼럼을 정리했습니다.
시인의 눈으로 보는
사회, 경제, 정치, 문화는 어떤 시선인지
소시민이 꿈꾸는 세상은 어떤 모습인지
제 의견을 펼쳐 보이고 싶었습니다.

우리는
소박한 꿈을 가지고 있습니다.

안전하게, 정의롭게, 공정하고 신바람 나게
살고 싶다는 소망이 이루어지길 바라며
이 칼럼이 부싯돌이 되기를 기대합니다.

2025년 가을에
이 지 선

차례

1부 나라의 주인은 누구인가? _ 12쪽

01. 이제는 열매를 맺어야 한다
02. 출산율을 높이려면 정책을 바꾸어야 한다
03. 시흥! 멋진 도시로 이미지를 바꾸자
04. 지방자치 단체장은 정당 소속을 배제해야 한다
05. 에너지 자원 지금부터 준비해야 한다
06. 농업이 죽으면 생명이 죽어간다
07. 교육의 과잉 투자는 실속이 없다
08. 한국 종교 다시 태어나야 한다
09. 정치인의 자질을 검증해야 한다
10. 후보자들의 공약 잘 따져봐야 한다
11. 과대 포장은 신뢰를 무너뜨린다
12. 성범죄자 무인도에 격리해야 한다
13. 세금 갉아먹는 도덕적 해이를 막아야 한다
14. 고위층의 벌금 액수를 높여야 한다
15. 교회 세습은 김일성 세습과 같다
16. 회색지대가 필요하다
17. 후원금과 기부금은 투명하게 밝혀야 한다
18. 진정한 애국자는 누구인가?
19. 2013년을 보내며
20. 막장 드라마 이대로 괜찮은가?
21. 나라의 주인은 누구인가?
22. 보궐선거 -당과 문제의 당사자가 선거비용을 내야 한다

2부 이름값을 하는가? _ 60쪽

23. 귀농 귀촌은 철저한 계획과 준비가 있어야 한다
24. 부담스럽게 기념해야 하는 날들
25. 언론은 공기와 같다
26. 말보다 행동으로 실천해야 한다
27. 한국 종교 변화해야 한다
28. 역사는 사실을 기록해야 한다
29. 아름다운 마무리를 준비하며
30. 대한민국은 섬나라다
31. 세금 낭비를 조장한 사람들 책임을 물어야 한다
32. 교육제도 다시 생각해야 한다
33. 새해에는 이랬으면 좋겠다
34. 결혼과 장례문화 개선해 가야 한다
35. 화려한 말 보다는 검소한 실천을
36. 행사장에 얼굴도장 찍기 바쁜 정치꾼들
37. 그동안 우리가 잃어버린 것들
38. 정부는 토목 공사에 대한 향수를 버려야
39. 우리 역사 기록은 사실인가?
40. 실속 없이 낭비하는 축제는 없애야 한다
41. 치매 조기 검진을 의무화해야 한다
42. 어린이와 청소년에게 투자해야 한다
43. 이름값을 하는가?
44. 국회의원 월급, 특권, 수당 주기 아깝다
45. 물을 아끼는 정책을 강구해야 한다

차례

3부 이제는 낙하산을 접어야 한다 _ 102쪽

46. 퇴직 후 재입사는 하급직을 우선으로 해야 한다
47. 유머가 있는 사회가 안전한 사회다
48. 우리는 당당한가?
49. 시의원을 바라보는 시민들의 시선
50. 어려운 문제 지혜롭게 풀어야 한다
51. 개인의 의리보다 국민의 실익이 중요하다
52. 우리의 처지가 안타깝다
53. 정치인도 정년제 성과제를 두어야 한다
54. 국민의 수준과 정치인의 수준 차이
55. 복지정책에 문제가 많다
56. 우리의 위인을 배우고 가르쳐야 한다
57. 아직도 이용 가치가 있는 '빨갱이라는 단어'
58. 공권력의 부정부패는 사법부의 무능이다
59. 이제는 낙하산을 접어야 한다
60. 현명한 역사의식은
61. 올해는 복을 만들어 드립시다
62. 무술戊戌년에 바라는 희망
63. 정치인이 청빈하면 국민은 부자가 된다
64. 시장 후보자에 대한 단상
65. 정직한 언론이 사회를 바꾼다
66. 긍지와 자부심을 키우는 교육이 필요하다
67. 시흥시장에게 거는 기대와 소망
68. 대한민국은 누구를 위한 나라인가

⟨4부⟩ 상상이 이루어지는 날 _ 142쪽

69. 어린이와 노인은 국가에서 책임져야 한다
70. 폴란드로 간 아이들 영화를 보며
71. 새해에 바라는 소망들
72. 벽을 허물어야 넓게 보인다
73. 미국은 우리에게 산타클로스인가?
74. 상상이 이루어지는 날
75. 번갯불에는 콩을 구울 수 없다
76. 고난은 새로운 돌파구를 만든다
77. 대한민국은 독립국인가?
78. 아베 씨, 고마워요
79. 새 술은 새 부대에 담아야 한다
80. 요양원은 국가에서 운영해야 한다
81. 그래도 투표는 해야지
82. 지도자의 역량
83. 변하지 말고, 변화해야 한다
84. 각국의 민낯을 드러낸 코로나19
85. 코로나의 메시지
86. 코로나의 경고
87. 종교, 앞으로도 살아남을까?
88. 지도자는 어떠해야 하나?
89. 열등의식을 버려야
90. 농협, 농민을 위해 일해야 한다
91. 우리의 과거 미얀마를 보며

차례

◇ **5부** 　내 나라는 내가 지켜야 _ 182쪽

92. 정치인의 단골 거짓말
93. 기후변화에 주목해야 할 때
94. 내 나라는 내가 지켜야 한다
95. 작은 일에 충실해야
96. 한국 종교, 개혁해야 살아남는다
97. 건전한 언론이 절실하다
98. 소비자가 깨어나야 지구가 산다
99. 이런 대통령을 원한다
100. 믿을 수 있는 건 국민의 감시망
101. 정권 바뀔 때마다 교체되는 전문가들
102. 국회의원들, 미래를 위한 고민이 필요하다
103. 괴물의 탄생
104. 나를 위한 내 편은 없다
105. 뒤 돌아가면 안 되는 것들
106. 30년 후 우리 사회를 상상하다
107. 지금 우리가 서 있는 곳
108. 망해 주시어 고마워요
109. 우리는 지금 어디로 가는가?
110. 유치원과 요양원은 국영으로
111. 누가 국민을 정치평론가로 만들었는가
112. 출산율을 높이기 위한 건의
113. 초심을 지키자
114. 선출직은 임시직이다

6부 우방은 없다 _ 220쪽

115. 우리는 언제 독립국이 되나
116. 시에서 운영하는 실버타운을
117. 악의 축 이란을 여행하다
118. 과연 이스라엘은 선민選民인가
119. 요순시대를 꿈꾸며
120. 우리의 평안한 삶을 위해
121. 인도 모디 총리를 수입하고 싶다
122. 이런 국회의원을 뽑자
123. 식량 무기화에 대비해야 한다
124. 먹방 방송 자제해야
125. 중립국이 되어야 하는 이유
126. 상업화에 멍들어가는 국민 건강
127. 세금으로 충당하기 어려운 낭비
128. 불안의 징조
129. 이건, 아니다
130. 대통령은 대한민국이 아니다
131. 나만 힘든 건 아니네
132. 우방은 없다
133. 사람이 우선인 나라에 살고 싶다
134. 경제를 살리기 위한 뉴딜 정책이 필요하다
135. 악몽은 빨리 깨어나야 한다
136. 대한민국 STOP! & GO!

1부

01. 이제는 열매를 맺어야 한다
02. 출산율을 높이려면 정책을 바꾸어야 한다
03. 시흥! 멋진 도시로 이미지를 바꾸자
04. 지방자치 단체장은 정당 소속을 배제해야 한다
05. 에너지자원 지금부터 준비해야 한다
06. 농업이 죽으면 생명이 죽어간다
07. 교육의 과잉 투자는 실속이 없다
08. 한국 종교 다시 태어나야 한다
09. 정치인의 자질을 검증해야 한다
10. 후보자들의 공약 잘 따져봐야 한다
11. 과대 포장은 신뢰를 무너뜨린다
12. 성범죄자 무인도에 격리해야 한다
13. 세금 갉아먹는 도덕적 해이를 막아야 한다
14. 고위층의 벌금 액수를 높여야 한다
15. 교회 세습은 김일성 세습과 같다
16. 회색지대가 필요하다
17. 후원금과 기부금은 투명하게 밝혀야 한다
18. 진정한 애국자는 누구인가?
19. 2013년을 보내며
20. 막장 드라마 이대로 괜찮은가?
21. 나라의 주인은 누구인가?
22. 보궐선거 -당과 문제의 당사자가 선거비용을 내야 한다

나라의 주인은 누구인가?

● 이제는 열매를 맺어야 한다

　처음 포도 농사를 지을 때는, 비료를 많이 주어야 열매가 잘 열리는 줄 알았다. 다른 집보다 나무가 무성하게 자라면 보기도 좋았다. 나무가 큰 만큼 포도가 많이 열릴 거라는 기대도 컸다. 그러나 시간이 지나면서 비료를 많이 먹은 나무는 열매를 맺지 못했다. 꽃은 피는데 수정이 안 되거나 꽃송이가 잘 나오지 않는다. 그런 현상을 화진이라 한다. 많은 시행착오를 겪으면서 깨달았다. 열매가 잘 열리는 나무는 비료가 부족한 나무다. 모든 과일나무는 거의 그렇다. 나무가 죽을 위기에 있을 때 종족을 보존하기 위해 꽃을 많이 피운다. 나무가 크는 데 주력하면 열매에 관심이 없다. 계속 성장하려고 자기 세를 확장하기 때문이다. 포도 농사를 지어본 사람은 안다. 그걸 고치기가 얼마나 어려운지. 비료를 주지 않기도 하고 뿌리를 자르기도 한다. 나무에 상처를 주어 거름을 덜 먹게 한다. 그래도 고쳐지지 않을 땐 아예 나무를 잘라 버린다. 괜히 땅을 차지하고 일손을 들일 필요가 없어서다. 어릴 때는 나무를 키워야 하지만 성장한 후에는 풍성한 열매를 맺어야 한다. 어느 농부가 열매 없는 포도나무를 가꾸려 하겠는가? 이런 현상은 농사뿐만 아니라 현 사회에서 자주 보게 된다.

　절 입구에는 건축 기금과 기도 봉헌금을 받는 곳이 아예 설치되어 있다. 부처님은 궁전에서 나오셨는데 부처님을 모시는 분들은 궁전을 지어 부처님의 집이라고 한다. 전부 다 그렇다고는 할 수 없지만 대부분은 그렇다. 교회나 성당도 마찬가지다. 교회나 성당에 갈 때마다 이런 생각이 든다. 예수님이 다시 오신다면 이 성전에 들어오실까? 사회에서 버림받은 사람을 위해 살다가 기득권자들에 의해 죽임을 당한 분, 젊은 나이에 팬티만 걸치고 객사한 분이다. 그런 분이 쳐다보기도 어마어마한 궁전에 주눅 들어 들어오지 못할 것 같다. 예수님과 부처님이 원하는 것은 거대하고 화려한 건물이 아니었을 것이다. 건물만 키우는 종교 집단은 열매를 맺지 못하는 포도나무와 무엇이 다른가? 이제는 열매에 신경 쓸 때다. 여기저기서 종교에 대한 회의와 비난이 함성처럼 터지고 있다. 당연히 그럴만한 이유가 있다. 건물 지을 비용의 십분의 일이라도 예수님과 부처님의 뜻을 실천하는 데 사용했다면 이 사회는 좀 더 밝아졌을 것이다.

신자에게는 십일조를 강조하는 종교 지도자들이 교회 수입의 십일조를 어려운 이웃을 위해 사용했을까? 시설이 잘되어 있고 웅장한 건물에 문을 꽉꽉 닫지 말고, 지역사회와 주민들을 위해 활짝 열어 놓으면 좋지 않을까? 신자이든 신자가 아니든 모든 사람들이 허물없이 드나들 수 있고 급할 때 도움을 청하고 주민들이 성전 마당에 와서 잔치도 할 수 있으면 어떨까? 평일에는 주차장도 이용하게 하고 성전 지하에 납골시설을 만들어 신자가 아닌 사람에게도 싸게 이용하게 해 준다면 얼마나 좋을까? 앞으로는 지역사회에 친근하게 다가가는 종교가 아니면 살아남기 어려울 것이다. 종교 지도자들이 행동으로 예수님의 뜻을 증거 하지 못하면 신자들은 교회를 떠날 준비가 되어 있다. 일부 개신교 목사의 추태로 신자들이 많이 줄어들었다. 교회 다닌다는 말을 떳떳하게 하지 못하는 신자도 많다. 훌륭한 종교 지도자도 많다. 그분들 덕에 아직도 우리 사회에 종교가 무너지지 않고 있는지도 모른다. 독재정권에서도 희망을 가질 수 있었던 건 종교 지도자들이 촛불을 들고 있었기 때문이다. 지금은 종교의 두꺼운 포장지 사이로 솔솔 기어 나오는 썩은 냄새가 구토를 느끼게 한다. 요즈음 사람들은 옛날처럼 신앙을 몰라서 믿지 않은 게 아니다. 좋은 열매를 보지 못해서 교회를 떠난다. 이대로 가면 서양처럼 교회 건물이 관광지나 카페 클럽이 될 가능성이 많다. 성당, 교회, 절은 건물을 키우는 데 애쓰지 말고 좋은 열매를 맺도록 애써야 한다. 그렇지 않으면 잘라져 버릴 것이다. 농부도 열매가 달리지 않는 나무는 잘라버리는데 하물며 전능하신 신의 눈은 오죽 밝겠는가? (2012.2)

● 출산율을 높이려면 정책을 바꾸어야 한다

요즈음은 노후 문제에 대해 무척 관심이 커졌다. 지금 팔십이 넘으신 분들의 노후대책은 아들이었다. 특히나 장남에 대한 기대와 책임이 강조되었다. 유산도 장남에게 우선권을 주었고, 장남을 가르치기 위해 나머지 자식들은 희생을 강요당했다. 딸들은 오빠나 남동생을 뒷바라지하기 위해 공장에 내몰렸다. 딸들은 자식의 권리도 인정받지 못했다. 그랬던 부모들의 노후는 부도 직전이다. 자식에게 노후 보험을 든 부모들은 부도난 현실을 실감하고 있다. 그래도 그분들은 고생했지만, 여러 명의 자식을 키웠기에 그 자식들이 조금씩만 부담하면 노부모에게 도움을 줄 수 있다. 지금 팔십 이하의 어르신들은 더 문제다. 연금 초기라서 연금 준비도 부족하고, 본인의 노후 준비도 부족했다. 국가 복지 정책이 해마다 개선되어 가는 것은 다행이다. 노인정이나 노인들을 위한 교육 프로그램은 어느 나라보다 잘 되어 있다. 생활이 어려운 노인들의 기초노령연금은 큰 도움이 아닐 수 없다. 그러나 앞으로는 대상자에 대한 선정 방법에 대해 신중히 고려해야 할 것 같다.

　아는 어떤 분이 늦은 나이에 재혼했다. 전처에 장성한 자식이 있지만 형편이 좋은 편이 아니다. 새 아내는 재산이 있는 여자다. 그들은 혼인신고를 하지 않고 산다. 그녀는 재혼한 남편에게 호적을 정리하라고 한다. 아들이 도움을 주지도 못하면서 수급자 대상에 걸림돌이 된다는 것이다. 그야말로 부자지간에 호적을 파 버리는 일이다.　앞으로 이런 문제가 더 많이 발생할 것이다. 더욱이 "애는 낳지 않고 쓰고 싶은 사치는 다 하다가 늙어서 내가 힘들여 키운 자식들이 낸 세금으로 노후를 살겠다."라는 말이 냐며 애 키우는 엄마들의 불평도 귀 기울일 말이다. 애 하나 키우는데 얼마의 돈이 든다는 건 국가 발표로 다 알고 있다. 또한 여러 가지 이유야 있겠지만 이혼하는 가정이 늘면서 사회적인 문제가 많이 발생한다. 청소년 문제도 그렇지만 어린이 문제도 심각하다.

　국민연금을 지급할 때는 자녀를 많이 낳은 가산점과 삼십 년 이상 결혼생활을 유지한 점수를 합산해 플러스알파를 주어야 한다. 혼자 살거나 애를 낳지 않았을 경우는 그만큼을 감하면 재정에 어려움은 없을 것이다. 결혼하고 싶어도 그럴 여건이 안 되어 혼자 사는 사람도 있고, 자기 성취를 위해 혼자 사는 사람도 있다. 사정이야 있겠지만 자식을 키우느라 돈을 지불하지 않은 만큼 다음 세대가 주는 혜택을 기대하는 건 조금은 염치없는 일이다. 그들도 할 말은 많다. '우리는 세금을 더 내지 않느냐' 물론 그런 점도 있다. 그러나 돈으로 해결할 수 없는 것은 사람이다. 한 사람을 성장시키려면 적어도 이십 년 이상을 투자해야 한다.

적은 수의 젊은이들이 많은 노인들을 부양하기에는 버거운 일이다. 수급자 대상을 선정할 때나 국가에서 혜택을 줄 때도 이런 제도가 적용되면 출산에 도움이 되지 않을까 생각해 본다.

공무원이나 회사에서 월급 인상할 때도 일률적으로 하지 말고 부양가족이 많은 사람은 좀 더 높게, 적은 사람은 좀 적게 하면 전체적인 금액은 큰 차이가 없을 듯하다. 승진 점수에도 반영하고 구조 조정을 할 때는 가족 부양자가 적은 대상부터 한다면 어떨까? 물론 여러 가지 부작용도 있겠지만 젊은이들이 줄어드는 상황에서는 국가도 위기 상황이다. 지금 젊은 부모들은 자식에게 노후를 기대하지 않는다. 그러면서도 자식들 때문에 노후 준비도 못 한다. 국가는 자녀를 많이 낳아 키우느라 노후 준비를 못 한 사람을 위해 혜택을 많이 주는 쪽으로 정책을 바꾸어야 한다. 그렇지 않으면 어린이 보기는 더 어려울 것이다. 예외는 있을 수 있지만, 상황에 따라 유연하게 대처하면 될 것이다. 자녀를 키울 수 없는 가정의 어린이들은 국가에서 키워야 한다. '낳아만 주신다면 국가에서 키우겠습니다.' 하는 여건이면 다시 생각해 볼 젊은 부부들도 많으리라 본다. 이대로 출산이 줄어든다면 대한민국은 멀지 않아 지구상에서 사라질지도 모른다는 불안감이 든다. (2012.3)

● 시흥! 멋진 도시로 이미지를 바꾸자

인사말을 주고받다가 어디에 사느냐 물으면 시흥이라고 대답하기가 좀 껄끄러운 때가 있다. 마치 아버지가 잘못 살아 사람들에게 인식이 좋지 않을 때, 누구 아들이냐고 물으면 당당히 아버지 이름을 밝히기 싫은 자식의 심정 같다. 시흥에 애착을 가진 나만의 느낌인지 다른 사람들도 그런지는 모르겠다.

 시흥에 이사 온 지 삼십 년이 넘었다. 온전히 시흥 사람이 되고자 본적도 시흥으로 옮겼다. 조금만 나가면 바다다. 멀리 가지 않아도 월곶이나 오이도에 가면 도시 사람들이 보고 싶은 풍경이 있다. 배가 바닷물을 가르고 드나드는 모습은 그림이다. 썰물 때 조개를 캐는 체험을 근교에서 할 수 있다는 것은 얼마나 큰 혜택인가? 선착장에서의 망둥이 낚시도 그렇다. 다른 지역 친구들이 오면 월곶이나 오이도에 데리고 간다. 그들은 환호성을 지르며 부러워한다. 알았으면 멀리 강릉이나 속초로 가지 않았어도 되었다면서 이처럼 좋은 곳이 가까이 있는 걸 몰랐단다. 작고 큰 저수지도 많아 낚싯대만 드리우면 된다. 가을이면 호조벌에 넘실대는 황금빛 물결은 얼마나 풍요롭고 아름다운지. 연꽃단지의 수련과 연꽃이 필 때면 외지의 친구들을 불러댄다. 코스모스 핀 자전거 길과 물왕호수의 토속 음식점도 좋다. 고속도로가 어디에서든 진입하기 좋은 곳 시흥이다. 아홉 개의 시와 인접해 있는 시흥은 여건상으론 다른 어느 시에 비교해도 훌륭하다. 좀 늦었지만, 여러 노선의 전철까지 개통된다면 참 살기 좋은 곳이다. 주변이 시로 승격할 때마다 땅을 떼어주고 가장 늦게 시가 된 인심 좋은 시흥이다. 수준이 높을수록 자연 친화적인 삶을 추구한다. 시흥은 모두가 희망하는 미래 조건을 갖춘 도시다. 농촌과 어촌과 공업이 공존하면서 앞으로 개발할 수 있는 땅이 많은 도시다. 후손들에게 남겨줄 게 많은 시다. 인구는 많지도 적지도 않은 선이다. 사람들도 너무 도시스럽지 않아 좋다. 생활은 도시스럽고 인심은 시골스럽다. 이처럼 좋은 조건이 많은 시흥이다. 그러나 시흥에 사는 시민뿐만 아니라 외부에서 기억하는 시흥은 부정적인 경우가 많다. 그 원인은 무엇인가? 지자체 시장이나 군수가 자기 지역을 광고하는 모습을 본다. 특산품을 선전하고 관광을 오라고 손짓한다. 지역 이미지를 높이기 위해 행사를 벌이고 홍보도 한다. 지방자치제가 자리 잡으면서 지역의 브랜드가 주민의 수익사업이다. 인구 증가와 생산물 판매에도 영향을 끼치기 때문이다. 시흥을 먹칠한 장본인은 매스컴에 나오는 역대 시장들의 줄 이은 비리 사건들이다. 그러다 보니 별의별 야담들이 떠돈다. 시청 자리가 풍수지리상으로 좋지 않다느니, 바닷바람이 세어 그렇다는 등. 먹을 게 많아서라느니 큰 주먹들이 건재해서 그렇다는 등. 이런 말이 떠도는 것도 알고 보면 체념이고 염려다. 시장이나 공무원 시의원들은 시흥을 대변하는 얼굴이다. 시흥시를 홍보하는데 얼굴을 내밀라고는 부탁하지 않지만, 시흥시의 이미지를 깎아내리는 일에 동참하지 않았으면 하는 바람이다. 시흥에 사는 시민들이 시흥에 사는 것을 자랑스럽게 여길 수 있도록 좋은 이미지를 가꾸었으면 한다. 물론 시민들도 자부심을 가지고 노력해야 한다. 시흥시장과 시 공무원들과 시의원들은 청렴결백하게 시정을 돌보기를 바란다. 재직 중이나 퇴임 중에도 가장 깨끗한 분이라고 모든 시민에게 존경 받기를 바란다. 그리하여 가장 살고 싶은 시흥시로 매스컴에 오르는 날을 기대해 본다. (2012.4)

● 지방자치 단체장은 정당 소속을 배제해야 한다

몇 년 전에 함평 나비축제에 갔다. 함평은 인구가 적은 시골 그야말로 특별할 게 없는 군이다. 지역적으로도 여건이 좋은 상황은 아니다. 그런데도 나비 축제를 성공적으로 치르고 있다. 나비라는 브랜드를 상품화하고, 각종 소품을 만들어 팔기도 한다. 그런 것도 부러운 일이지만, 당시 군수가 한 말이 오랫동안 기억에 남는다. 그곳은 호남이라서 민주당 텃밭인데 본인은 무소속으로 있다고 한다. 일을 하다 보면 어느 정당에 소속되는 게 여러 가지 불리한 점이 많아 아예 무소속으로 있다는 것이다. 장기간 군수직을 수행할 만큼 투표권자인 군민들의 신임이 두터웠기에 가능했을 것이다. 여당이든 야당이든 어느 쪽에 공천을 받지 않아도 군민이 선택해 주리라는 확신이 있기에 그럴 수 있었으리라. 지방 단체장과 시의원과의 마찰로 시행정이 마비되고 파행되는 불상사를 자주 보아왔다. 대부분 서로 정당이 다를 경우다. 기세 싸움이나 주도권 싸움이다. 시민의 민생을 위해 그처럼 피 터지게 싸운다면 얼마나 황송할 일인가. 시흥만 해도 그렇다. 야권 시장에 야권 국회의원이 있어 발전이 안 된다는 식의 루머가 그럴듯하게 들리기도 한다. 그렇게 생각하는 사람도 많다. 왜 이런 오해를 받아야 하는가. 문어발식 정당정치가 문제다. 국회의원은 정당이 필요하다. 그 외에 도지사나 시장이나 시의원은 굳이 정당이 필요한 것은 아니다. 그들은 뽑아준 시민과 주민들을 위해 일해야 하는데, 자기를 공천해 줄 정당의 눈치만 보느라 정작 본연의 일은 뒷전이다. 정치에 입문하고 싶은 어떤 분은 이쪽저쪽 당에 아부하느라 허리가 굽은 사람도 있다.

　몇 년 전에도 이런 문제를 제기한 의식 있는 사람들이 있었지만, 힘 있는 분들의 입김으로 흐지부지된 것 같다. 그 나라의 정치는 그 국민의 의식 수준만큼 발전한다고 한다. 이제는 우리 국민도 예전보다 조금 더 깨어있다고 보면 이 문제를 다시 생각해 볼 일이다. 시민이 뽑은 시장은 시민의 눈치만 보고 시민만을 위해 일하게 해야 한다. 시의원도 그렇다. 주민들이 원하는 것은 나 몰라라 하고 정당에서 원하는 것을 쫓다 보면 본인도 갈등일 것이다. 주민들의 불만도 많아진다. 때로는 시의원이 필요한가 하는 생각도 하게 된다. 시민의 세금만 축내고 인사 받는데 만 열심이라는 인상을 지울 수 없다. 정당에 눈치 보지 않고 주민들에 의해 선택된다면 오로지 그 지역의 주민들을 위해 일하려고 노력할 것이다. 지방자치제도가 제자리에 뿌리내리려면 독립성, 특수성, 자주성을 인정해 주어야 한다. 그렇게 하기 위해서는 무엇보다도 정치적인 독립이 필요하다. 정당은 하부 조직을 쥐고 있어야만 힘을 가지기에 절대 내놓으려 하지 않겠지만, 그건 나라를 건전하게 이끄는 수단이 아니다. 올바른 정치인이라면 국민을 위한 정치가 어떠해야 하는지 생각해 볼 일이다. 도지사, 시장, 군수, 시의원들이 꼭 정당에 소속이 되어야 하는지에 대해 냉정하게 생각해 봐야 한다. 정당에 이권보다 지방자치의 활성화를 위해 단체장들이 소신껏 일할 수 있는 여건을 만들어줄 의향은 없는지 묻고 싶다. (2012.5)

● 에너지 자원 지금부터 준비해야 한다

세계 각국은 미래의 에너지 자원을 확보하기 위해 전쟁도 불사하는 지경이 되었다. 우리나라는 표면상으로는 미안할 정도로 조용하다. 일본의 원전 사고를 옆에서 실감 나게 보았으면서도 교훈을 얻기는커녕 그 꼴을 닮고 싶다는 듯이 원전을 계속 세워 나갈 모양이다. 자연재해로 당하는 고통은 회복이 빠르고 후유증이

길지 않다. 그러나 인간이 만든 것으로 당하는 고통과 피해는 대를 잇는다. 히로시마 원폭도 그렇고 이번 원전 사고도 그러거니와 미군이 베트남에 뿌렸다는 고엽제도 얼마나 치명적인지 모두는 알고 있다. 이제는 전 인류가 에너지 문제에 대해 머리를 맞대고 고민해야 한다. 더욱이나 에너지가 될 만한 자원이 없는 우리나라는 더욱 그렇다. 그나마 있던 석탄도 다 파내 써버린 상태다. 그러나 우리가 할 수 있는 일은 지금부터라도 실천해야 한다.

  밤에 서울 시내를 다니다 보면 낮보다 환하다. 밤은 밤다운 게 정상이다. 광고 간판 불빛은 너무 정신없다. 현란한 게 서로 엉키다 보니 오히려 역효과다. 모두가 광고하지 않으면 모두가 한 것이나 똑같은 효과가 있는 게 아닐까? 불필요한 낭비가 많다. 지금 불편을 감수하지 않으면 앞으로는 감당하기 어려운 불편을 겪어야 하는 세대가 기다리고 있다. 조금은 어둡게 지내는 데 익숙해질 필요가 있다. TV를 보는 동안에는 전깃불을 켜지 않아도 되고, 주방에 불이 있다면 거실 불을 꺼도 될 것이다. 여름은 여름답게 좀 더운 듯이 지내자. 에어컨 대신해 선풍기를 사용한다면 비상사태는 막을 수 있을 것이다. 지금 우리가 할 수 있는 일부터 실천해 나간다면 조금은 더 늦출 수 있을 것이다. 알게 모르게 그동안 편하게 살았던 대가를 지금 우리는 치르고 있다. 이상기온의 문제로 모든 생태계와 농작물이 바뀌고 있다. 또한 살아가는 모습도 달라지고 있다. 동해안에서 잡히던 오징어가 서해안에서 잡힌 지 오래다. 우리나라에서도 열대과일을 재배하고 대구 사과가 명성을 잃은 지도 오래다. 요즈음은 강원도에서 포도나무를 심는다고 한다. 남극의 얼음이 녹아내려 머지않아 없어질 섬나라가 생길 거라는 우려도 있다. 우리하고는 상관없는 것처럼 들린다. 그러나 지구라는 같은 배를 탄 모두는 배가 좌초되면 같이 물에 빠진다.

　우리 몸에 이상이 있으면 몇 년 전부터 예고 신호를 보낸다. 지혜로운 사람은 빨리 알아듣고 조처를 하면 정상으로 돌아오기 쉽다. 그러나 알고도 미루다가 건강을 잃은 후에야 후회하는 경우도 많다. 지금 지구는 우리에게 계속 위험신호를 보내고 있다. 그런데도 설마 하고 살얼음 위의 안전을 누리고 있다. 기름값이 비싼 요즈음 서민은 차를 운행하기도 벅차다. 지구에 문제가 생기면 없는 사람보다 있는 사람이 잃을 게 더 많다. 어려운 사람은 낭비할 게 없다. 꼭 써야 할 것도 부족한 상태다. 그동안 풍족하게 쓰고 살았던 분들이 규모 있게 절약하면 더 큰 희망이 보일 것이다. 이제는 우리 후손을 위해 조금은 불편하게 사는 연습이 필요하다. 실감이 가지 않는다면 내 자녀를 위해 내 손자와 손녀를 위해서다. 정부에서도 친환경적인 에너지 개발에 적극적인 투자를 해야 할 때다. 모든 매스컴은 에너지 절약 캠페인을 활발하게 펼치고 우리는 실천하는 데 적극 동참해야 한다. (2012.6)

● 농업이 죽으면 생명이 죽어간다

　농업은 가장 오래된 직업이다. 가장 늦게까지 남아있는 직업 또한 농업이다. 농업은 생명과 직결되었기에 가장 느리지만 가장 오래 버틸 수 있는 지구력을 가졌다. 앞으로는 핵전쟁보다 더 두려운 게 식량 전쟁이 될 거라는 생각이다. 깨어있는 나라는 이미 이런 상황을 간파해 미리미리 준비하고 있다. 우리는 어떤가? 우리나라 농업정책은 가야 할 앞길은 보지 못하고 지나온 길만 기억하는 소경과 같다. 소경이 걸어가다 돌부리에 넘어질 뻔했다면 돌부리를 캐내야 한다. 다음에 오는 사람이 넘어지지 않도록 조처하고 위험 표시를 해야 한다. 그런데 대부분의 농업정책은 넘어져 무릎이 깨지고 나면 수선을 피우다가 상처가 아물만하면 또 잊어버린다. 그러다 여론의 화살 시위가 당겨질 때면 돌을 뽑아낸다고 요란을 떤다. 괭이 하나 가지고 가서 간단하게 파내면 될 것을 대형 중장비를 동원해 역대 공사를 하는 것처럼 소란을 피우며 돌을 파낸다. 그것까지는 그렇다고 치자. 파낸 웅덩이를 메우지 않아 이번에는 그곳에 빠져 익사하게 만든다. 이런 일이 반복되면서 농민들은 탈진되어 가고 우리 농업은 수렁의 늪에 허우적거리고 있다.

우리 국민은 순진하고 착하다. 정책자들의 실수를 스펀지가 물을 빨아들이듯이 흡수해 준다. 그 덕분에 그래도 지금까지 버텨오고 있는지 모른다. 배춧값이 비싸니 적게 소비하자고 하면 양배추로 김치를 담가 먹는다. 다음 해 농민들은 조금이라도 수익이 될까 싶어 배추를 더 많이 심는다. 너도나도 그런 심정이라 이번엔 배추가 폭락이다. 이러면 으레 김치가 어디에 좋다느니 하며 매스컴에서 떠든다. 그 겨울의 식탁은 김치찌개, 김치만두, 김치 볶음이다. 정책자들은 언제까지 착한 국민의 애국심을 우려먹을 것인가?

'대한민국에서 망하지 않으려면 청개구리가 되어라.' 이런 말이 비공식적인 공식어로 모든 사람에게 공감을 얻고 있는 것은 슬픈 일이다. 현실이기에 더욱 슬프다. 여기 오래전에 썼던 졸시 한편을 다시 읽어본다.

청개구리만이 살아남았다

이지선

양파가 풍년이라는 뉴스를 듣는
선량한 대한민국 국민들은
양파를 많이 먹어주도록 세뇌당해야 한다는 것을
그동안의 경험으로 알아버렸다

이미 터득해 버린 사업가는 알고 있다
청개구리만이 살아남는다는 것을
자칭 나라와 국민을 위해 목숨까지 바친다는
위대한(?) 인물들이 장려하는 정책에
서민은 늪에 빠져 허우적거리고
지켜보는 이는 서서히 청개구리가 되어간다

청개구리만이 살아남았기 때문이다

  늦었지만 이제라도 정부는 국민의 미래 먹거리를 위해 신뢰할 수 있는 정책을 수립해야 한다. 정부를 믿고 따르는 것이 서로가 득이 된다는 인식을 국민이 느끼게 해주어야 한다. 수입농산물이 밀물처럼 들어오는 지금, 농민들도 새로운 각오와 준비를 해야 한다. 예전의 농사 방법으로는 승산이 없음을 알아야 한다. 그래도 지금은 중국이 먹을거리를 수출하고 있기에 농민은 죽어가더라도 국민은 먹을 게 흔하다. 중국도 공업화가 되면서 식량을 수입하게 되면 우리가 제일 치명타를 입게 될 것이다. 국민의 안보를 지키는 가장 안전한 무기는 지금 농업의 미래에 투자하는 일이다. (2012.7)

● 교육의 과잉 투자는 실속이 없다

 살면서 내 뜻대로 되는 일은 별로 없다. 할 수 있는 일도 한계가 있음을 살아가면서 실감한다. 그중에 제일 어려운 일이 자식일이다. 조카 중에도 멀쩡히 대학에 다니다 군에 다녀온 후 전문대에 다시 들어간 애도 있고, 졸업한 후에 다시 다른 과로 편입한 경우도 있다. 속칭, 일류대학교에 입학해 축하받으며 다니다 일 년 후에는 재수하고 있기도 하다. 그동안의 낭비한 돈도 문제지만, 부모의 마음고생과 본인의 방황, 사회적 낭비도 만만치 않다. 미래에 대한 확신이 없기에 불안해서도 그러겠지만, 부모에게도 문제는 있다. 내 자식만은 고생시키지 않겠다는 일념. 남들한테 내 자식은 어느 학교에 다닌다는 실속 없는 과시욕이다. 그러다 보니 자식 교육비로 부모들의 노후도 암담하다. 어느 자식도 부모가 들인 만큼 부모에게 되돌려 주는 자식은 없다.

 앞으로는 학력으로 먹고사는 시대는 아니다. 태어나는 아이도 줄어들어 지방은 많은 학교가 폐교 상태다. 대학도 이미 학생 수가 줄어들고 있다. 대학이 살아남으려면 학생들을 모셔 와야 할 판이다. 등록금만 내면 대학에 다닐 수 있는 시대다. 학력이 필요하면 방통대, 사이버대학도 있다. 문제는 대학을 나와도 쓸 사람이 없고 갈 데가 없다. 사회에서 원하는 전문인이 아니기 때문이다. 그동안의 문제이기도 하지만, 앞으로는 더욱 큰 문제로 다가

온다. 사회가 다양화되고 고도로 기능화 되어가는 지금, 부모들은 자녀의 진로에 냉정한 판단이 필요하다. 미래는 전문 기능인만이 살아남을 것이다. 공부에 타고난 소질이 있어 그쪽으로 성공할 5% 정도는 예외라 치면 대부분은 95%에 속한다.

 칠남매의 장남을 공부시키려고 부모는 무던히도 애썼다. 초등학교를 칠학년까지 보냈다. 당시 시골에는 학원이 없다 보니 중학 입학시험에 떨어지면 6학년에 편입해 일 년을 더 다니는 사례가 많았다. 겨우 이류 중학에 입학하니 아버지는 동네잔치를 했다. 잔치 여운이 끝나기도 전에 학교에서 퇴학 통지서가 왔다. 학교를 간다고 집에서 나와 중간에서 놀아버린 것이다. 공부가 매 맞기보다 싫었다고 한다. 장남이니 공부를 가르쳐야 한다는 부모의 의지도 강했다. 아버지는 쌀 여섯 말을 들고 아는 집을 찾았다. 장롱을 만드는 가구 공장이다. 지금처럼 기계화가 되지 않은 당시는 가장 힘들게 일하는 곳이다. 객지에서 고생하다 보면 공부하는 게 얼마나 편한가 깨닫고 공부하겠다고 빌며 들어오겠지 하는 기대를 가지셨다. 6개월 후에 찾아간 아들은 공부보다 그 일을 택했다. 60이 넘은 동생은 사장이라 정년퇴직 걱정이 없다. "공부 소질이 없는 내가 억지로 공부했어야 면서기쁜이 더 했겠어? 했던들 지금 그 사람들 명퇴다, 정년퇴직이다, 해서 빌빌거리고 다녀. 낚시터에 양복 입고 어슬렁거리는 사람도 많은데 나야 죽을 때까지 몸만 건강하면 벌어먹고 살 수 있어. 요즈음 대학 나왔다고 해도 일을 모르니 현장에서 써먹을 수 없어. 부모 속은 썩였지만, 내가 선견지명이 있었나 봐. 먹고사는 일은 걱정 없잖여? 세상이 달라져서 이런 일도 인건비가 높아 할 만해. 지금은 나이 먹은 게 제일 아쉬워." 세월이 지나고 보니 교육비를 가장 적게 든 자식은 걱정 없이 산다. 오히려 교육비 많이 들인 자식이 부모 속을 썩였다. 다는 아니겠지만, 흔히 듣는 주변 이야기다. 평생을 보장하는 직장도 없고, 평생을 헌신하며 일하고 싶은 직장도 드물다. 지금의 십 년은 예전의 백 년보다 변화가 빠르다. 모두는 나이 들어가고 젊은이들은 더 영악해진다. 문제는, 살아야 하는 기간은 더 길어진다는 사실이다. 지금 남이 부러워하는 직장보다는 평생을 일할 수 있는 직업을 가지는 게 현명한 일이다. 앞으로는 죽을 때까지 일할 수 있는 직업이 가장 좋은 직업이다. 부모는 자녀에게 너무 큰 기대를 하지 말아야 한다. 하고 싶어 하는 일을 찾아주는 게 자녀의 미래를 위한 진정한 선택이다. 과잉 투자로 휘청거리는 건 회사만이 아니다. 교육의 과잉 투자로 가정의 경제와 부모의 노후가 휘청거리고 있다. (2012.8)

● 한국 종교 다시 태어나야 한다

성경을 읽다 보면 지금이나 오천 년 전의 인간의 모습이나 별다른 게 없는 듯하다. 싸우고, 죽이고, 빼앗고, 권력자는 군림하고, 없는 자는 어디서나 천대받는 모습이다. 세상 모든 제도가 다 타락해도 교육과 종교가 제 역할을 충실히 한다면 그 사회는 희망이 있다. 지금 우리 사회가 절망하고 있는 것은, 교육과 종교가 다른 어느 것보다 더 썩어버려 회생할 수 없다는 데 있다. 교육은 미래의 희망이고 종교는 영혼의 희망이다. 그 희망의 촛불이 진흙 속에서 가물거리고 있다.

팔십이 된 혼자 사는 할머니는 기초 생활 수급자다. 한 달에 삼십만 원 생활비를 국가에서 받는다. 생활이 안 되어 파지와 빈 병을 줍는다. 몸도 여의치 않고 사람을 만날 수도 없어 가까운 교회에 나간다. 불편한 몸으로 열심일 수는 없지만 그렇게라도 다닌다면 지옥에는 가지 않으리라는 기대 때문이다. 할머니 통장에 한 달 기초 생활 수급비 삼십 만 원이 들어오는 날은 교회 권사가 찾아와 십일조를 내야 천국에 간다며 삼만 원을 빼간다. 은행 시간이 지나 수수료를 물어가며 빼간 십일조를 하느님은 기쁘게 받으셨을까? 천만 원을 버는 자의 십일조 백만 원은 크게 부담이 안 되는 돈일 수도 있다. 기초생활도 안 되는 삼십만 원에서 삼만 원은 피와 같다. 이런 어려운 분은 오히려 교회에서 도움을 주어야 하는 게 아닐까? 가진 자만이 우대하는 종교 집단이 어려운 사람들을 더 어렵게 몰아가고 있다. 종교 안에서 위로받지 못하면 어려운 사람의 삶은 절망에 빠진다. 할머니의 피 같은 돈이 목사님의 고급 승용차 기름값으로 쓰인다면 과연 하느님이 원하시는 모습일까?

마태복음 23장 23절과 24절에는 이런 말씀이 쓰여 있다. '율법학자들과 바리사이파 사람들아, 너희 같은 위선자들은 화를 입을 것이다. 너희는 박하와 회향과 근채에 대해서는 십분의 일을 바치라는 율법을 지키면서 정의와 자비와 신의 같은 아주 중요한 율법은 대수롭지 않게 여긴다. 십 분의 일세를 바치는 일도 중요하지만, 정의와 자비와 신의도 실천해야 하지 않겠느냐? 이 눈먼 인도자들아, 하루살이는 걸러 내면서 낙타는 그대로 삼키는 것이 바로 너희들이다.' 정의와 자비와 신의 같은 것은 실천하지 않으면서 물질적인 십일조만 강조하는 종교 지도자들이 과연 성직자일까? 예수님을 팔아먹고 사는 사기꾼일까? 세상이 어두울수록 빛이 필요하다. 그동안은 우리 사회의 어둠을 밝히는 존경받는 훌륭한 종교 지도자들이 있어서 그래도 희망을 품을 수 있었다. 어쩌면 그분들이 한국 종교를 융성하게 번창시키는데 주춧돌 역할을 하셨다면, 지금은 뒤돌아 반성해 볼 일이다. 앞장서 횃불을 들고 길을 밝힐 수 있어야 하는 게 종교인이다. 왜냐하면 예수님이 그렇게 하셨고 그러기를 원하셨기 때문이다. (2012.9)

● 정치인의 자질을 검증해야 한다

누구나가 들어봄 직한 떠도는 말이다. 거짓말을 잘하면 정치인을 시키고, 말을 잘하면 목사를 시키라는 말이다. 정치인의 거짓말은 공식적으로 인정하는 공인된 사항이다. 그 내막에는 국민이 포기했다는 의미도 있고, 재발 우려도 커 치료가 안 되는 불치병이라는 의미도 있다. 한편으로는 거짓말이 먹혀들어 이득을 보았던 경험을 버릴 수 없다는 뜻이기도 하다. 지금의 국민 수준은 60년대와는 다르다. 우리는 지역이나 감정 이권을 떠나 우리와 후손들의 미래를 이끌어갈 정치인을 골라야 하는 안목을 가져야 한다. 정치 후보자나 고위 공직자 4급 이상의 공무원이나 지방단체장과 선출직 후보들은 예비고사를 거쳐 최소한의 기본을 갖춘 사람으로 자격심사를 했으면 한다. 청문회나 입후보 과정에서 어느 정도는 걸러진다고는 하지만, 자기의 꿈이 정치인이라면 성장 과정에서부터 흠 없이 자라도록 해야 한다.

정치 예비고사 요건
1. 남자는 군대를 다녀와야 한다. (장애인은 예외지만)
2. 세금을 성실하게 내고 체납이 없어야 한다.

3. 가족 모두가 이중 국적이 아니어야 한다.

4. 범법자가 아니어야 한다.

5. 공금횡령 사실이 없어야 한다.

6. 재직 중에 국가나 이웃에 손해를 끼친 일이 없어야 한다.

7. 성범죄나 사기, 배임행위가 없어야 한다.

8. 개인의 이권을 챙기려 소속 단체나 기관, 회사에 손해를 끼친 일이 없어야 한다.

이러한 기준을 정해서 이 점수에 미달하는 사람은 애초에 낙제를 시킨다면 좀 더 수준 있는 정치인이나 공무원이 나오지 않을까? 청문회에서 검증한다고 시끄럽게 떠들 필요도 없는 일이다. 이런 규정을 몰라서 못 한 것은 아닐 것이다. 본인들이 불리하기에 이런 규정을 만들기 싫은 것일 거다.

후보자 가산점은

1. 사회에 유익한 일을 많이 한 자.

2. 진정한 봉사를 꾸준히 하고 있는 자.

3. 가정과 이웃과의 관계가 원만한 자.

4. 사생활이나 금전 관계가 깨끗한 자.

5. 매사를 입이 아니라 몸으로 실천하는 자.

6. 젊은이들에게 희망을 줄 수 있는 자.

7. 옳은 것은 옳고, 그른 것은 그르다고 말할 수 있는 소신이 있는 자.

우리는 정치인이나 권력자에게 희망을 품기에는 너무 지쳐있다. 우리 스스로가 눈을 크게 뜨고 그들을 감시해야 한다. 우리의 미래가 달려있기 때문이다. (2012.10)

● 후보자들의 공약 잘 따져봐야 한다

　우리나라 정치는 모든 권력이 대통령에게 집중되어 있다. 헌법으로는 삼권이 분립되었다. 하지만 대법원장 임명에도 국회 위원장 임명에도 대통령의 입김이 세다. 그러기에 대통령은 선장과 같다. 파도가 잔잔할 때는 누구나 선장 역할을 맡아도 탈이 없어 보인다. 선장의 능력과 자질이 드러나는 것은, 배가 심한 풍랑을 만나 좌초 위기에 있을 때다. 암초에 부딪쳤을 때, 또는 불이 났거나 배안에서 반란이 났을 때다. 이러한 위기 상황을 어떻게 극복하느냐에 따라 선장을 평가 한다. 자질이 부족한 선장이 운행하는 배는 본인뿐만 아니라 승무원과 배에 탄 승객들, 배에 실은 화물까지 위험하고 불안하다.

　지금 우리는 선장을 우리가 선택해야 하는 중요한 시기에 있다. 서로가 선장 노릇을 잘하겠노라고 큰소리친다. 잘할 수 있을지는 아무도 모른다. 그동안 큰소리친 사람에게 너무나 많이 속아오고 당하다 보니 허탈해지기까지 하다. 이명박 후보가 청사진을 화려하게 펴 보였을 때, 국민들은 세상이 무지갯빛으로 달라지는 줄 알고 현혹되었다. 지금 그 희망과 무지개와 기대는 어디로 갔는가? 오히려 전보다 많은 것들이 퇴보하고 힘들고 어려워졌다. 누구를 탓할 수도 없다. 국민의 대다수가 그를 대한민국호 배에 선장으로 선택했으니 잘못 선택한 우리의 몫이다. 그 책임과 피해도 또한 우리의 몫이고 후손까지 영향을 받을 수밖에 없다. 참 다행인 것은 임기가 5년으로 끝난다는 것이다.

　또다시 우리는 새로운 선장을 선택해야 한다.
이번에는 정말 꼼꼼히 잘 헤아려봐야 한다. 허풍떨며 무엇이든지

다 해 줄 것처럼 말 잘하는 사람은 특히 경계해야 한다. 그런 사람치고 제대로 해 준 게 없다. 자신 있다고 큰소리치는 사람도 자기 아집과 교만으로 듣고 싶은 말만 듣는다. 타협을 모른다. 가는 곳마다 듣기 좋은 공약을 난발하는 사람은 특히나 요주의 인물이다. 본인이 사재 털어서 공약을 지킬 것도 아닌데 국민의 세금으로 선심 쓰듯이 헛공약을 해댄다. 지금까지 후보자들이 한 공약을 다 지키려면 국가 재정 수입의 여섯 배는 더 있어야 한다니 애초에 실현 불가능한 일이다. 기업가나 부자들의 비위를 맞추느라 세금도 올리지 않겠다니 계산이 안 나오는 공약이다. 그러면 서민을 쥐어짜겠다는 흑심인가? 공약을 내놓을 때는, 그 공약을 실천하는데 얼마의 예산이 들고, 어디에서 재원을 충당하고, 어느 것을 축소할 것인지를 반드시 밝혀야 한다. 이런 사전 계획과 준비 없이 기분 내키는 대로 때와 장소에 따라 분위기 맞추기식 공약은 그야말로 空約(공약)이다. 이제는 국민이 현명하게 판단하고 선택해야 한다. 내가 원하는 것을 공약했다고 그 후보를 지지할 게 아니다. 국민의 삶과 우리 후손들의 미래를 위해 실천할 수 있는 합당한 공약인지 따져 봐야 한다. 진정으로 따뜻하게 국민을 보듬을 수 있는 가슴이 있는지 잘 헤아려 봐야 한다.
순간의 선택이 100년을 좌우하기 때문이다. (2012.11)

● 과대 포장은 신뢰를 무너뜨린다

열등감이 많은 사람일수록 유달리 겉치레에 신경 쓴다. 속이 빈 것을 남한테 들키지 않으려는 조바심일 수도 있다. 그렇게라도 하지 않으면 무시당할 것 같은 불안일 수도 있다. 유명한 누구

누구를 많이 안다고 떠벌리는 사람, 이력서에 잡다한 내력이 많은 사람, 어느 장소나 자기주장으로 목소리 큰 사람은 믿을만한 사람이 못 된다. 부족한 자신을 과대 포장하기 위한 행위에 지나지 않는다. 처음엔 호기심도 가지고 대단한 것처럼 알다가 시간이 지나면서 속의 내용물을 알게 될수록 실망하고 멀리하게 된다. 그런 사람일수록 주변에 피해를 많이 끼친다. 고위직 정치인을 빙자한 사기라든가 친목을 도모한 횡령 등. 이권에 개입해 사회 문제를 일으킨다. 당하는 쪽에도 문제는 있다. 진실을 볼 수 있는 안목이 없기 때문이다. 진짜보다 더 진짜 같은 가짜가 많이 양산 되고 부추기는 세상이다. 외모에만 관심을 가지다 보니 마음은 악마인데 얼굴은 천사로 만드는 성형이 유행이다. 하물며 잘생긴 외모는 죄도 너그러워진다니 정상적인 세상은 아닌듯하다.

요즈음 농산물에도 과대 포장이 문제다. 누구나가 한 번쯤은 경험했을 것이다. 선물을 받았는데 알맹이보다 포장지 값이 더 나갈 것 같은 배신감을. 어느 행사장에서 저녁 대신 떡을 받았다. 손가락 두 개 부피의 떡 두 쪽인데 떡을 담은 케이스가 떡값보다 두 배는 비싸 보였다. 배가 고픈데 화가 났다. 케이스를 버리기도 아깝고 어디다 쓰기도 여의치 않다. 낭비라는 생각이 들었다. 떡을 주는 목적에 합당하게 떡이 주인공이 아니고 포장지가 주인인 듯하다.

농산물에도 이런 현상이 유행이다. 예전엔 그리 심하지 않았는데 시류의 추세인지 소비자들이 원해서인지 장사꾼들의 상술인지 아마도 그 모두일 것이다. 과대 포장 한 것이 더 비싸게 팔리다 보니 생산자는 포장에 신경을 쓰지 않을 수 없다. 그렇지 않아도 일손이 모자라는 농사일에 필요 없는 포장까지 손이 가야 한다. 그뿐만 아니라 비용도 더 든다. 더 비싸게 주고 사야해서 소비자도 손해다. 포장지를 버리는 데도 돈이 든다. 한순간의 눈요기로 그치기에는 너무나 큰 비용을 지불해야 한다. 이건 분명 현명한 선택은 아니다.

이제는 소비자가 지혜롭고 똑똑해져야 한다. 우리 사회의 모든 병폐를 막을 수 있는 사람은 여자들이다. 특히 살림을 잘하는 주부들이 실속 있고 알찬 물건들을 구매한다면 생산자도 거기에 맞추어 물건을 만들 것이다. 더 어리석은 일은 예쁘게 보이는 과일이나 채소를 사느라 비싼 돈 주고 농약을 사 먹는 일이다. 소비자들이 농약 친 것을 더 사가니 어쩔 수 없는 일이다. 명절을 기해 선물을 주는 사람도 받는 사람도 화려한 포장지보다 내용이 알찬 물건을 선택할 일이다. 소비자의 현명한 선택이 농촌을 살리고 환경을 살리고 허덕이는 가계부도 살리는 길이다. (2013.1)

● 성범죄자 무인도에 격리해야 한다

인류 역사에 가장 오래된 직업이 성매매 업이다. 어쩌면 이 직업은 인류가 존재하는 한, 없어지지도 없어질 수도 없을 것이다. 국가에서 매매 업소를 없애려고 무던히 노력하고 총력을 기울였다. 그 결과 역 근처의 공인된 장소는 없어졌다. 그렇다고 성매매가 없어졌다고는 누구도 인정하지 않는다. 오히려 더 광범위하게 더 은밀하게 확산한 느낌이다. 단속한다고 없어질 문제가 아니다. 역사가 긴 만큼 근본적인 해결도 어려운 것이다. 어쩌면 영원히 해결할 수 없는 인류 미완의 숙제일 수도 있다.

성매매 자체는 거래자 간의 은밀한 관계와 합의에서 이루어지기 때문에 사회에 큰 문제가 되거나 가족이나 개인을 불행하게 만들지는 않는다. 물론 악덕 업주들의 악랄한 영업 방법이나 최소한의 인권을 짓밟는 포주는 당연히 지탄받아 마땅하다. 성을 사고판다는 자체가 인간 존엄성을 훼손하고 인간임을 스스로 포기하는 일이다.

문제는 우리 사회에 공존하는 성범죄자들이다. 어린이들을 대상으로 하는 범죄행위는 이 사회에서 영원히 추방해야 한다. 이건 가정 파괴뿐만 아니라 한 인간의 미래를 파괴하는 아주 악랄한 범죄다. 여자 어린이가 있는 부모들은 불안해 마음 놓고 다닐 수가 없다. 아기 낳기가 무섭다는 부부들이 늘어나는 게 당연하다. 국가는 전 국민을 대상으로 성범죄 예방을 위한 다각도의 캠페인이나 교육을 해야 한다. 청소년에게 제대로 된 성교육을 현실적으로 해야 한다. 호기심 많은 청소년은 음란 영상물이나 음란서적, 성인영화 등에서 자극적인 성에 노출되다 보니 진정한 성의 의미를 알지 못한다. 성이 얼마나 소중하고 아름다운 것인지 쾌락에만 몰두하는 게 아니라는 걸 이해시켜야 한다. 많은 준비와 절제가 필요하고 사랑하는 사람과 결혼했을 때만이 완성된 성을 누릴 수 있다는 것을 가르쳐야 한다. 성에 대한 잘못된 인식으로 성 중독자들이 많아져 문제를 일으킨다. 피해자가 평생 겪어야 하는 상처는 계산할 수 없는 손실이고 불행이다.

성범죄자를 거세한다느니 화학요법을 쓴다느니 발찌를 채운다느니 여러 가지 방법을 동원한다는 것은 완전한 치유가 안 된다는 말이기도 하다. 더 어려운 것은 감옥에서 재발 방지를 위한 교육을 해도 소용이 없다는 데 있다. 모든 것이 별로 효과적이지 않다는 게 고민이고 불안이다. 옛날처럼 이마에다 성범죄자라고 인두로 써 붙일 수도 없다. 고의적인 살인자들과 권력을 유지하기 위해 국민을 죽인 자들과 성범죄자들은 국민이 낸 세금으로 먹여 살리는 것도 아깝다. 힘들게 일해서 낸 세금으로 범죄자들이 편안하게 지내도록 먹이고 입히고 재우는 게 화가 나기도 하다.

  육지와 멀리 떨어져 있어 탈출할 수 없는 무인도에다 성범죄자를 격리해야 한다. 무인도에 감옥을 짓고 씨앗과 종자 동물과 연장을 주어 자기네들끼리 그곳에서 알아서 살아가게끔 해야 한다. (2013.2)

● 세금 갉아먹는 도덕적 해이를 막아야 한다

  죽어서도 피할 수 없는 게 세금이라고 한다. 재벌이나 사업하는 사람은 세금을 덜 내는 방법을 연구하고 터득해 별의별 방법으로 세금을 줄인다. 서민은 방법도 알 수 없지만, 안다 한들 피해 갈 재간이 없다. 세무서는 서민 편이 아니기 때문이다. 프랑스의 어느 재벌은 세금을 덜 내려 이웃나라에 이민을 신청했다고 하니 서민이나 재벌이나 내 돈 나가는 게 싫은 것은 같은 모양이다.

  국가를 운영하는 모든 돈은 국민의 세금이다. 그걸 누가 모르냐고 묻겠지만, 모르는 사람이 많은 듯하다. 특히나 정치인, 고위 공직자, 공무원은 그들이 쓰고 월급 받는 게 국민이 낸 세금이라고 안다면 주인인 국민을 위해 헌신해야 한다. 엄격히 얘기하면 아니, 그들 자신도 (선거할 때만) 말한다. 국민의 종이라고. 그러나 국민들은 한 번도 그들이 종이였다는 느낌을 받아 본 적이 없다. 항상 상전 노릇만 해왔기 때문이다.

　국민이 피땀으로 낸 세금을 자기 치적이나 전시용 생색내기로 낭비하는 위정자나 공무원을 철저하게 감시해야 한다. 그런 사람은 반드시 다음 선거에는 낙선시키는 캠페인을 벌였으면 한다. 한강에 둥둥 떠 있는 세금 잡아먹는 흉물은 만드는데도 관리하는데도 그렇다고 버리는데도 세금 먹는 괴물이다. 걱정스러운 것은 4대 강 사업도 두고두고 국민들 세금을 갉아먹는 괴물이 되어갈 징조가 여기저기서 보인다. 국민이 원하는 위정자 상은 무엇을 남겼느냐가 아니다. 국민과 후손에게 얼마나 피해를 덜 끼쳤느냐다. 그만큼의 실망과 자조적인 냉소는 자업자득이다. 상식적인 사람들과 전문가들의 반대에도 사업을 강행한 목적이 정말 국가의 미래를 위해서인지 진의가 의심스럽다. 앞으로 세금낭비를 조장하면서 이권을 챙긴 위정자나 공무원이 있다면 거기에 대한 책임을 물어야 한다. 손해배상도 철저하게 받아내야 한다. 국가 기관에서 행한 세금낭비도 그렇다.

　주변에 여기저기 붙어있는 현수막을 본다. 파산 회생을 도와준다는 변호사 사무실의 광고다. 파산을 유도하는 느낌도 들고 파산하여 어려운 처지에 있는 사람을 잡아먹고 사는 거미 같다는 느낌도 든다. 파산 회생제도는 IMF 때 국가 경제 위기로 어쩔 수 없이 파산에 놓인 사람을 구제하기 위한 좋은 제도였다. 이 제도가 잘못 변질되어 변호사에게는 밥벌이를 국가는 혈세 낭비를 국민은 도덕적 해이를 가져오게 하고 있다.

　가게 하는 사람이 경마와 도박에 빠지다 보니 빚이 늘어났다. 잘 되던 가게가 신경을 안 쓰니 손님도 떨어져 갔다. 그런 사람은 사치와 낭비도 심하다. 빚이 감당할 수 없이 늘어나 파산 신청을 했다. 변호사 사무실에서 파산 신청 금액이 적다고 카드를 더 쓰고 오라고 했단다. 사치스럽게 낭비한 이런 사람을 위해 정상적인 사람이 피땀 흘린 세금을 내야 하는지 회의를 느낀다. 그는 말했다. "위 놈들은 더 많이 처먹고도 눈 하나 깜짝 안 하는데 내가 조금 먹기로서니, 못 먹는 게 병신이지." 과연 누가 병신일까?

요즈음 빚을 탕감해 준다는 행복 기금도 근검절약하며 성실하게 사는 사람을 허탈하게 한다. 여러 은행에서 돈을 많이 빌릴 수 있는 사람은 그래도 능력 있는 사람이다. 은행은 아무나 돈을 빌려주지 않는다는 것은 모두의 경험이다. 정말 어려운 사람은 빚을 질 수도 없다. 어느 기관도 아무도 돈을 빌려주지 않기 때문이다. 정말 어려운 사람은 국가에서 돌봐주어야 한다. 그러나 고의로 세금을 갉아 먹는 사람은 서민이든 위정자든 엄하게 다스려야 한다. 세금이 눈먼 돈으로 알고 못 먹는 게 병신으로 아는 사람들이 늘어날수록 우리 모두의 장래는 어둡기 때문이다. (2013.3)

● 고위층의 벌금 액수를 높여야 한다

어느 분의 말이다. 젊어서는 노력하면 안 되는 것이 없다고 큰소리쳤는데 나이가 들면서 운명론자가 되어 간다고 했다. 젊음을 지나온 사람은 누구나가 공감할 것이다. 세상은 내가 태어나기 전부터 공평하지 않았다. 지금도 공평할 수 없으며 앞으로도 공평해질 수 없다는 것을 안다. 다만 우리가 할 수 있는 것은 불공평을 최소로 줄이려는 노력이다. 살기 좋은 사회는 서로에게 손해를 주지도 받지도 않았다는 부채감이 없는 사회다. 이런 불공평을 줄일 힘을 가진 집단이 정치인이다. 그래서 국민은 선거 때마다 서로의 의견 다툼을 하며 절망도 하고 희망을 품어 보기도 한다. 그러나 선거가 끝나면 속았다는 기분이 드는 건 나만이 느끼는 감정일까? 시민들보다 더 많은 것을 누리고 더 많이 가지고 더 많은 혜택을 누리면서도 가진 것을 지키기 위해 성벽을 쌓은 고위층을 보면서 절망감이 든다.

영국 왕실의 왕자들이 자원입대해 군복무하거나 전쟁이 났을 때 위험을 무릅쓰고 참가하는 모습을 보면 참 부럽기도 하다. 우리는 어떤가? 국회의원 대부분은 군 미필자다. 고위층과 재계의 대부분도 그렇다. 예나 지금이나 국방의무를 다하며 세금도 빼앗기듯 다 낼 수밖에 없는 것은 일반 서민이다. 더 많이 가진 사람이 세금도 적게 내고 탈세는 더 많이 하고 있다. 우리나라의 실정이다. 이러니 국민의 불만이 쌓이고 고위층에 대한 신뢰가 없다. 이런 사실을 그들도 모르지는 않을 것이다. 다만 자기에게 불리한 제도를 만들고 싶지 않고 기득권을 내려놓기가 싫은 것이다. 이런 사람들이 입에 달고 다니는 말은 국민을 위해 자기가 꼭 필요한 존재라고 우기고 다닌다는 사실이다. 슬프다. 웃기다. 어이없다.

여느 선진국처럼 똑같이 교통사고를 냈을 때 그 사람의 지위와 위치와 능력에 따라 벌금을 더 많이 물리게 해야 한다. 솔선수범해야 할 사람의 위법은 보고 배워야 하는 사람보다 더 큰 책임이 있다. 법을 잘 지켜야 하는 사람들이 법을 더 많이 어기고 법을 만드는 사람들이 자기네만을 위한 법을 만드는 우리나라의 고위층에게 노블레스 오블리주라는 말은 언제나 어울릴지. 이제는 달라지지 않으면 안 된다. 상류층, 고위층이라고 자부하고 살고 있는 이 땅의 소수자들이 새롭게 변화하지 않으면 후진국 대열에 끼어 있는 아르헨티나나 필리핀을 닮을 수 있기 때문이다. 그들도 50년 전에는 우리보다 잘 사는 부러운 나라였다. 군부 독재와 고위층의 부패로 추락한 모습이 내일의 우리 모습이 되지 않으려면 지금 서둘러야 한다.

위정자의 위법에는 더 혹독한 처벌이 있어야 한다. 그들의 형량이나 벌금은 서민들의 열 배 이상 가중해야 한다. 재계도 그들이 단합해서 얻은 이익의 열 배를 벌금으로 물린다면 쉽게 단합의 유혹에 빠지지 않을 것이다. 위법자의 계산으로 벌금을 내고도 남는 장사인데 왜 안 하느냐는 심리가 팽배한다. 특히나 공금 횡령한 사람들을 보는 서민들의 마음은 더 편치 않다. 수십억을 횡령하고 잡혀도 감옥에서 몇 년 있다 나온다면 누구나 그렇게 하고 싶다는 유혹에 빠질 수 있다. 서민들은 수십 년을 일해도 그 돈을 벌 수 없으니 그런 생각이 드는 게 당연하다. 이제는 사회에 책임 있는 자들에게 더 엄격한 기준이 필요하다. 가진 자에게 더 많은 벌금을 내게 하고 고위층에는 더 엄격한 도덕과 의무가 따라야 한다. 그래야만 우리 사회가 없는 자가 있는 자를 존경하게 될 것이고 위정자를 신뢰하게 될 것이다. 지금 우리가 이러한 모습으로 변화하지 않으면 우리 미래는 자욱한 안개길이다. 우리나라에서 가장 빨리 바꾸어야 할 것은 정치인의 의식이다. 정치인들이 스스로 자기 살을 깎는 아픔과 고통을 감내하며 이러한 규정과 법을 만들어 준다면 우리 대한민국은 쾌속정에 날개를 달게 될 것이다. (2013.4)

●교회 세습은 김일성 세습과 같다

　우리나라는 종교 박물관이다. 수입된 종교와 자생한 종교, 접목된 종교와 파생된 종교 또한 모든 것을 합해 놓은 혼합형 종교가 있다. 국민성 자체가 무언가를 믿지 않으면 불안한 어려운 시기를 살아왔기 때문일 것이다. 수백 년을 살아온 은행나무 밑에는 촛불 켜고 기도한 흔적이 허다하다. 지금은 덜 하지만 동네 입구에 오래된 고목에는 기도문이 주렁주렁 걸려있기도 한다. 그래서일까 우리나라에 씨를 뿌린 종교는 망하는 일이 없다고 한다.

　우리나라 사람들은 응용력이 대단한 것 같다. 정치든 사회구조든 종교든 독특한 구성을 이루는데 소질이 많다. 권력을 유지하기 위해 국민을 옭아매는 법을 만들고는 세계에서 유일한 한국적 민주주의 헌법이라고 세뇌했다. 착한 국민들은 과연 그런가보다고 믿어준다. 똑같이 일하고 똑같이 나누어 먹으며 평등하게 산다는 정통 공산주의 이념도 아니면서 공산주의라는 이름으로 자기 왕국을 세습해 가는 김일성 체제는 다른 나라에서는 용납되지 않을 사회다. 이뿐인가? 교회 세습은 아마도 우리나라에서만 이루어지는 특이한 현상이다. 교회 세습과 김일성 가문의 세습은 무엇이 다른가? 이런 것을 용납하는 신자나 북한 주민이나 다를 게 없다. 하기야 북한 이탈 주민들이 남한에서 생활하면서 가장 적응하기 쉬운 것은 종교란다. 모든 기도가 비슷한데 김일성 수령 자리를 하나님으로 대처하면 공감이 빠르고 이해가 쉽다고 한다. 목사님은 스스로 성직자라고 자부하실지 모르지만, 대부분의 사람은 목사님을 성직자라고 인정하지 않으려 한다. 대형 교회 목사님 스스로가 성직자임을 포기하고 제왕을 선택한 결과다.

자질이 부족한 목사를 안수해 대량 생산해 내는 것도 그렇다. 이런 목사로 인해 사회에서 손가락질 받았던 경우가 얼마나 많았던가? 담임 목사의 눈에 들지 않으면 목회 자리를 얻을 수 없는 젊은 목사들이 대부분이다. 아닌 것은 아니라고 말할 수 없는 분위기도 교회 쇄신을 막는 걸림돌이다. 또한 원로급 목사가 신자가 키워온 교회를 아들에게 물려주는 행위도 문제다. 김일성이 김정일에게 김정일이 김정은에게 대를 이어 물려주는 북한 정치체제와 같다. 대를 이어 충성하겠다는 북한 주민들과 참으로 비슷하다. 물론 모든 목사님들이 다 그런 건 아니다. 사회가 암흑에 있을 때 온몸을 태워 횃불을 밝힌 목사님들을 우리는 기억한다. 지금도 헌신적으로 사랑을 실천하고 계신 목사님들을 볼 때마다 존경스럽다. 그중엔 자기 교회를 가지지 않은 분들이 많다. 그분들 때문에 아직 교회가 버티고 있는지도 모른다.

믿기만 하면 구원받는다는 설교처럼 믿음과 실천은 다른 모습이다. 실행이 없는 믿음은 죽은 믿음이라는 설교를 많이 했다면, 오늘날의 교회 모습은 좀 더 건전했을 것이다. 무당의 푸닥거리처럼 축복을 뿌려대는 형태가 단것에 중독되어 당뇨병 환자들을 만들어낸 꼴이다. 사회 환경이나 자연환경이나 어느 한쪽에 치우치다 보면 균형을 잡으려는 조정에 들어간다. 의식 있는 교회 관계자가 세습을 하지 않겠다고 선언하기도 했다. 세습을 막는 규정을 만드는 노력이 엿보여서 다행이다. 우리나라 개신교가 중세기 가톨릭의 과오를 답습하지 않기를 바란다. 하느님의 뜻이 아닌 성직자라는 인간의 뜻에 좌지우지된 교회가 얼마나 혹독한 대가를 치렀는지 잘 알고 있지 않은가? 삶이 어렵고 힘들 때 위로받을 수 있는 곳이 교회다. 죽어가면서도 절망하지 않을 수 있는 게 신앙의 힘이다. 이 원천이 부패하여 오히려 사회를 오염시킨다면 그 사회에 사는 사람들의 피폐함은 불 보듯 뻔하다. 그러기에 교회의 진정한 정화작용이 필요하다.지금 당장. (2013.5)

● 회색지대가 필요하다

빨강과 노랑을 섞으면 주황색이 된다. 초등학교 미술 시간에 누구나가 한 번쯤은 실험해 보았을 것이다. 빨강이나 노랑을 그대로 쓰면 원색이다. 원색은 순수하지만 촌스럽다. 세련된 멋쟁이는 중간쯤의 색인 파스텔색을 잘 활용한다. 그림의 대가들은 색을 혼합해서 쓰는 비법이 탁월하다. 너무 강한 것은 희석하고 본래의 색감을 잃지 않으면서 보는 이로 하여금 거부감을 느끼지 않게 한다. 이런 감각을 읽을 수 있는 사람은 결코 초보자는 아니다.

우리나라 사람처럼 색에 민감한 국민은 세계 어디에도 드물 것 같다. 선거 때가 되면 각 정당을 색깔로 표시 한다. 지역을 색깔로 표시하고 사람을 색깔로 지칭한다. 어느 때는 여기가 아프리카 원주민이 사는 지역인가 하는 생각이 든다. 해방 이후 우리는 색깔 때문에 많은 사람을 죽이고 죽임당하고 나와 다른 생각을 가진 사람을 적으로 몰았다. 기득권자나 정치인이 자기 것을 지키는데 불리하면 빨간색을 뒤집어 씌워 상대를 제거했다. 사회, 정치, 개인적으로 80년 동안 우리가 겪은 근대사의 아픔이다. 아직도 치유되지 않은 상처. 우리나라가 선진국이 되지 못하는 걸림돌이다. 그동안 빨간색은 우리민족에겐 피를 대변하는 색이기도 하고 두려움과 공포의 색이었다.

저주스럽던 공포의 빨간색을 환희의 색으로 일순간 바꿔버린 것은 2002년 빨간 응원 물결이다. 우리가 기적적으로 월드컵에서 4강을 했다는 사실보다 더 기적적인 변화는, 빨간색에 대한 인식이다. 더 놀라운 것은 빨간색을 뒤집어씌우던 기득권의 당색이 빨간색이라는 것이다. 아마 진보당에서 빨간색으로 표시 했다면, 사회나 보수언론이 그대로 받아들이고 용인하였을까? 적응할 사이도 없이 세상이 너무 변한 것 같다. 그러나 속까지 변화하려면 더 많은 시간이 필요하다. 초등학생이 키가 커 대학생 옷을 입었다고 해서 대학생의 생각과 행동을 이해하지 못하듯이 우리도 그런 현상이다.

이제는 우리 사회가 좀 더 성숙하고 세련되었으면 한다. 나와 의견이 다르다고 상대를 적으로 내몰 것이 아니라, 그쪽에서 보면 내 의견도 다른 쪽에 있음을 받아드려야 한다. 틀린 것이 아니라 다를 수 있음을 인정하고 배려할 수 있어야 한다. 이런 인격자가 사회 구성원이 되어야만 우리 사회는 희망을 키울 수 있을 것이다. 빨강도 노랑도 아름다운 색이지만, 주황색도 아름다운 색이다. 검정도 흰색도 뚜렷한 색이지만, 회색도 그 못지않게 독특한 색이다. 생각해 보라! 이 세상이 온통 빨간색, 노란색, 검정색으로만 가득하다면 사람들은 미쳐버리거나 정신병자가 될 것이다. 무지개가 아름다운 건 여러 색깔이 모여 하나의 형태를 이루기 때문이다. 우리도 아름다운 사회를 이루기 위해 여러 색깔이 어우러져 무지개 띠를 만들 수 있어야 하겠다. 그 주도적인 역할을 우리는 정치인에게 바란다. 예전에 발표한 본인의 졸 시를 여기에 적어본다.

회색지대

　　　　이지선

흰색이 검정에게
"우리 사귈래?"
검정이 대답했다
"나 너 사랑해"
둘이서 살다보니 회색이 되었다
흰색이 말했다
"나를 만나 네가 너를 잃은 것 같아 마음 아파"
검정이 흰색을 어루만지며 대답했다
"아니, 너를 만나서 내가 변화된 거야"　　(2013.7)

●후원금과 기부금은 투명하게 밝혀야 한다

　예전 같지는 않지만 그래도 우리나라 사람은 참 인정스럽다. 의식 수준이 높아가면서 베풀고 나누고 봉사하려는 사람이 늘어나는 게 사회를 훈훈하게 한다. 재난을 당할 때 돼지저금통을 들고 나오는 어린아이의 따뜻한 마음이 미래의 희망을 품게 한다. 마음만 먹으면 언제 어디서나 크든 작든 기부할 수 있고 기부 받을 준비가 되어 있다. 텔레비전을 보다가도 라디오를 듣다가도 슈퍼에서 물건을 사다가도 은행에서 음식점에서 거스름돈이 남을 때도 기부할 기회가 주어진다. 재난이 있을 때는 모든 매스컴을 통해 대대적으로 홍보한다. 모두가 힘을 합해 재난을 극복하려는 마음은 참으로 대견하고 아름다운 일이다. 많은 사람들이 동참하고 기꺼이 큰 액수를 기부하기도 한다. 많은 금액이 모아진 것은 아는데 어디에 무엇을 어떻게 누구에게 얼마를 쓰였고 어떤 방법으로 도움을 주었다는 결과를 들어보지 못했다. 딱히 도움을 받아서 살림이 나아졌다는 얘기도 들리지 않는다.

적십자회비 용지가 나올 때마다 고민한다. 적십자 회비가 꼭 필요한 사람에게 꼭 필요하게 쓰일까? 곤경에 빠져 절실히 도움이 필요한 처지였는데도 도움을 받지 못했다는 지인의 불만을 들었다. 적십자 회비를 운영하는 단체의 직원들이 도움이 필요한 사람들은 챙기지 않고 흥청망청 쓰는 것을 목격한 어떤 분은 분노가 치밀었다고 한다. 언젠가 뉴스에서도 본 것 같다. 남한테 주는 것은 내가 남아서 주는 것은 아니다. 남한테 천 원을 주려면 나는 만원을 아껴야 한다. 쓰고 싶은 것 다 쓰고 사치하는 사람치고 남에게 도움을 주는 사람은 별로 보지 못했다. 힘들게 후원한 사람들의 후원금을 관리하는 측에서는 모든 관리를 투명하게 밝힐 의무가 있다.

나도 몇 군데 고정적으로 후원하는 곳이 있다. 그중에는 정리한 곳도 있다. 사용내력을 투명하게 밝혀 보내주지 않아 정리했다. 아프리카의 굶주린 사람에게 보탬이 될까 해서 나의 밥 한 끼를 보내고 있다. 그런데 사용 내력에는 전부 보내는 게 아니다. 단체 운영비에 절반이나 써졌음에 화가 났다. 그러나 그 단체를 신뢰하고 후원금을 보낸다. 모든 것을 투명하게 밝혔기 때문이다. 국민소득은 선진국 수준인데 선진국이라고 인정받지 못하고 있다. 기업, 회사, 관공서, 기부금 단체까지 투명하지 않기 때문이다. 그쪽에서 투명하기를 꺼린다면 투명하지 않으면 살아남을 수 없게끔 국민들이 만들어야 한다. 투명하지 않은 기업에는 투자하지 않으면 된다. 투명하지 않은 교회는 헌금을 내지 않고, 투명하게 운영하는 단체에만 후원금이나 기부금을 낸다면 빨리 달라질 수 있을 것이다.

사람들의 의식이 변화되어야 사회가 변화 한다.

변화하지 않은 사람이나 사회는 진화하지 못한다. 진화가 멈추면 퇴화하고 퇴화는 곧 도태다.

우리는 살아남기 위해서라도 투명한 사회를 만들어야 한다.
(2013.9)

● 진정한 애국자는 누구인가?

평소에 알게 모르게 지내던 사람들이 유달리 굽실거리며 인사를 하거나 환하게 웃으며 다가와 악수를 청하면 선거철이 왔을 때다. 잘 보이지 않던 얼굴이 부르지 않아도 행사장에서 자주 마주칠 때 선거철이 다가 왔음을 느낀다.

어느 지인의 얘기다. 지인은 아는 정치인이 만날 때마다 "점심 한번 같이하지?"하고 인사를 하기에 너무 거절하는 것도 예의가 아닌듯해서 시간을 내서 사무실에 찾아갔다고 한다. 그 정치인이 의아해하며 무슨 일로 왔느냐고 묻기에 "점심 한번 같이 하자고 해서." 라고 했더니 이런 눈치 없는 사람이 요즈음 세상에도 있느냐는 표정으로 어이없어하더라고 했다. 그 지인이 세상을 너무 순진하고 단순하게 살아온 건 맞지만, 아무에게나 선심 쓰듯이 인사하는 정치인의 말이 11월의 낙엽 정도로 여기는 듯해서 서글펐다. 거창한 선거 공약도 이럴 거라 생각되었다. "앞으로는 말을 조심해야겠네." 억지로 점심을 사주면서 하는 정치인의 말이었다고 한다. 우리 국민이 정치인들에게 너무 너그러운 건 아닌가?

'신은 인간을 멸망시키지 않는다. 인간이 없으면 추앙받을 수 없음으로' 어느 책에서 읽은 문구다. 병사들의 죽음 없이 영웅은 태어나지 않는다. 전쟁에서 승리한 것도 만리장성이 지금까지 남아있는 것도 목숨을 잃은 민초들 덕이다. 우리나라가 한강의 기적을 일으킨 것은 일부 지도자나 정치인의 업적도 무시할 수 없지만, 역사책에 기록되지 않은 대다수의 국민이 눈물과 피땀과 생명을 바친 결과다. 국가를 사랑한다는 것. 정치인들이나 위정자들이 즐겨 말하는 애국자라는 소리를 들을 때마다 성경에서 읽었던 이런 구절이 생각난다.

기름 부어 자기들의 임금을 세우려고 나무들이 길을 나섰다네.

'우리 임금이 되어주오.' 하고 올리브나무에 말 하였네.

올리브나무가 그들에게 대답하였네.

'신들과 사람들을 영광스럽게 하는 이 풍성한 기름을 포기하고 다른 나무들 위에 가서 흔들거리란 말인가?'

그래서 그들은 무화과나무에 '그대가 와서 우리 임금이 되어주오' 하였네.

무화과나무가 그들에게 대답하였네.

'이 달콤한 맛있는 과일을 포기하고 다른 나무들 위에 가서 흔들거리란 말인가?'

그래서 그들은 포도나무에게 '그대가 와서 우리 임금님이 되어주오' 하였네.

포도나무가 그들에게 대답하였네.

'신들과 사람들을 흥겹게 해 주는 이 포도를 포기하고 다른 나

무들 위에 가서 흔들거리란 말인가?'

그래서 모든 나무가 가시나무에게 '그대가 와서 우리 임금이 되어주오' 하였네.

가시나무가 다른 나무들에게 대답하였네.

'너희가 진실로 나에게 기름을 부어 나를 너희 임금으로 세우려 한다면 와서 내 그늘에 몸을 피하여라. 그러지 않으면 이 가시나무에서 불이 터져나가 레바논의 향백나무들을 삼켜 버리리라.' (판관기 9.9-15)

시끄러운 뉴스를 볼 때마다 자기 일에 최선을 다하며 열심히 살아가는 올리브나 무화과 포도나무들을 괴롭히는 가시나무가 생각난다.

이런 이야기도 전해온다. 한때 아인슈타인은 조국 이스라엘로부터 대통령을 제의 받았다고 한다. "국회는 만장일치로 당신을 이스라엘의 초대 대통령으로 추대했습니다. 조국을 위해 봉사해 주십시오." 그러나 아인슈타인은 이 제안을 정중하게 거절하며 이렇게 말했다고 한다.

"대통령을 하겠다는 사람은 많습니다. 그러나 물리학을 가르칠 사람은 그리 많지 않아요."

의사는 치료하는 일에 농부는 농사에 정치인은 정치를 군인은 국방을 학생은 공부에 각자 자기의 역할에 충실하면 그 자체가 훌륭한 삶이며 애국인 것이다. (2013.10)

● 2013년을 보내며

　시간의 속도는 나이의 두 배로 느낀다고 한다. 새 달력을 걸으며 올해는 모든 일이 잘 되어가고 우리 사회가 희망적이기를 바랐던 마음이 식기도 전에 마지막 달력을 떼어냈다. 되돌아보면 감사할 일도 많았지만, 아쉬움도 많았다. 개인적인 일들이야 각자 사정에 따라 다르겠지만, 한 해를 보낼 때마다 후회하지 않을 만치 최선을 다했는가? 반문해 본다. 인간의 존엄성을 지키기 위해 인종차별을 없애고 용서와 화해의 정치를 실천해 왔던 만델라 전 대통령의 사망으로 세계가 아쉬움과 슬픔을 느꼈던 해다. 그런가 하면 세계를 경악하게 했던 북한 김정은의 통치 방법은, 우리 국민에게 가슴 깊이 숨어있던 상처를 끄집어냈다. 독재 권력을 지키기 위해 권력자가 행한 만행이 아직도 치유되지 못한 우리 사회에 또 다른 경종을 울린다.

　새해를 맞이하면서 기대했던 소망들이 물거품이 되어가는 것을 보면서 때로는 아득한 절망감이 드는 경우도 많았다. 기대와 희망 속에 취임했던 박근혜 첫 여성 대통령에게 국민들이 차츰 실망을 넘어 절망을 느껴가는 해이기도 하다.

　국정원의 선거 개입 문제로 정치는 없고 통치만 있는 사회가 되어버렸다. 철도노조의 파업으로 교통의 불편함을 감수하면서까지 파업을 지지하는 국민들의 속마음이 무엇인지 헤아리지 못하는 2013년의 말이다. 70~80년도에나 들었던 대자보가 여기저기 나붙는 현실. 우리의 민주주의도 80년도쯤으로 뒤돌아간 느낌이다.

　"안녕들 하십니까?" 하는 물음이 태풍보다 빠른 속도로 전국에 번지는 것은 대부분의 사람이 안녕하지 못하고 있기 때문일 것이다. 안녕하지 못한 사연들을 어디에 데고 말하지도 못하는 답답함과 울분들의 표현이다. 잔치하고 싶은 사람, 떠들고 싶은 사람, 씨름하고 싶은 사람, 양반을 욕하고 싶은 사람들이 입을 열 수 없어서다. 실컷 떠들 수 있도록 멍석을 펴 준다면 가슴 후련하게 떠들고 나서는 더 신명 나게 열심히 일하지 않을까? 국민의 이런 기질을 이해하는 멋진 통치자를 우리는 언제쯤 맞이할 수 있을까?

건전하고 안전하게 자식을 키우려면 개방적으로 키우라는 말이 있다. 개방된 교육에서 자란 자식은 스스로가 자기를 지키고 방어하고 적응하는 능력을 터득한다. 세상이 험하고 무섭다고 자식을 보호한다는 명목으로 철저하게 통제하고 감시하는 권위적인 부모가 있다. 이런 부모 밑에서 자란 아이가 성장했을 때 부모에게 들이대는 자식으로 변해가는 모습을 주변에서 자주 본다. 지금 우리 사회는 안녕들 하신 지. 이 글을 읽고 있는 독자들은 안녕들 하신 지. 주변의 모든 사람은 이 추위에 안녕들 하신 지. 진정 안녕하기를 바란다. 종교계와 지식인, 양심 있는 언론인과 학자들이 잘못 된 것들을 일깨우는 말에 귀 기울려야 할 때다.

한해를 보내며 잘못된 일들을 반성하고 되풀이 하지 않겠다는 굳은 약속이 없다면, 실천하겠다는 결심과 다짐이 없다면, 새로운 해도 우리는 희망을 품을 수 없다. 지나온 것 중에 좋은 것은 더 발전시키고 나쁜 것은 과감히 버리고 바꾸어야 할 것은 빨리 바꾸어야 한다. 새로운 달력을 건다고 새해가 오는 것은 아니다.

새로운 해를 맞이하기 위해 새로운 변화를 준비하는 자에게만 새해가 오는 것이다. (2013.12)

● 막장 드라마 이대로 괜찮은가?

언제부터인가 텔레비전을 잘 켜지 않는다. 덕분에 전기료가 줄었다. 채널을 돌리는 곳마다 아침부터 밤늦게까지 연속극이 나온다. 연속극이 나오면 아예 다른 곳으로 돌린다. 보고 싶지 않다. 짜증스럽다. 내용이 너무나 어이없고 정상적인 상황이 아니다. 보고 나면 왠지 찝찝한 앙금이 남아 스트레스가 더 쌓인다. 나만이 느끼는 감정일까?

연속극에 빠지다 보면 상식적이고 정상적인 사람이 바보 같다. 무언가 손해 보는듯한 기분이다. 착한 사람보다는 악한 사람이 더 매력적으로 보인다. 성실하게 사는 사람보다는 수단과 방법을 가리지 않고 출세하는 사람이 능력 있어 보인다. 돈을 벌기 위해 의리와 우정도 버려야 한다는 게 당연한 것처럼 받아들이게 한다. 불륜을 정당화해 아름다운 환상을 느끼게 한다. 왜 그리 혼외 자식들은 많은지. 마치 우리 사회를 부도덕하고 몰염치한 사회로 세뇌하려고 작정한 듯하다.

눈 하나만 가진 애꾸눈 나라에서는 두 눈을 가진 사람이 병신이라고 한다. 지금 우리 사회에 여기저기에서 이런 징조가 보인다. 사회의 이런 퇴폐를 조장한 것에 텔레비전의 막장 드라마가 지대한 역할을 했음을 부인하기 어렵다. 선정적이고 말초신경을 자극하는 드라마를 선호하는 시청자에게도 문제는 있다. 불만스러운 현실을 조금이라도 해소하기 위해 내가 할 수 없는 상황을 대리만족하는 때도 있을 것이다. 문제는 계속 반복되는 장면들이 나도 모르게 스며들면서 그렇게 해야 할 것 같은 착각에 빠진다는 것이다.

지금 우리 사회는 드라마 집단 최면에 걸려 있다. 불륜과 이혼을 부추기고 정상인을 오염시키는 막장 드라마를 정화하는 작업이 필요하다. 그 작업에 가장 효과적인 방법은 시청자들이 외면하면 간단하다. 시청자들이 좋은 드라마를 선택하면 자연히 막장 드라마는 사라진다. 시청자가 외면하면 광고가 들어오지 않을 것이고 상업성이 떨어지면 방송국에서도 자연히 배제할 것이다.

그 나라의 국민 수준은 국민의 의식 수준과 비례한다. 아주 무식한 사람이 복권을 타 일약 부자가 되었다 해도 갑자기 유식해지는 것은 아니듯이 의식 수준이 하루아침에 변화되는 것은 아니다. 그러나 하루하루 생활에서 노력할 수는 있다. 지금 자정 노력을 하지 않으면 우리 세대보다 다음 세대가 더 위험에 노출될 것이다. 텔레비전, 영화, 비디오, 인터넷에서 수많은 폭력과 살인 행위가 재현되고 선정적인 게임들이 난무한다. 사리 판단이 없는 청소년들이 그대로 보고 배우고 있다. 배운 것을 실천하는 망상적인 젊은이로 뉴스가 시끄러운 모습을 지금도 보아오지 않은가?

소낙비가 퍼붓고 나면 냇가엔 온통 흙탕물이다. 더 이상 비가 오지 않으면 물이 흐르면서 스스로를 정화해 맑은 물이 되어간다. 사회도 자연도 그대로 두고 시간이 지나면 불필요한 것들은 자연 사라지게 된다. 문제는, 계속 소낙비가 내린다면 맑은 물 보기가 어렵듯이 지금 우리에게 보이는 지나치게 상업적인 영상물이 문제다. 더 지능적으로 청소년에게 파고들어 중독성을 일으키고 있다. 자본주의에서 신이 되어버린 돈을 벌기 위해 더 자극적이고 선정적이고 폭력적인 영상물이 만들어진다. 이로 인해 인간 관계가 피폐해지고 가정이 무너지고 사회가 좀먹어가고 있다. 이

대로 방치할 것인가? (2014.1)

● 나라의 주인은 누구인가

　분명 우리나라 헌법에 국가의 주인은 국민이라고 배웠다. 아니, 배운 것 같다는 표현이 적절하지 않을까 싶다. 주인인지 종인지 확실하지 않기 때문이다. 내가 주인인가 하는 생각을 가질 때는 딱 선거 때다. 주인임을 스스로에게 확인시키기 위해 무슨 일이 있어도 투표한다. 투표장을 나오는 순간 종으로 살아야 하는 긴 시간을 버텨내야 하기 때문이다. 내가 낸 세금으로 국가 모든 기관이 운영되고 대통령부터 말단 공무원 월급까지 나라에서 쓰는 모든 돈이 나가는데 당당하게 주인행세를 해 본 일이 없는 듯하다. 선거 때 외엔 너희는 주인이 아니라고 윽박지르는 세태다. 낸 세금을 돌려받고 싶은 때가 한두 번이 아니다. 세금을 내느라 얼마나 많은 것을 절약해야 했는지. 죽어서도 면할 수 없다는 세금이 서민에게는 귀신보다 무서운 게 현실이다. 피 같은 세금을 종들이 자기 돈 인양 흥청망청 탕진하는 모습을 볼 때면 머리카락이 곤두선다.
　정치인들 하고는 아무 상관없는 문화 행사에 얼굴도장을 찍으려 윗자리에 앉아 있는 사람들은(선거 때는 종이라고 자처했던 분들) 자기 돈을 들여 행사를 치르는 것으로 착각하는 모습이 주인보다 더 주인 같다. 행사 주최자의 말인즉 그들을 소홀히 대우하면 예산이 삭감되는 불이익을 당할 우려가 있어 최대한 예우를 해 주어야 한다는 것이다. 종들이 주인의 말을 듣는 게 아니라, 주인이 종에게 아부해야 한다. 국민을 잘 보필하도록 국민이 낸 세금으로 월급 주고 활동비도 주며 그들 가족의 생계를 보장하는데 오히려 상전 노릇을 한다면 종의 도리가 아니다. 회사라면 월급 주는 사장 앞에 무례하게 행동하는 용감한 사람은 없을 것이다. 종의 신분을 망각하고 주인을 학대하거나, 주인의 뜻을 거절하는 종은 내쳐야 한다. 곡간에 들어가 자기 마음대로 물건을 훔쳐 팔아먹거나, 일은 하지 않고 팔도강산 놀이만 다닌다면 그런 종을 둔 주인의 처지는 말하지 않아도 뻔하다. 당장 종을 내쫓지 않으면 주인도 망하게 된다. 너무나 상식적이고 당연한 일이다. 주인이 현명하고 떳떳하고 당당해야 종을 부릴 수 있다. 주인이 주인다워야 종이 주인을 무시하지 않는다. 내 살림을 잘 지켜 자손까지 번성하게 하고 싶은 지혜로운 주인이라면 종을 잘 선택해야 한다.

일꾼을 뽑는 요건

0. 듣기 좋은 소리와 달콤한 말로 실천할 수 없는 약속을 뿌리는 사람.

0. 들어올 돈은 없는데 자기 돈으로 하는 것처럼 생색내는 공사를 하겠다는 사람.

0. 자기보다 나은 사람을 계속 쪼아대는 열등감 있는 사람.

0. 일은 안 하고 얼굴만 들이대고 인사받기 좋아하는 사람.

0. 의무는 하지 않고 권리만 찾는 사람.

이런 사람을 종으로 뽑는 어리석은 주인은 주인 노릇할 자격이 없다.

일꾼을 뽑아야 하는 선거철이 다가왔다. 주인이 어떤 일꾼을 뽑느냐에 따라 주인 살림이 늘어나느냐, 줄어드느냐, 주인 대접을 받느냐, 천덕꾸러기 대접을 받느냐가 달려 있다. 주인의 선택은 주인의 책임이다. 그놈이 그놈이더라고 포기하지 말고 그놈 중에도 괜찮은 놈을 똑바로 보고 주인을 잘 섬길 수 있는 일꾼을 뽑아야 한다. (2014.2)

● 보궐선거 -당과 문제의 당사자가 선거비용을 내야 한다

　선거할 때만 되면 우리는 곧 지상천국에서 살게 될 것 같은 착각을 한다. 후보자가 꼭 이루겠다고 떠드는 공약이 이미 부도난 어음이라는 것을 수없이 체험 했다. 개가 짖느냐 닭이 소리치느냐 개구리가 우느냐는 식으로 또 때가 되었나보다 하고 무관심이다. 너무나 많이 속아왔기에 타성이 되어버린 것이다. 가장 신뢰도가 떨어지는 직업이 정치인이라는 설문 조사가 있다. 그래서일까? 예전엔 어린이의 희망이 대통령, 국회의원, 장관, 판검사였다. 지금 어린이들은 현명해서 그렇게 대답하지 않는다. 감옥에 가는 대통령, 국회의원, 정치인들을 보아왔기 때문일 것이다. 그래도 누군가를 뽑아야 하니 투표는 해야 한다. 선거를 치르는데 막대한 돈이 들어간다는 걸 모르는 사람은 없다. 물론 그 돈은 국민이 낸 세금이다. 돈만 들어가는 게 아니다. 국가나 개인의 생활에 막대한 지장을 준다. 선거판을 이용해서 먹고 사는 기생충 같은 선거꾼도 있다. 애쓰는 자원봉사자도 있지만, 일반 국민들은 많은 불편을 감수해야 한다. 선거에서 당선된 사람이 지역 발전과 국가를 위해 흠 없이 훌륭하게 일 하고 있다면 유권자들이 감사하고 고마울 일이다. 문제는 흠이 없는 사람인 줄 알고 당선을 시켰는데 당선 무효가 되는 범법을 한 경우다. 그런 사람인 줄 알지 못하고 과장된 공약과 언변에 속아 표를 던진 유권자

에게도 책임이 없지는 않다. 알면서 개인적인 이권을 위해 적극 선거운동을 해 당선에 도움을 주었다면 양심을 팔아먹은 행위다. 사전에 충분히 검토하고 감시하지 못한 선관위에도 책임이 있다. 그러나 수단과 방법을 가리지 않고 당선하고 보자며 법을 어기는 술수를 쓴 당선자의 책임이 더 크다. 또한 당선자가 성추행범이나 이권에 개입해서 국가나 지역에 손실을 끼쳤다면 당선 무효가 당연하다. 당선 무효가 되었을 때 또다시 투표해야 한다. 그 비용과 경비를 혈세로 지출하게 된다. 보궐선거는 쉬는 날이 아니라서 유권자도 많은 불편을 감수해야 한다. 그러다 보니 투표율도 저조하다. 이런 경우 능력 있는 사람보다 사조직을 많이 거느리고 있는 자질이 부족한 사람이 당선되기 쉽다. 폐단이 이만저만이 아니다. 이 책임을 누가 질 것인가? 꼭 필요한 데는 예산이 없어 지출하지 못한다면서 이런 일에 세금을 쓴다는 게 화가 난다.

보궐선거 비용은 보궐선거를 하게 만든 당사자와 그런 사람을 후보자로 추천한 당에서 물어야 한다. 이런 문제는 국회에서 법으로 제정해야 한다. 그동안 알면서도 모르는 척해왔거나 자기들에게 불리한 일이라 애써 외면해 왔다. 이제는 유권자들이 요구해야 한다. 투표 할 땐 신중하게 선택하여 재선거하는 불미스러운 일이 없어야 하겠지만, 당선무효를 받은 사람에게 선거 비용을 물도록 서명 운동이라도 해야 할 것 같다.

  이제는 세금도 우리가 지키고 사용처를 감시해야 하는 똑똑한 시민이 되어야 한다. (2014.3)

2부

23. 귀농 귀촌은 철저한 계획과 준비가 있어야 한다
24. 부담스럽게 기념해야 하는 날들
25. 언론은 공기와 같다
26. 말보다 행동으로 실천해야 한다
27. 한국 종교 변화해야 한다
28. 역사는 사실을 기록해야 한다
29. 아름다운 마무리를 준비하며
30. 대한민국은 섬나라다
31. 세금 낭비를 조장한 사람들 책임을 물어야 한다
32. 교육제도 다시 생각해야 한다
33. 새해에는 이랬으면 좋겠다
34. 결혼과 장례문화 개선해 가야 한다
35. 화려한 말 보다는 검소한 실천을
36. 행사장에 얼굴도장 찍기 바쁜 정치꾼들
37. 그동안 우리가 잃어버린 것들
38. 정부는 토목 공사에 대한 향수를 버려야
39. 우리 역사 기록은 사실인가?
40. 실속 없이 낭비하는 축제는 없애야 한다
41. 치매 조기 검진을 의무화해야 한다
42. 어린이와 청소년에게 투자해야 한다
43. 이름값을 하는가?
44. 국회의원 월급, 특권, 수당 주기 아깝다
45. 물을 아끼는 정책을 강구해야 한다

이름값을 하는가?

● 귀농·귀촌은 철저한 계획과 준비가 있어야 한다

　유행처럼 번지는 은퇴자의 귀촌·귀농 바람은 좀 더 냉정한 처지에서 생각해야 한다. 흔한 말로 '안 되면 시골에 가서 땅이나 파지' 시골에서 하루 종일 땅을 파본 사람은, 땅 파는 게 얼마나 힘든 일인지 알기에 이런 말을 쉽게 하지 않는다. 시골은 그렇게 만만한 곳이 아니다. 온 육신을 투신해야 조금씩 땅을 열어준다. 나이 들어가는 사람들의 공통된 숙제와 고민은, 긴 노후생활을 자식한테 신세 지지 않고 보람 있게 사는 일이다. 힘들이지 않고 죽을 때까지 적은 수입이라도 벌어들일 수 있는 일이 있는 것. 가진 것을 적게 까먹으며 죽을 때까지 유지하는 것이다. 문제는 현실이 희망처럼 녹록치 않다. 도시 생활에 익숙한 은퇴자가 나이 60이 넘어 시골에 가서 새로 운 삶을 시작한다는 것은 생각보다 쉽지 않다. 우선 집성촌을 이루어 오랫동안 결속된 시골 사람과의 유대관계가 하루 이틀 노력으로 개선되지 않는다. 부모도 살았고, 고향에서 자랐으나 도시에 나와 살다가 나이 들어 고향에 내려간 사람들도 텃세는 견디기 힘들어한다.

　60이 넘은 나이는 생각보다 몸이 말을 듣지 않는다. 농사도 요령이 있어야 하는 데 오랫동안 단련되지 않으면 몸만 힘들고 능률이 없다. 시골에는 젊은 일꾼도 없어 돈 주고도 일할 사람을 구하기 힘들다. 어느 분의 경험담이다. 의욕을 가지고 감자 농사를 지었는데 수확하고 보니 씨앗 값도 나오지 않았다고 울상이다. 이런 사례는 부지기수다. 뉴스에 단골로 나오는 양파, 배추, 무를 갈아엎는 장면이 우리가 환상을 가지고 있는 농촌 현실이다. 농업에 꿈이 있고 땅에서 살고 싶거든 젊어서 내려가야 한다. 젊다는 것은 오랜 시간을 투자할 수 있고 기다릴 수 있고 실패를 만회할 기회가 있다.

요즈음은 도시에 적응하지 못하는 젊은이 중에는 시골에 가면 사업 자금도 주고 정착금도 준다니 시골로 내려가는 젊은이도 있다. 정말 알찬 꿈을 이루기 위해 땅을 일구고 농사를 지을 결심을 했다면 다른 직업보다 현명한 선택일 수 있다. 젊어서부터 기반을 닦고 새로운 방법과 아이디어로 도전하면 농업에도 희망이 있다. 사람은 먹어야 살고 수준이 높아갈수록 친환경 먹거리를 원한다. 생명 있는 먹거리는 공장에서 생산되는 게 아니다. 앞으로는 비싼 값을 치러야만 농산물을 먹을 수 있다. 또한 농업인은 정년퇴직이 없다.

농사에는 마음이 없고 정착금만 욕심내는 사기꾼도 많다. 은퇴자 중에도 그런 생각을 하는 사람이 있다면 마음을 돌리는 게 좋다. 남의 돈은 쉽게 먹을 수 있는 이웃집 떡이 아니다. 은퇴자는 음식점을 한다든지 사업을 한다든지 하는 것도 신중해야 하겠지만, 특히 귀농한다는 것은 더욱더 신중해야 한다. 생활 터전을 옮겨야 하는 일이고, 아내와 충분히 합의해야 한다. 농사짓는다고 도시에서 내려와 혼자 사는 남자의 모습은 처량해 보인다. 건강에도 문제가 있을 뿐만 아니라 여자 손이 없는 농사일은 반은 빈 껍데기다. 늦은 나이에도 농업에 투신해 성공한 사람도 있다. 신문 방송에서 화려하게 소개하는 사람은 몇 천 명 중에 몇 명 정도다. 혹시 나도? 하는 기대는 복권을 사는 심정과 같다. 그렇게 성공할 것 같은 환상을 심어주는 것은 도시에 넘치는 실업자를 시골로 보내려는 정책적인 꼼수일 수 있다.

모든 것을 감수할 자신이 있다면 미루지 말고 실행해 볼 일이다. 그러나 욕심은 금물. 도시에 비싼 집을 팔아 시골에 내려가 벅차지 않을 만큼의 내 땅을 사서 내가 농사지어 건강한 먹거리를 나도 먹고 자식, 형제, 이웃에 나누어 주는 소박한 꿈이라면 말릴 이유는 없다. 이런 경우 참고해야 할 것은 너무 깊숙한 외진 곳은 삼가야 한다. 병원이 멀면 위급할 때 불안하다. 자식이나 손자들, 형제나 친구들이 찾아오기 쉬운 곳이라야 노후가 외롭지 않다. 물 좋고 산 좋은 곳에 멋있는 전원주택을 짓고 살다가 3년 넘기지 못하고 돌아오는 사람들이 많다. 100세 시대라고 하지만 체력의 한계를 느끼는 은퇴자들이 남은 삶을 방황하지 않고 보람 있게 지내기를 바란다. (2014.4)

● 부담스럽게 기념해야 하는 날들

애들은 우리와 달리 기념해야 하는 일이 많은지 다달이 행사를 치르는 듯하다. 만난 지 한 달 된 기념, 백일 된 기념, 일 년 된 기념, 밸런타인데이, 화이트데이, 빼빼로데이, 할로윈데이…그때마다 선물을 주고받는다. 비싼 초콜릿을 사고 꽃들을 사 댄다. 신경 쓰고 살아야 하는 그들이 피곤하겠다 싶다. 꼭 그렇게 해야 하니? 하고 물었더니 다들 그렇게 하니, 하지 않으면 소외감을 느낀다고 한다. 분위기도 관심도 없다고 책망 듣기도 한다니 카드빚을 내서라도 해야 한다. 사회 분위기가 그렇다는 것이다. 젊은이 대부분의 속마음은, 너무 낭비고 비용이 만만치 않아 이런 것들이 없었으면 하는 생각이란다. 그러면서도 분위기에 어쩔 수 없이 따라가고 있다. 동참하지 않으면 혼자만 이방인 같은 느낌을 들게 하는 거절하기 어려운 분위기를 누가 만드는가?

무슨 날, 무슨 기념일을 요란스럽게 만든 것은 과자 공장을 가지고 있는 대기업이다. 막대한 자본으로 광고하는 대기업의 마케팅 전략이다. 사리 판단이 무분별한 청소년들이 현혹되고 있다. 청소년이 성년이 되어서는 그 문화가 당연한 것처럼 받아들여진다. 지루한 일상에서 특별한 이벤트가 활력이 될 수도 있다. 그러나 의미보다는 상술에 치우쳐 비싼 초콜릿을 사기 위해 범죄를 저지르는 청소년도 있다. 과연 이런 분위기가 정상일지 생각해 본다. 자본주의에서 최대한 이윤을 많이 남기려는 기업의 광고 마케팅을 탓할 수는 없다. 소비자가 현명한 선택을 해야 한다.

우리는 전통적으로 내려오는 아름다운 기념일이 많이 있다. 삼짇날. 단옷날. 칠석날. 동짓날 ……. 계절마다 기념일이 있는 셈이다. 연인들을 위한 기념일은 칠석날이다. 얼마나 슬프고 아름다운 전설인가. 기다림과 그리움으로 일 년을 손꼽아 기다리다 까치가 다리를 놓아주어 만나는 감격의 날. 이런 날에는 연인들이 딱 붙어 헤어지지 말자고 찰떡을 주고받으면 제격일 것이다. 11.11일에는 막대 과자 대신에 그해에 추수한 햅쌀에 색깔별로 만든 가래떡 네 개를 주고받으면 좋을 것 같다. 봄·여름·가을 잘 지내왔으니 추운 겨울도 잘 지내자는 덕담을 나눈다면 더 풍요롭고 의미 있지 않을까? 과자보다는 건강에도 좋고 식사 대용으로 먹을 수도 있지 않은가. 남아돌아가는 쌀을 소비하는 데도 도움이 될 것이다. 청소년에서 어르신들까지 동참하여 즐길 수 있는 축제가 되었으면 한다. 그동안 활성화가 되지 못한 것은 대기업 같은 대대적인 홍보와 마케팅 부족일 수 있다. 농민은 상술이 능하지도 못하고 홍보할 자본이 없다. 이런 사정을 알고 있는 소비자들이 현명하게 선택해야 한다.

정체불명의 기념일 상술에 속지 말고 차분히 실속을 차릴 일이다. 우리 것을 아름답게 승화시켜 뿌리내리게 하는 것도 후손을 위한 우리의 선택이다. (2014.5)

● 언론은 공기와 같다

쿠데타를 성공시킨 군인이 제일 먼저 찾아간 곳이 방송국인 것은 어느 나라나 마찬가지다. 전파가 가장 빠르기에 먼저 기선 제압을 해야 해서다. 선진국이나 후진국도 권력을 잡은 자의 생리는 비슷한 것 같다. 제일 먼저 언론을 자기편으로 끌어 드리기 위해 온갖 수단과 방법을 다 쓰고 있다. 총부리를 들이대고 협박하고 당근을 주거나 돈줄을 끊거나 다양한 방법으로 언론을 자기편으로 잡아들인다. 이런 짓은 독재국가나 후진국일수록 심하다. 기상천외한 북한은 언론은 없고 유언비어만 돌아다닌다. 조금씩 눈이 떠가는 북한 주민들도 자기네 체제 선전이나 신문을 믿는 척 하지만, 그대로 믿지는 않는다고 한다. 우리도 한때 언론이 공권력으로 통제되었을 때 많은 소문과 유언비어들이 난무했다. 지나고 보면 공식적인 뉴스보다 사실인 경우도 있었고, 허무맹랑한 이야기도 있었다. 그런데 이상한 것은 언론을 통제하고 억압하고 체제 옹호 선전을 할수록 그와 반대의 현상을 일으킨다. '임금님 귀는 당나귀 귀'라고 아무도 없는 숲속에서 소리쳤는데 온 세상이 알게 되었다는 우화를 모르는 사람은 없다. 당나귀 귀면 어떻고 송아지 귀면 또 어떤가. 자연스럽게 있는 사실을 드러냈다면 관심도 가지지 않을 것이고 흉이 될 것도 아니다. 본인의 열등감 때문에 감추려다가 더 크게 들통 난 경우다.

암 환자들이 암 판정을 받은 후에 가장 먼저 찾는 곳은 물 좋고 공기 맑은 곳이다. 평소에는 공기가 그렇게 중요한지 모르다가 아니, 이론적으로는 알고 있지만 병이 생기기 전에는 실감하지 못한다. 요즈음은 공해 문제로 건강이 서서히 나빠지는 현상을 모두가 알고 있다. 하루아침에 문제가 되는 것은 독가스나 진공상태다. 서서히 조금씩 오염되어 건강이 악화하는 현상이 어디 공기뿐인가? 날마다 듣고 보고 읽는 매스컴에도 공해가 많이 있다. 사욕을 채우기 위해 공정하지 못한 언론을 유도하는 언론사도 있고, 정권을 유지하기 위해 나팔수 노릇을 하는 언론사도 있다. 국민이 최면 상태에 빠지도록 현란한 말로 진실을 왜곡하는 언론사는 공해를 배출하는 악덕 기업 공장주와 같다. 사회의 건강을 위해서 국민이 현명하게 판단해야 한다.

민주주의라는 제도는 국민이 깨어있고 살아있고 올바른 가치 기준을 가지고 있을 때만 꽃을 피울 수 있는 제도다. 감옥 안에서 지도자를 뽑는다면 가장 선량한 죄인이 뽑히지는 않을 것이다. 국민을 깨우고 국민을 살아 움직이게 하고 올바른 가치 기준을 가지도록 이끌어야 하는 게 언론의 사명이고 책임이다. 지금 언론은 이 사명과 의무를 다하고 있는지 되돌아볼 일이다.

역사에서 보면 권력자나 지배층은 백성이 깨어나는 것을 두려워해 가로막았다. 아마도 북한이 철저하게 언론을 통제하고 문호를 개방하는 것을 두려워하는 이유도 같은 맥락일 것이다. 대한민국은 민주국가이고 국민은 주인이다. 우리는 몸과 마음 정신까지 건강하게 살 의무와 권리가 있다. 국민의 수준은 나날이 높아져 가는데 언론의 수준은 나날이 낮아진다면 언론사는 공해의 주범이 될 것이다.

지금 우리의 언론은 살아 있는가? (2014.6)

● 말보다 행동으로 실천해야 한다

사람이 죽으면 혀부터 썩는다고 한다. 거짓말을 너무 많이 해서란다. 천주교의 성인 중에 혀가 썩지 않은 기적으로 성인이 된 사람이 있다. 남편인 왕은 폭군이었다. 마음이 아픈 왕비는 고해성사를 했다. 왕이 사제를 불러 왕비의 고해 내용을 말하도록 했지만, 모진 고문에도 사제는 입을 열지 않았다. 화가 난 왕이 사제를 죽여 강에 버리도록 명령했다. 신자들이 몰래 사제의 시신을 거두어 묻었다. 수백 년 후에 시신을 파 보았더니 다른 육체는 다 썩고 없어졌는데 혀만 살아있는 사람 혀처럼 싱싱하게 있더라는 것이다.

입이 하나인 것은
　　　　　　　　이지선

눈구멍 귓구멍 콧구멍을 쌍으로 만드신 조물주께서
입 구멍을 하나만 만드신 것은
그들은 둘이어도 사이가 좋지만
입 구멍은 하나로도 감당키 어렵고
혀를 묶어놓지 않으면 죄질 일이 많아
철장 속에 가두고
문을 굳게 잠그기 위함인가 보다.

이제는 신중하게 말하고, 그 말을 책임 있게 실천하고, 행동으로 옮기는, 양심을 가진 사람을 지도자로 모시고 싶다.

● 한국 종교 변화해야 한다

　주변을 돌아보면 한 집 건너 하나씩 십자가다. 절도 산에서 하산하여 중심가 건물에 자리 잡았다. 포교를 위해 사람이 있는 곳을 찾는 건 자연스러운 일이다. 절을 빙자한 사이비 무속인도 불안한 사람을 파고든다. 우리 민족은 천성적으로 착하다. 생사를 가르는 어려움을 많이 겪다 보니 능력을 갖춘 어떤 힘에 습관적으로 빌어 왔다. 돌이 있는 곳마다 즐겨 탑을 쌓는 민족이다. 마을 어귀 수백 년의 수령을 가진 나무에는 촛불 켜고 빈 흔적이 많다. 그래서인지 세계의 어떤 종교도 한국에 들어오면 망하는 일이 없다고 한다. 세계 종교인들이 한국을 주목하는 이유다. 그러나 지금 우려하는 목소리가 더 커지고 있다.

　종교는 확장하는데 사람은 갈수록 메말라가고 있다. 널려있는 게 십자가인데 십자가에서 위로받는 사람은 줄어간다. 신앙생활도 돈이 있어야 한다는 말이 빈말은 아니다. 어려움을 위로하고 공감하고 같이 나누는 시대가 아니다. 이 역할을 종교인이 해주어야 하는데 그들도 건물에 신경 쓰느라 사람에게 신경 쓸 여력이 없다.

　예수님은 집이 아닌 외양간에서 태어나셨다. 예수님이 하나님의 말씀을 전하기 위해 교회를 지었다는 성경 구절은 없다. 예수님 자체가 성전이라고 하셨다. 제자와 많은 군중들은 예수님의 말씀을 듣기 위해 산으로 들로 따라다녔다. 그분이 말하는 교회는 믿는 사람들이었지 건물이 아니었다. 그 이후에 사람들이 자기들의 치적을 드러내기 위해 웅장하고 화려한 건축을 지었다. 웅장한 건물을 짓기 위해 교인들의 헌금 강요로 오히려 하나님을 욕되게 하지 않았던가. 유럽은 화려한 성당 건물들이 관광용 명소가 되어있다. 부처님은 궁전에서 태어나셨지만, 궁전을 도망쳐 나오신 분이다. 부처님도 자기 집이나 절을 짓지 않으셨다. 설법하기 위해 사람을 찾아다녔다. 공자님도 중국 전역을 떠돌아다닌 것으로 보아 가르치기 위해 건물을 지으시진 않은 듯하다.

예수님이 재림할 때는 분명 한국에 오실 거라는 야유 섞인 말이 있다. 십자가가 제일 많은 곳에 오시지 않겠느냐는 말이다. 예수님이 오시면 제일 먼저 어디로 가실까? 답은 뻔하다. 부활하신 후 제일 먼저 가신 곳은 이스라엘에서 가장 어렵게 사는 동네였다. 천민과 학대 받는 사람을 위해, 맨발에 속옷 하나 걸치고 나무에 못 박혀 죽으신 분과 궁전 같은 집은 아무래도 어울리지 않는다. 예수님은 습관적으로 가장 고통 받는 사람을 찾아갈 것이다. 왕자의 자리를 버리고 나오신 부처님도 궁전에는 다시 들어가지 않으실 것이다. 아마도 성인분이 원하시는 것은 그분들을 위해서라는 궁전 같은 집이 아니라, 그분과 함께하는 사람들이 부담 없이 모일 수 있고 드나들 수 있는 조촐한 건물일 것이다. 궁전을 짓는 비용으로 어려운 사람과 함께하기를 원하시지 않을까?

절에 들어서는 입구에 건물 증축한다는 헌금함이 제일 먼저 눈에 띈다. 교회도 성당도 절도 큰 건물을 가진 곳에 신자가 몰린다. 대형 건물의 신자라면 신앙도 그렇게 높은 줄 착각하게 만든 건 누구의 책임인가? 이제는 종교가 변화해야 한다. 지금 건물에서 사람으로 대전환을 하지 않으면 한국 종교는 공멸하게 될 것이다. 종교에서까지 위로받을 수 없다면 어디에서도 영혼을 치유 받을 수 없지 않은가? (2014.6)

●역사는 사실을 기록해야 한다

역사의 기록은 승자에 의해 기록되기 마련이다. 주인공은 항상 승자였기 때문이다. 영웅전을 읽을 때면 어느 때는 실감이 나지 않는다. 지각 있는 사람은 한 번쯤은 의심을 했을 것이다. 과연 영웅은 인간적인 흠이 없이 그처럼 완벽했을까? 하는. 이스라엘 역사에 가장 훌륭한 왕으로 뽑는 다윗왕과 솔로몬왕의 기록을 읽다 보면 인간적인 약점과 치욕이 아무런 미화 없이 적나라하게 쓰여 있다. 죄에 대한 대가를 치르고 회개하고 다시 신과의 관계를 유지하는 기록이 더 신뢰가 간다. 사실 그대로의 기록이 왕의 허물을 덮어주는 느낌이다. 약점과 허물을 감추고 완벽한 왕으로 기록했다면 사람들은 훌륭한 왕으로 기억하지 않을 것이다.

작은 땅덩어리로 강대국 사이에 끼어 있는 우리나라가 5천 년의 역사를 가지고 존재한다는 것은 어쩌면 세계사의 기적일 것이다. 얼마나 많은 외부의 침략을 받았던가? 쓰러지고 넘어지면서도 멸망하지 않고 살아낸 것은 조상들의 지혜와 끈질긴 인내심이다. 우리는 긴 역사를 가진 만큼 많은 교훈과 지략과 위기 대응 능력을 역사의 기록에서 배울 수 있다. 다만 역사의 기록은 승자의 관점에서 미화된 허위 기록이 아니라 사실을 그대로 기록해야 한다. 잘못 저지른 일과 잘한 일을 있는 그대로 기록해야 한다. 그리하여 후손에게 잘한 것은 자랑스럽게 이어가고, 못한 것은 반성하고, 되풀이하지 않도록 교훈을 얻게 해야만 우리나라가 선진국으로 나아갈 것이다.

　독일이 주변 국가에 큰 피해와 아픔을 주었는데도 지금 독일을 미워하는 나라는 없다. 예전에 피해를 입었던 주변국의 반대가 심했다면 독일은 통일하기 어려웠을 것이다. 과거에 저지른 만행을 무릎 꿇어 반성하고 용서를 청하고 잘못한 대가를 충분히 보상했다. 주변국과 화해하려는 노력으로 지금의 독일이 있다. 용기와 현명한 선택이 독일을 존경받게 만들었다. 그와 반대로 일본은 어떤가. 경제대국임을 인정하면서도 주변국에서 인정받지 못하는 이유를 우리는 알고 있다. 일본은 잘못된 역사를 솔직하게 인정하지 않고 자기네 국민한테 미화시키려는 꼼수로 주변국과 마찰을 빚는다. 일본의 잘못된 역사관과 훌륭한 조상으로 기록을 남기고 싶은 욕심에서다

　이런 문제에 우리는 자유로운가? 역사 교과서 문제로 떠들썩했던 일들은 우리의 역사기록에도 당당하지 못한 점이 있다는 증거다. 학자들의 의식이 올바르지 않고 역사를 미화시킨다면 우리가 일본을 나무랄 자격이 있을까? 조선시대의 기록 장치는 참 위대한 것 같다. 천하를 호령하는 왕이라도 자기에 대한 기록을 볼 수 없게 했다는 것은 사실과 진실을 그대로 기록할 수 있는 보장을 했다는 것이다. 이런 훌륭한 제도를 두고 있기에 세계사에 유례가 드문 오백 년을 통치했을 것이다. 근래 우리나라 기록은 참 조잡하다. 해방 이후 정통을 이을 학자들이 없었기에 친일파 학자들이 일제 하에서 배운 식견으로 역사를 기록한 후유증이다. 대부분 친일파들이 정권을 잡았다. 자기들의 죄질이 드러날까 두려워 사실을 덮어버리고 정당화하려는 작업으로 기록들이 더럽혀진 것일 거다. 후손들한테 부끄러운 선조로 불리기 전에 사실

과 진실만을 기록하는 정화 작업이 필요하다. (2014.7)

● 아름다운 마무리를 준비하며

요즈음은 노인이 모여 노인을 걱정한다. 마을 어른으로 중대사를 결정하고 질서를 바로잡는 존경받던 어르신이 아니다. 가족과 사회와 국가에 문제가 되는 게 노인이다. 주변의 어르신 중에는 젊어서 열심히 살아 자식도 잘 키웠고 남은 집 한 채로 그럭저럭 80까지 살았다. 그쯤 되니 자식도 노인이 되었다. 자식도 자식의 도움을 받아야 하는 처지다. 오래 살고 있는 부모를 돌볼 여력이 없다. 있는 집을 팔아 전세로 가고 남은 돈을 생활비로 까먹다가 90이 넘으니 다시 월세로 내려앉는다. 그래도 이런 노인은 다행인 경우에 속한다. 자식이 노후를 보장해 주리라 굳게 믿고 자식에게 모든 걸 털어준 노인의 노후는 비참하다. 자식이 불효자식이라서가 아니라 자식의 삶도 불안하고 그 자식을 책임져야 하는 다급한 상황이다. 젊은이들은 노인은 돈 쓸 일이 없는 줄 안다. 병원비가 많이 든다. 의사나 약국을 먹여 살리는 게 노인들이다. 의료보험 재정을 거덜 내는 것도 노인이다.

주변 사람들이 한 분씩 떠나는걸 보면서 떠날 준비를 해야 한다고 생각했다. 살아 있는 모든 생명은 태어나는 순간 죽음도 같이 태어났다. 그러기에 동물들은 자기의 죽을 때를 알고 죽을 자리를 준비한다. 사람보다 더 낫다는 생각이 든다. 사람은 죽음에서 자기만은 예외일 거라고 착각한다. 덜 성숙한 사람이다. 인류 역사상 죽지 않은 사람은 없듯이 당연히 내 차례가 올 것임을 의식하며 사는 사람은 하루하루를 충실하게 살아간다.

어느 날 갑자기 죽음이 찾아왔을 때 자식들이 당황하지 않도록 내 의견을 밝혀 두는 게 좋겠다는 생각을 했다. 글로 기록해 놓아야 자식들이 법적으로 문제를 당하지 않을 것 같아 4부를 작성했다. 애들한테 한 부씩 주고 한 부는 보관하고 한 부는 거울 앞에 붙여 놓았다. 그러고 나니 숙제를 끝낸 느낌이다. 친구들이 너무 이른 것 아니냐고 했지만 준비했다고 더 빨리 죽는 것도 아닌데 준비하지 못했는데 갑자기 죽음이 방문한다면 더 당황스러울 것이다.

죽음을 준비하는 마음 다짐
0. 나 이지선은 생명 연장을 위한 의료 시술을 거부한다.
0. 3기 이상의 암일 경우 수술을 거부한다.
0. 사용할 수 있는 장기와 시신은 기증한다.
0. 죽음 준비는 말기 암일 경우 호스피스 병실을 원한다.
0. 온전한 자연사를 원한다(죽음이 임박할 경우 병원에 실려 가지 않는다.)
0. 장례는 가족장으로 치르되 내 문상객은 조의금을 받지 않는다.
0. 시신은 화장하되 흔적을 남기지 않는다.

대략 이런 내용이다.

죽음 직전에 병원에 실려가 인공적으로 숨을 이어 간다면 살아 있는 건 아니라는 생각이다. 죽기 직전의 한 달 반 동안 쓰는 의료비가 일생에 쓰는 의료비의 3분의 2를 쓴다고 한다. 사회에 남긴 것도 없는데 빚을 남기고 떠나고 싶지 않다. 병원비와 장례비를 아껴 아프리카에 우물을 파주라고 유언장에 썼다. 우리는 태어날 때 죽기로 약속하고 태어났다. 조상들이 떠나줌으로 우리가 이 땅에서 살았던 것처럼 우리도 땅을 비워 주어야 후손들이 살아갈 것 아닌가? 어차피 떠나야 한다면 후손한테 빚을 주고 간다는 건 염치없는 일이다. 가치도 보람도 없이 병원에서 숨만 쉬고 오래 산다는 것은 축복이 아니다.

이제는 우리도 죽음에 대한 의식을 긍정적으로 바꾸어야 할 때다. (2014.7)

● 대한민국은 섬나라다

지도에서 보는 우리나라는 대륙에 붙어있다. 삼면이 바다지만 위쪽 한 면이 붙어 있어 섬이 아니다. 일본이 속 좁은 근성을 드러낼 때면 섬나라이기 때문이라고 비하 한다. 대한민국은 대륙국가인가? 아니다. 통일하기 전에는 섬나라나 다름없다. 북한이 막혀있기 때문에 중국이나 러시아로 이어가지 못하는 현실적인 섬나라다. 미래를 향한 꿈과 계획이 아무리 거창하고 웅장해도 그 꿈들을 현실화하려면 대륙으로 뻗어나가야 한다. 부산에서 신의주를 지나 모스크바를 거쳐 동유럽까지, 베이징을 지나 서유럽까지 진출하는 거대한 프로젝트를 가동한다면 우리나라도 당당히 동북아의 중심이 될 것이다.

끊어진 철도가 이어지는 장면을 보는 순간 얼마나 감격했던가? 서울역에서 기차를 타고 며칠 밤낮 설원을 달린다는 러시아를 거쳐 유럽을 관광하는 꿈을 가졌다. 적금을 들어야 할까 계산이 끝나기도 전에 꿈을 접어야 했던 아쉬움은 지금도 안타까움으로 남는다. 정치적인 상황이야 그렇다손 치더라도 자존심이나 명분보다는 실익을 챙겨야 하는 게 장기적인 안목에서 더 나았지 않았을까? 어찌 보면 그동안의 남북 관계는 이쪽이나 저쪽이나 서로의 정권 유지를 위해 적당히 이용했다. 적당히 타협하고 적당히 긴장을 유도하는 서로가 서로를 미워하면서 필요로 하는, 그러면서도 서로의 권력을 유지하도록 간접적으로 도운 꼴이 되었다.

이스라엘은 영웅이나 역사의 인물을 평가할 때 과정을 보지 않고 결과를 본다고 한다. 민족을 유익하게 했느냐 하는 것으로 평가한다. 지금 당장 북한과 통일하기는 어려울 것이다. 그러나 북한도 우리도 경제적인 안정이 필요하고 새로운 돌파구가 필요하다. 큰 것을 얻기 위해 작은 것을 양보하고 타협하고 공감하는 지혜가 필요하다. 지금부터 시작해야 한다. 그동안의 경험으로 보아도 한두 달에 이루어지는 단순한 일이 아님을 알지 않은가. 시간이 오래 걸릴수록 빨리 시작해야 한다. 섬나라에서 탈출할 수 있는 유일한 길이기도 하다.

형제와 의가 상하면 남들보다 더 원수처럼 지낸다. 이해관계가 얽히면 더욱 그렇다. 부모 뱃속에서 한 핏줄을 받아 태어났고 어렸을 때 같이한 추억이 있고 치고받은 상처도 있지만, 성숙한 어른은 형제를 끌어안는다. 그렇지 못한 형제라면 똑같이 덜 자란 미숙아다. 우리는 어느 쪽인가? 승리자만이 용서할 수 있다. 용서할 수 있기에 승리자다. 좀 더 냉정하고 차분한 상태에서 지금 우리가 해야 할 일이 무엇인지 생각해 볼 때다.

우리 후손들을 섬에서 살게 할 것인가? (2014.8)

- ●세금 낭비를 조장한 사람들 책임을 물어야 한다

 국가 살림이나 가정 살림이나 살림을 하는 사람의 성격과 능력에 따라 흥하기도 하고 망하기도 한다. 주변을 보면 초라하게 시작했으나 적은 수입에도 알뜰하게 살림을 꾸려 시간이 갈수록 펴지는 집이 있는가 하면, 남부럽지 않게 시작했는데, 갈수록 졸아들어 가는 집안이 있다. 집안이 펴지는 살림꾼은 가계부를 쓰고 지출 계획을 짜고 분수 이상의 낭비를 하지 않는다. 갈수록 돈이 들어가는 공사를 벌이지 않고 남에게 보이기 위한 사치를 하지 않는다. 이런 살림꾼은 시간이 갈수록 집안이 든든해진다. 줄어드는 살림을 하는 사람의 특징은 허영과 과시욕이 가득하다. 남한테 자기를 과시하는 허욕으로 분수 이상의 자동차, 집, 옷차림, 생색내기 위한 과잉 지출로 살림을 거덜 낸다. 어디 집안 살림만 그러한가? 나라 살림도 거덜 내는 사람한테 맡기면 그 피해는 후손까지 미친다.

 평화의 댐을 만들지 않으면 서울이 물바다가 되어 다 잠기게 된다며 63빌딩을 가늠해 가면서 역설하던 교수와 학자, 정치인들은 지금은 어디서 무엇을 하는지 궁금하다. 두려움에 떨던 순박한 국민들은 돼지저금통을 줄 서서 바쳤다. 그렇게 만들어진 평화의 댐은 평화를 가져왔는가? 그 이후의 후문은 모두가 알고 있다.

 4대강을 추진할 때도 그랬다. 양심 있는 학자와 미래를 염려하는 종교 지도자, 환경을 염려하는 많은 시민과 올바른 정치인들은 4대강 사업을 반대했다. 그러나 어용학자, 몰지각한 정치인, 정권에 빈대 붙은 교수들은 매스컴과 언론을 통해 끈질기게 홍보하고 광고했다. 그분들은 지금 안녕하신지. 지금은 왜 떳떳하게 4대강을 꼭 해야만 대한민국이 살길이라는 소리를 하지 않는지. 4대강을 그렇게까지 추진해야 했던 꼼수를 대부분의 국민은 알고 있다. 똥을 덮는다고 냄새까지 덮어지지는 않는다. 저질러 놓은 4대강 문제가 당대에서 끝나는 게 아니다. 그것을 관리하고 보수하는데 후손 대대로 세금을 쏟아 부어야 한다는 사실을 몰랐을 리 없다. 세금 낭비 책임은 누가 질 것인가?

우리 국민들은 마음이 너무 너그럽다. 용서를 너무 빨리해 줘버린다. 그러기에 사과 상자 몇 박스의 돈을 받은 정치인도 성추행범도 재선시켜 준다. 국민에게 총부리를 들이댄 사람, 나라를 팔아먹은 사람도 성급하게 용서해 주기에 아무도 책임을 지지 않는다. 호주에서는 세금을 포탈하거나 낭비한 범인은 가장 큰 낙인이 찍힌다고 한다. 앞으로는 자기 영달을 위해 국가에 해를 끼친 사람은 철저하게 책임을 물어야 한다. 어용교수, 권력의 나팔수, 자기 이권을 위해 헛된 공사나 사업을 추진하는 정치인이나 설계자 공무원도 그 책임을 물어 배상하도록 해야 한다.

골칫덩어리가 된 용인 경전철이나 인천의 사례는, 생색은 정치인이 내고 뒷감당은 시민이 세금으로 메워야 한다. (2014.10)

● 교육제도 다시 생각해야 한다

장관이 바뀔 때마다 우리 교육정책은 바뀐다. 그런데 왜 그리 장관님은 자주 바뀌는지 학부모는 항의 하고 싶다. 장관이 새로 되면 무언가를 남기려고 자기 존재를 인정받고 싶어 엉뚱한 일을 벌인다고 하는 얘기도 떠돈다. 그게 시행착오로 문제가 되면 자리를 떠난다고. 설마! 그렇지만 어느 때는 그런 것 같기도 하다. 기본 없이 자주 바뀌는 방침에 학생도 학부모도 사회 정책도 낭비가 많고 혼란스럽다. 자원 없는 우리나라에서 살아남으려면 남들보다 잘 배워야 한다는 부모의 강박관념이 심하다. 남들보다 편한 자리에서 월급 많이 받는 직업군에 들어야 한다는 젊은이들의 생존 불안이 가중되어 더욱 혼란스럽다. 이런 심리를 조장해 온 정치권이나 사회 기득권의 책임도 크다. 물론 우리나라가 급성장한 원인 중의 하나는 높은 교육열에 있었음을 부인할 수 없다. 그러나 지금은 자질이 없어도 등록금만 내면 누구나 대학에 가는 고학력이 사회 문제가 되고 있다.

 동남아에서 가장 안정된 싱가포르의 교육정책은 본받을 만하다. 초등학교 5학년이 되면 학생의 장래를 위한 진로를 상담하기 위해 정밀한 적성검사를 한다. 적성검사에서 소질과 재능과 능력에 따라 진로를 상담해 준다. 부모도 국가 정책에 자녀의 진로를 맡기고 따른다고 한다. 소질에 맞게 상급학교 진학을 결정한다. 교육정책이 신뢰를 받기 때문이기도 하지만, 공부에 소질이 없는 자식을 대학교수 만들겠다고 아무리 애써 봐도 교육비만 낭비하고 부모의 노후까지 거덜 내는 우리의 현실에서 부러운 정책이다. 교수와 청소부의 월급 차이가 별로 없고 정치인의 아파트나 말단 공무원의 아파트가 거의 비슷한 크기이다. 국민 모두가 자기 집에서 산다. 공평하게 살아가게끔 갖추어진 시스템 때문이다. 대학을 나온 사람이나 중학교를 나와 기능공 생활을 하는 사람이나 생활수준이 비슷하다면, 하기 싫은 공부를 억지로 강요할 필요가 없을 것이다. 힘들여 대학 보냈더니 적성에 맞지 않는다고 전공을 바꾸겠다는 자식으로 속 썩는 부모는 주변에 많이 있다. 사회적으로 큰 낭비다.

　어느 기업에서 실업계 고등학교 졸업자를 채용하겠다는 공고가 사회 쟁점이 되었다. 지금도 앞으로도 기업 광고용이 되지 않기를 바란다. 대학 진학을 하지 않더라도 안정적인 일자리가 보장되고 능력에 따라 월급이 인상되고 승진에 걸림돌이 되지 않는다면 굳이 대학에 갈 이유가 없다. 경력에 따라 대학 졸업자와 동등한 대우를 받는다면 사회적 비용도 줄일 수 있다. 이런 제도가 정착하려면, 기업 문화와 사회 인식 변화가 따라야 한다.

　공부가 재미있는 학생은 공부하고 기계 만지는 게 재미있는 학생은 전문 기술자가 되어 각자의 능력대로 삶을 이어간다면 사회가 공평해질 것이다. 고등학교를 나와 직장에 다니다가 차별 대우가 견디기 어려워 대학에 다시 진학하는 젊은이들이 많다. 문제는 지금 대학을 나와도 그들이 원하는 직장이 한계가 있다는 것이다. 일자리가 없어서가 아니라 그들이 원하는 직장이 없는 게 현실이다. 아마 앞으로도 그럴 가능성이 크다. 국가는 법을 제정해 교육의 차별을 없애도록 해야겠지만, 기업체나 공공기관에서도 차별을 두지 않아야 한다. 사회의 인식도 변화하지 않으면 교육 문제로 가정 재정이 거덜 날 수 있다. 이건 국가와 사회와 가정에 큰 재앙이다. (2014.11)

● 새해에는 이랬으면 좋겠다

　시끄럽고 힘들고 아픔이 많았던 지난해는 우리가 두고두고 잊히면 안 되는 상처가 있다. 또한 교황의 방문으로 리더의 품행은 어떠해야 하는지를 우리에게 보여준 해이기도 했다. 모든 것들이 지나간다. 그러나 교훈 없이 보내버리면 똑같은 일이 반복되는 현실을 우리는 수도 없이 보고 겪어왔다. 소 잃고 외양간 고치는 자는 그래도 현명한 사람이다. 다음에는 소를 잃지 않을 테니까. 불행히도 우리는 허겁지겁 외양간을 고친다고 고치는 시늉만 했기에 번번이 소를 잃고 있다. 이번에도 그럴 게 뻔해 보인다. 고치려면 형식적인 시늉만 하지 말고 튼튼한 철장으로 단단한 열쇠를 준비하고 더는 외양간 탓을 하지 않았으면 한다.

우리가 조선의 역사를 이야기할 때 당파 싸움에 나라가 망했다고 한다. 그러나 그것은 일제 강점기에 우리 역사의식을 비하하기 위한 일본의 계획적인 정책에 우리가 세뇌된 경우다. 당파 싸움이 심했던 영조·정조의 시대가 백성들이 가장 살기 좋은 태평성대를 이루었고, 조선의 전성기였다. 정치인이나 국회의원들이 싸우지 않고 일사천리로 일을 처리하고 손뼉만 친다면 그건 일당 독재거나 공산당이다. 북한의 인민위원회를 보면 당에서 하는 일에 만장일치로 열심히 손뼉을 치는 장면을 TV에서 본다. 중국의 공산당 대회도 이견 조율이 되지 않아 싸웠다는 기사를 본 적이 없다. 우리는 그런 독재국가를 원하거나 바라지 않는다. 국회의원들은 열심히 싸우고, 열심히 타협하고, 열심히 일해야 한다. 그러나 국회의원이 존재해야 하는 근본적인 이유는 누구 때문인지를 정확하게 알았으면 한다. 당을 위해서인가? 개인의 영달을 위해서인가? 그들의 입발림처럼 국민을 위해서인가?

새해에는 제발이지 국회 본연의 자세로 돌아가 국민을 위해 열심히 싸우는 멋진 국회의원의 모습을 보고 싶다. 그런 모습을 보는 국민은 신바람이 날 것이다.

새해에는 제발 그랬으면 좋겠다. 빈부의 격차가 심한 나라일수록 사회주의 이론에 빠지기 쉽다. 자본주의 체제가 생산과 소비를 촉진하고 삶에 욕구를 유발하여 세상은 이만치 발전해 왔다. 그러나 지금 풍부한 물질 속에 사람들은 갈수록 궁핍을 느끼고 불행을 느낀다. 학자 중에는 자본주의의 말로라고도 한다. 이대로 가면 안 된다는 위기의식을 느낀다. 만 명이 가져야 하는 물건을 한사람이 독차지하고 있기 때문이다. 나머지 9,999명은 굶주리고 한 사람의 종이 되어가는 지금의 사회구조는 결코 바람직한 일은 아니다. 물질이 없어서 가난한 게 아니라 많이 가진 자가 나누지 않으려고 하기에 더 피폐해지는 것이다. 능력 있는 사람은 열심히 벌어서 조금 부족한 사람에게 기꺼이 나누어 준다면 서로가 행복해질 것이다. 살맛 나는 사회가 될 것이다. 새해에는 제발 그랬으면 좋겠다. (2015.1)

● 결혼과 장례문화 개선해 가야 한다

독일 여행을 하던 중 결혼식이 있다고 해서 구경 갔다. 동사무소에 30여 명의 남녀가 모여 있다. 그들의 입회하에 직원이 혼인신고를 끝내는 순간 모여 있던 사람들이 환호성을 하며 손뼉을 친다. 점심시간을 이용한 것 같다. 결혼식이 끝난 것이다. 평상복 차림으로 공원에 나와 술잔을 들고 건배하며 축하했다. 역시 실용주의 독일답다. 인도에 갔을 때도 마침 결혼 철이라 결혼식을 여러 번 보았다. 상류층과 서민의 결혼식은 차이가 컸다. 상류층은 우리의 상상을 초월한다. 운동장만 한 공간 전체를 힌두교 신들로 화려하게 장식한다. 50명이 넘는 요리사가 그 자리에서 직접 요리를 해 준다. 악단의 풍악 소리, 무희들의 춤이 현란하다.

총을 든 수십 명의 경비원이 순찰한다. 그렇게 3일 동안 잔치한다. 그곳을 나오면 고개가 축 처진 갓난아기를 업은 여자들이 손을 내민다. 서민의 결혼식은 그렇지는 않지만, 인도 수준에 비해 호화로운 편이다. 그래서인지 인도도 결혼하기 쉽지 않다고 한다.

우리는 어떠한가? 주변에 혼기가 지났는데도 결혼하지 않아 부모를 애태우는 젊은이가 많다. 출산율이 줄어드는 이유 중의 하나도 결혼을 기피하거나 하고 싶어도 과도한 비용 때문에 하지 못하는 경우가 많다. 호화 결혼에 대한 사회적 문제는 부모의 체면치레인 경우가 많다. 실용성을 주장하는 젊은 세대와 체면을 중시하는 부모 세대가 결혼을 앞두고 충돌한다. 그러다 비용을 대는 부모 쪽으로 타협이 된다. 문제는 간소하게 결혼하는 독일보다 화려하게 결혼한 우리나라 이혼율이 월등히 높다는 것이다.

결혼식만이 아니다. 장례식도 거품으로 상주의 어려움이 가중된다. 대부분 병원이나 요양원에서 투병하다 돌아가시는 사례가 많다. 병원비도 만만치 않은데 허례허식으로 치르는 장례비용도 큰 부담이다. 평상시에 부모에게 제대로 못 해 드렸다는 죄책감에 마지막이니 잘 해드리고 싶은 마음이겠지만, 내면에는 본인의 체면치레 의도가 엿보인다. 리무진으로 시신 운구를 하는 모습을 보면서 살아계실 때 택시라도 태워드려야지 죽어서 리무진이 무슨 소용인가 싶다. 물 한 잔이라도 살아 있을 때 드려야지 죽어서 꽃가마는 산 사람의 위로에 지나지 않는다. 지금까지는 돌아가시는 분들은 칠팔 남매를 낳으셨던 분들이 많다. 초상을 치르고도 병원비가 나온다는 계산이지만, 앞으로는 아니다. 한두 명의 자식이 양쪽 부모 네 분을 보내야 하는 경우가 허다하다. 그들의 생활도 빠듯한데 버거운 일이다. 돌아가시는 분이 장례비를 남기고 떠나면 다행이지만, 그러지 못할 경우 사회적인 문제로 번질 것이다. 이미 그런 사례가 드러나고 있다. 시신을 놓고 도망가 버린 자식도 있다. 장례를 포기해 무연고로 처리하는 경우도 있다. 그럴 수 있느냐고 손가락질하지만 앞으로는 그럴 수 있는 일들이 많이 벌어질 것 같다. 고인의 명예를 훼손하지 않으면서 검소하고 조촐하게 지내는 장례문화를 권장해 가야 한다.

　호화로운 결혼식이 호화로운 결혼생활을 보장해 주지 않는다는 걸 결혼해 본 사람은 안다. 오히려 과도한 빚으로 파탄에 이르는 부부가 많다. 크게 시작해서 작아지는 것보다 작게 시작해서 커가는 삶이 행복을 느끼고 보람찬 일이다. 장례도 그렇다. 죽어서 진수성찬보다 살아있을 때 따뜻한 밥 한 그릇이 효자인 것이다. 지금부터 개선하지 않으면 큰 문제로 사회가 혼란스러울 것이다. (2015.2)

● 화려한 말 보다는 검소한 실천을

　요즈음 정치권이나 언론이나 매스컴에서 쏟아내는 말이 소박한 게 없다. 사회가 너무 거칠어서일까? 어린이의 말투도 그렇고 정치꾼들의 말투도 그렇다. 정말로 진짜 진짜를 강조하는 사람치고 믿을만한 사람이 아니라는 걸 경험으로 알고 있다. 한 번만 한 번만 믿어달라는 사람치고 믿을 만한 사람이 아니다. 우리 사회가 불신이 넘쳐나는 것도 과장된 말 때문이다. 거창스럽게 약속하고 화려하게 꾸미고 듣기 좋은 말로 사람을 현혹한다. 허황한 꿈을 꾸게 해 놓고는 부도를 낸 결과다. 특히나 정치꾼들의 상습적인 습관이기도 하다. 조물주가 두 개의 귀와 한 개의 입을 만든 뜻을 헤아려본다. 남의 말은 듣지 않고 자기 말만 확신 있게 주장하는 사람들은 어디에서도 환영받지 못한다. 그렇다고 그 사람이 말처럼 신뢰할 수 있는 행동을 하는 것도 아니다. 허풍스러운 말 속에는 자기의 열등감 때문에 자기를 과대 포장한다. 자기를 크게 돋보이려고 깃털을 세우는 새를 보는 느낌이다. 소시민의 과장은 미치는 영향과 파장이 크지 않기에 애교로 봐줄 수도 있다. '그런 사람이다'라고 제쳐놓으면 그만이다. 그러나 우리 사회를 이끌어 가야 할 지도층, 정치인, 지배층의 사람들이 이런 현상에 빠지면 문제가 심각하다.

남은 알아듣지 못하는데 혼자 하는 말은 대화가 아니고 독백이다. 대화로 소통한다는 것은 서로의 입장과 처지를 듣고 헤아리는 것이다. 이해하려고 노력하며 배려하는 가운데 서로가 이견을 조율하고 타협하는 것이다. 내 의견이 아무리 좋은 것이라도 상대방이 받아들일 수 없는 처지라면 그 처지를 헤아려주는 게 배려다. 이런 배려가 없이 내 주장을 강요한다면 혼자서 강아지와 얘기하는 게 낫다. 다른 사람에게 악영향을 끼치지는 않을 테니까. 우리 사회가 성숙하려면 사람들을 현혹하는 화려한 말 보다는 작은 일이지만 실천할 수 있는 진정한 말을 해야 한다. 정치인들은 더 그러하다. 실천할 수 없는, 실천할 계획도 의도도 뜻도 없으면서 인기 위주의 말을 하는 정치인이 많다. 당선만 되면 무효화 되는 말들을 남발하고 무슨 말을 했는지 기억도 못 하는 정치인들이 너무 많다. 그 결과가 우리 사회를 온통 불신으로 가득 차게 만들었다. 이제부터라도 실천할 수 있는 말만 하고 많이 듣고 적게 말 한다면 우리 사회는 지금보다 살기 좋은 사회가 될 것이다. (2015.3)

● 행사장에 얼굴도장 찍기 바쁜 정치꾼들

어느 행사장이든 내빈 소개를 할 때마다 짜증스럽다. 어느 때는 참여자보다 정치인이 더 많은 경우도 있다. 그 행사에 꼭 필요한 사람이었거나 그 행사를 위해 노력한 사람이라면 당연히 초청해야 한다. 그러나 대부분은 얼굴도장 찍으러 참석하거나 인사만 하고 나가는 일이 허다하다. 다음 선거 때 표를 의식하여 열심히 얼굴을 내미는 것이다. 저 사람은 일은 안 하고 인사만 하고 다니는 악수 꾼인가? 그렇게 할 일이 없는 사람을 세금으로 비싼 월급을 주어야 하나? 열심히 일해 낸 세금으로 할 일 없는 사람 월급을 줘야 하나 하는 생각이 든다. 행사장에 가는 시간에 차라리 마을 쓰레기를 줍던지 독거노인을 찾아 위로해 주든지 일손이 필요한 곳에 찾아가는 게 아름답게 보일 것이다. 행사 주최자는 그런 사람을 등한시할 경우 불이익을 당하는 경우가 허다하기에 어쩔 수 없다는 얘기다.

세금으로 월급을 주는 게 주인인가? 월급을 받고 일하는 게 주인인가? 그동안 우리는 주인의식을 잃고 지내왔다. 항상 지배만 받아오고 억압만 받아왔기에 타성이 되어버렸다. 정치인이 선거 때마다 종노릇 하겠다고 굽실거리다 당선이 되면 주인으로 행사하게 눈감아 준 것은 주권자인 국민도 문제가 있다. 주인 의식이 없이 정치권에 아부하면서 떡고물을 얻어먹으려는 근성이 내재해 있지 않나 자성해 볼 일이다. 어느 집안이든 가장이 가장 노릇을 못 할 때 장남이 장남 노릇을 못 할 때 어머니가 어머니 노릇을 못 할 때 그 가정은 평온하지 못하다. 더욱이나 주인이 종노릇을 자청해서 하고 있다면 그 종이 주인을 깔보고 모든 체계를 자기 좋을 대로 할 것이다. 그게 올바른 일이겠는가? 사회나 단체, 국가도 구성원의 의식이 어떠냐에 따라 발전하느냐? 퇴보하느냐? 변화하느냐? 퇴색하느냐? 가 달려있다. 지금 우리는 선택의 기로에 서 있다. 정치·경제·사회도 지금 우리 선택이 후손의 미래를 결정하는 중대한 기로에 있다. 올바른 선택을 하려면 내가 주인의식을 가지고 주인답게 행동하고 결정해야 한다. 우리나라를 업그레이드 하는데 가장 걸림돌이 된 것은 다름 아닌 정치인들이다. 그 정치인을 뽑는 게 바로 우리다. 그건 우리의 책임이다. 정치인이 국민을 무시하게 만든 것도 인기 작전만 요령 있게 피우는 것도 일은 안 하고 얼굴도장만 열심히 찍고 다니게 만든 것도 우리의 책임이다.

　이제는 그들을 바꾸려면 우리의 의식을 바꾸어야 한다. 주인으로서 당당하게 요구하고 그들이 종노릇을 잘하는지 감시해야 한다. 필요 없이 행사장에 인사만 시키고 시간을 빼앗거나 손뼉 치는 기계로 만들지 말아야 한다. 정말 인사를 시키고 박수를 받아야 하는 사람은 그 행사를 준비하고 후원하고 애쓴 사람이어야 한다. 이제 우리도 주인으로 대접을 받아야 한다. (2015.4)

● 그동안 우리가 잃어버린 것들

　해외에 나가보면 우리나라가 물질적으로 얼마나 풍요롭게 잘 사는지 실감이 간다. 너무 사치하고 낭비가 많은 거 아닌가? 이래도 되는 건가? 하는 생각이 들 때도 있다. 다른 나라에서 부러워하는 기적을 이룬 나라이다. 긍지와 자부심을 가질 충분한 자격이 있다. 여행지에서 만나는 사람도 우리나라 사람이거나 중국 사람이다. 누가 뭐래도 우리는 단기간에 물질적 어려움을 극복했고, 절대 빈곤에서 탈출한 자랑스러운 나라다. 겉으로는 그렇다. 그런데 왜 사람들은 70년대의 배고픈 시절보다 지금 더 힘들고 어렵다고 하는가? 왜 지금 더 궁핍을 느끼고 더 불행하다고 생각하는가? 그때보다 먹을게 넘쳐나 비만이 문제이고 대학에 가고 싶으면 누구나 갈 수 있다. 학력도 과잉 상태다. 경제 수준은 세계 10위권인데 행복지수나 만족지수는 왜 꼴찌를 하고 있는가? 그동안 우리는 배불리 먹기 위해 너무 많은 것을 버려야 했다. 우리의 좋은 것을 검증도 없이 무조건 버려야 했다. 선진국에 대한 열등감이다. 서양 문물이 좋아 보여 대대로 내려오던 우리 것들을 버리고 망가뜨리는 게 잘 사는 길인 줄 알았다. 황토집을 뜯어내고 양철지붕을 올렸다. 구들장을 뜯어내는 게 선진국으로 가는 줄 알았다. 지금은 옛것이 좋다고 다시 복원하려면 할 줄 아는 사람이 없어 어렵다. 사양에서는 우리 것이 좋다고 모방해 간다는데 잃어버린 것은 그것만이 아니다. 우리가 그동안 자랑해 왔던 정신문화는 더 많이 훼손되었다. 도덕과 예의와 부모 공경, 이웃과의 나눔, 공동체의 품앗이 등. 학문보다 더 중요시 했던 인간의 도리에 대해 가르치려 하지 않았다. 공부만 잘해 출세하여 돈만 많이 벌면 성공하는 사람으로 인정했다. 모두가 돈과 물질에만 신경이 곤두서 있는 동안 정신문화와 영혼들이 죽어버린 것이다. 지금, 이 현상이 계속된다면 우리의 삶은 모래알로 밥을 해먹는 삭막한 느낌으로 살아야 한다. 먹어도 허기지고 가져도 부족하고 호화롭게 치장해도 열등감에 수치스럽다. 삶에 갈증을 느끼는 건 물질로는 해결할 수 없다. 배부른 돼지보다 고뇌하는 인간을 존중하는 사회가 되어야 한다. 조금 덜 먹고 조금 덜 가지고 조금 덜 쓰더라도 기쁘고 행복하고 충만하면 행복한 삶이고 부러운 삶이다. 정신 가치를 긍정해 주는 사회 분위기가 퍼져야 우리는 갈증에서 벗어날 것이다. 이제는 우리 교육을 재검토해야 한다. 학문보다는 인간성을, 물질보다는 사회 관계성을, 혼자 잘사는 것보다 여럿이 더불어 사는 게 사람답게 사는 방법임을 교육해야 한다. 지금 하지 않으면 우리는 더 큰 것을 잃게 될 것이다. (2015.5)

● 정부는 토목 공사에 대한 향수를 버려야

우리나라가 급성장한 동력 중에 큰 비중을 차지한 것은 토목 공사를 들 수 있다.
70년도 이후 베트남 전쟁 참전 대가로 들어 온 돈과 서독에 파견된 근로자들이 벌어온 돈 대부분은 토목 공사에 쓰였다. 고속도로를 건설하고 아파트를 지으면서 많은 물자와 인력들이 투입됐다. 그러다 보니 일거리가 생기고 돈이 돌았다. 집 없이 서럽게 살았던 서민의 꿈은 집을 사는데 너도나도 열심이었다. 참 열심이었다. 그 바람에 투기꾼이 득세하여 땅에 말뚝만 박아도 값이 몇 배나 뛰는 도깨비 세상 같은 시절이 있었다. 그건 우리만 겪는 일은 아니다. 중국도 성장기 때 난리를 치렀다. 후진국에서 조금 잘사는 나라로 도입하는 단계에서 누구나가 치르는 홍역이다.
건설업의 호황으로 우후죽순처럼 건설회사가 생겼다. 과잉 상태가 되자 해외로 진출해 그동안 쌓아왔던 우리 저력을 세계에 보여주기도 했다. 뒤돌아보면 화려했던 시절이다. 일자리를 만들고 각종 물자를 소비하고 생산하는 데는 토목 공사만큼 수요 창출하는 곳은 드물다. 그러기에 정권과 대통령이 바뀔 때마다 건설업을 살리려고 아파트 규제를 푸니 묶니 세금을 물리느니 면제해 주니 하면서 토목 건설을 들먹인다. 그러나 이제는 그 시대가 아니다. 전국에 집이 수요에 120%가 넘었다고 한다. 내가 집이 없는 것은 다른 사람이 여러 채를 가지고 있기 때문이다. 정책자보다 한 수 위인 국민은 빚을 내 집을 사라고 애원해도 집을 사지 않는다. 손해 보는 장사는 안 하는 게 돈 버는 일이다. 부모가 집이 있는 자녀는 기다리면 집이 들어오는데 쪼들려 가면서 궁상떨고 살려고 하지 않는다. 그러나 위정자는 달콤했던 아파트 투기 시절을 잊지 못한다. 이제는 그때의 향수를 버리고 앞으로 성장 동력이 되는 산업을 찾도록 도와주어야 한다. 그런 정신을 가진 정책자가 없는지 말만 무성하다. 말은 백 리를 앞서가는데 행동은 주저앉아 똥 싸고 뭉개는 꼴이다.

　유럽의 건물은 천 년 이상 된 것도 지금까지 현대식 건물과 손색없이 조화를 이루고 있다. 공해 문제로 집을 헐고 짓고 하는 일을 하지 않는다. 소득을 높이는데 토목 공사가 아닌 첨단기술을 개발하는 데 주력한다. 우리도 지금 그 시점이다. 창조경제라는 그럴듯한 타이틀은 뉴스마다 들리는데 그 실체가 무엇인지 뚜렷한 정체가 없으니 허상이다. 앞으로 우리의 후손들이 먹고 살 수 있는 밥을 주는 일이 무엇인지 머리를 맞대고 고심해야 한다. (2015.7)

● 우리 역사 기록은 사실인가

　이웃사촌이 먼 친척보다 낫다는 얘기는 사이가 좋았을 때 말이다. 가장 많이 싸우는 것도 이웃이다. 사람 사이도 그렇지만 국가도 그렇다. 독일과 국경을 접하고 있는 프랑스는 겉으로는 잘 지내는 듯하지만 문제나 감정이 부딪치면 서로에게 자존심을 들어낸다. 그래도 독일은 양심적인 나라고 예의를 차릴 줄 아는 나라다. 과거에 저지른 잘못을 역사에 기록하고, 잊지 않으려고 노력한다. 후손에게 있는 그대로 가르친다. 그랬기에 주변국의 용서를 받았고, 이웃사촌으로 받아들였을 것이다.

 지금 우리나라와 일본의 해묵은 감정싸움은, 일본이 자기의 치욕적인 역사를 감추고 지우려고 하기 때문이다. 선조의 잘못을 후손한테 보여주고 싶지 않은 속내는 떳떳한 선조로 대우받고 싶고, 자랑스러워하도록 후손들을 교육하고자 함일 것이다. 역사에서 교훈을 얻지 못하는 민족은 미래가 없다. 일본 교과서에는 우리나라의 진실이 아닌 왜곡 된 것이 많다. 당연히 항의해서 바로잡도록 해야 한다. 그래야만 일본 후손도 선조들의 만행을 깨닫고 교훈을 배울 수 있을 것이다. 그래야 국제무대에서 서로 좋은 관계를 유지할 것이다. 그렇다면 우리는 떳떳하고 당당한지 뒤돌아볼 일이다. 좌우 어느 곳에도 흔들림 없이 사실을 기록하고, 진실을 남겼는지 생각해 봐야 한다. 역사는 승자의 기록이다. 승자의 입장에서 자기들의 정당성과 합리화로 공과를 부풀리고, 패자를 형편없이 무능한자로 몰아가는 의도가 작용하는 역사의 기록을 많이 보아왔다. 역사의 판단은 후손의 몫이기에 사실과 진실을 남겨야 한다. 그래야 교훈을 얻을 것이다.

 수없이 난리를 겪으면서도 조선이 500년을 이어온 것은 세계사에도 드문 일이다. 강대국이라고 하는 고대 나라도 200~300년을 버틴 나라는 드물다. 조선이 오래 존속할 수 있었던 것은 날마다 일어나는 나라의 일이나 궁중에서 일어나는 사건을 사실 그대로 기록했기 때문이라고 한다. 왕의 협박과 회유에도 굴하지 않고 사명감을 가지고 기록했던 제도가 원인이라고 한다. 왕은 후손이 보는 기록에 나쁜 왕으로 남겨지지 않으려고 노력했을 것이다. 국민을 보호하고 나라를 지키라는 군대를 동원하여 국민을 적보다 더 잔인하게 죽이고 정권을 잡은 일당도, 그런 자를 대통령으로 기록해야 하는 아픔도 사실 그대로 기록해야 한다. 잘한 점과 못한 점도, 수치스러운 것과 자랑스러운 것도 사실 그대로 기록해야 후손에게 교훈을 남길 것이다. (2015. 9)

● **실속 없이 낭비하는 축제는 없애야 한다**

요즈음은 이사를 가더라도 지자체 재정을 살펴보고 가야 한다. 내가 사는 지역 살림살이가 어렵거나 부도가 나면 주민이 살아가기가 곤궁하다. 우선 복지 혜택이 부실해진다. 모든 제반 시설과 주변 환경이 지저분해진다. 지방공무원 월급에도 차질이 생기고 직간접으로 많은 영향을 끼친다. 미국 같은 나라도 지자체 살림이 어려워지자 노숙자들을 편도 비행기표만 사주고 다른 주로 보냈다고 한다. 그게 남의 이야기가 아니다. 점심 한 끼를 사 먹어도 담배 한 갑을 사더라도 지역에서 돈을 써야 한다. 그래야 세금을 내고 그 세금으로 살림을 꾸려갈 것이다.

인천시가 아시안게임을 폼 나게 치르겠다고 호기 있게 유치하고는 인천시의 브랜드를 높이기는커녕 먹칠을 했다. 빚더미에 주저앉아 일어설 줄 모르는 사태가 벌어졌다. 자고로 빚내서 잔치하는 사람은 거지가 된다고 성경 구절에도 있다. 못살아 주눅 들던 시절에는 남한테 있는 것처럼 보이고 싶어 가전제품은 알맹이보다 껍데기가 더 크고 치장이 많았다. TV보다 박스가 더 컸다. 전축은 또 얼마나 컸던가. 이제는 보이기 위한 전시행정이나 치적이나 과시적 행사는 버릴 때다. 일을 벌이기만 하면 끝나는 게 아니다. 뒷정리가 더 문제다. 상을 차리는 것보다 설거지가 싫어 손님 초대가 싫다는 여자들이 대부분이다. 설거지만 해서 끝나면 그래도 괜찮다. 관리비와 보수비를 세금으로 충당해야 하는데 그렇게 낭비되는 돈이 수도 없이 많다.

강원도에서 평창 동계올림픽을 유치하기 위해 3년 재수하면서까지 노력했다. 합격 하는 순간 환호성을 질렀다. 동계올림픽이 끝나고도 그 기쁨이 이어질지는 의문이다. 집안 살림도 실속 없이 잔치만 베풀면 망한다. 갈수록 재정이 어려운 지자체의 세금 낭비성 축제는 신중히 생각해야 한다. 농산물을 팔기 위해, 지역 특산물이나 관광 수입을 위해 또는 문화 행사 같은 것은 그래도 의미 있는 일이다. 그러나 행사를 위한 행사는 생각해 볼 일이다. 행사의 대부분은 시 보조금으로 행해진다. 비용 지출에 비해 효과가 미미해 세금이 아깝다. 잘 버는 것보다 잘 쓰는 게 살림을 잘하는 비결이다. 이제는 잘 버는 일도 어려운 시기다. 그러니 낭비하고 기분 내며 흥청거릴 때가 아니다. 실속 있게, 알차게, 규모 있게 작은 것을 크게 쓸 수 있는 지혜를 모아야 한다. (2015.10)

● 치매 조기검진을 의무화해야 한다

어르신들의 불안 중에 가장 큰 것은 암보다 치매와 중풍이다.

암은 사람들의 인식 개선으로 조금씩 줄어드는 추세다. 의학의 발달로 생존율도 높아졌다. 암을 친구처럼 평생 관리하면서 지내는 환자도 많아졌다. 의료보험 혜택으로 크게 부담이 되지 않는다. 물론 생명에 위험 요소이긴 하지만 정신이 문제 되는 것은 아니기에 자기를 절제하고 분별력 있는 행동을 할 수 있다. 가족이나 본인에게 크게 치명적이지는 않다. 그러나 요즈음 급격히 증가하는 뇌졸중과 치매는 양상이 다르다. 노화 현상으로 증가추세인 데다 수명 연장으로 오랫동안 병치레를 한다. 본인은 감각 없이 행복해하지만, 주변 사람은 피폐해져 간다. 중증이 되면 혼자 놔둘 수도 없으니, 누군가가 옆에서 돌봐야 한다. 이건 온 집안이 늪으로 빨려 들어가는 느낌이다. 사회적으로 가정적으로 부담해야 하는 비용도 문제지만, 삶의 질도 그대로 추락한다. 그동안은 치매나 중풍에 대한 준비도 없어 보험 가입도 적다. 그렇다고 빨리 죽는 병도 아니다. 주변에 치매 노인들의 모습이 남의 일로 보이지 않는다. 젊은이도 치매와 중풍에 자유로운 건 아니다. 노인에 비해 확률이 덜 하다는 것일 뿐이다. 오히려 젊은이는 더 치명적이다. 연구 중이지만 치료약이 없어 더 무섭게 느껴진다.

그러나 방법은 있다. 치매가 증상으로 나타나려면 20여 년의 긴 동안 서서히 뇌의 작용이 망가져 간다고 한다. 초기에 발견하면 치매를 늦출 수 있는 약도 있다. 뇌의 활성화를 위해 꾸준히 노력하면 죽을 때까지 느리게 진행한다고 하니 그렇게 걱정하지 않아도 될 것이다. 보건소에서 치매 검진을 해준다고 해서 가보았다. 문진으로 하는 검진은 초기 증상을 알아내는 게 아니고 중증인 상태가 되었을 때 이미 치료에 효과가 없는 상태를 발견하는 것이다. 이제는 국가 차원에서 2년에 한 번씩 건강검진을 할 때 60세 이상인 사람은 뇌 MIR을 찍어 치매나 중풍에 대한 검사를 해야 한다. 모든 병은 치료하는 것보다 예방하는 게 비용이 적게 든다는 것은 개인도 국가도 잘 알고 있다. 예산이 부족하다고 탓하지 말고, 서둘러야 한다. 작은 돌로 구멍을 막으면 될 일을 미루다 댐을 무너뜨리게 하는 미련한 사태를 당하게 될 것이다.

지금 서둘러야 한다. 그렇게 치명적이던 암 발병률이 줄어든 것도 어쩌면 건강검진의 효과일 것이다. 또한 사회적 인식 변화도 작용했을 것이다. 암보다 더 두려운 대상인 치매와 중풍을 어떻게 예방하고 줄여 나갈지 모두가 고민해야 할 때이다. 예방 차원에서 정밀 검사를 해 보려고 했다. 어르신이 감당하기에는 비용이 만만치 않다. 결과가 치매나 중풍으로 나오면 의료보험이 적용되어 비용이 적게 나올 수도 있지만, 그렇지 않을 때는 부담스러운 비용이다. 이러니 여유 있는 어르신은 미리 예방도 가능하지만, 어려운 분들은 질병에 취약할 수밖에 없다. 노후 삶의 질도 빈익빈 부익부가 더 뚜렷하게 나타난다. 재정이 어렵다면 극빈층부터 시작해야 한다. 지금 서두르지 않으면 무서운 재앙으로 우리 사회를 뒤흔들 것이다. (2015.11)

● 어린이와 청소년에게 투자해야 한다

인류가 지금 당면하고 있는 초유의 사태다. 두렵고 불안하고 불투명한 미래가 엄습해 온다. 그동안 한 번도 경험하지 못했기에 어떤 대비를 해야 하는지 메뉴얼도 없다. 그래서 공포처럼 느껴진다. 급격한 노화 현상과 장수와 출생아 감소다. 모두가 불안 요소이긴 하지만, 출생아 감소는 지구의 멸망을 초래하는 가장 큰 재앙이다. 정부의 집요한 출산 억제 정책이 사라진 지가 얼마 되지 않는다. 20년도 앞을 보지 못하는 정책 당국의 눈먼 행정이 가져온 결과다. 그동안의 정책 실패는 묻어두고라도 지금, 이 시점에서 정책을 잘못 세우면 우리의 미래는 더 참담하다. 출산 장려를 한다고 여러 정책을 내놓고 있지만, 정작 출산 가능성이 있는 젊은이들은 시큰둥하다. 별 도움이 될 것 같지도 않고, 지금 당장 살아내기가 힘들기 때문이다. 문제는 위정자들이 자기들의 표밭만 의식한다는 것이다. 표가 되는 노인 정책에는 서로 앞 다투어 과잉 투자를 선동한다. 정작 표가 없는 어린이나 청소년에게 투자하는 것은 입으로만 하지 예산을 주지 않는다. 낳기만 하면 키워주겠다는 허울 좋은 말치레는, 애를 키워보지 않은 사람들의 인심 쓰는 말이다. 말만했지 구체적인 실행이 없다. 어린이 보육비, 청소년의 급식비, 교육비등 모든 것들이 광고만 했지 정작 돈을 지급하는 데는 인색하다.

　노인정이나 노인을 위한 복지정책도 중요하다. 그러나 과잉 투자에 낭비하는 예산이 많다. 표를 가진 노인이 정책자를 압박하고 노인들의 이권에만 압력을 넣기 때문이다. 노인정에는 멀쩡히 쓸 수 있는 비품을 새로 사들이고, 놀이에 선심 쓰듯 베푸는 것은 모두 국민의 세금이다. 앞으로 세금을 내야 하는 청소년들이 없다면 과연 오래 지속될 수 있을까? 지각 있는 노인들은 이래서는 안 된다고 말한다. 그러나 노인들은 가장 무서운 무기를 가지고 있다. 투표권이다. 이대로 가다가 앞으로의 20년 후에는 그 많은 노인을 누가 짊어지고 갈 것인지 고민해 봐야 한다. 노인들도 힘들다. 그러나 냉정한 입장에서 미래의 정책을 다시 세워야 한다. 지금 미래를 위해 서로의 고통을 분담해야 한다. 청소년과 어린이와 출산을 망설이는 젊은이에게 과감히 투자 하지 않으면 우리의 희망은 검정이다. 위정자는 자기들의 안위를 위한 표를 의식하지 말고 투사처럼 행동해야 한다. 그런 안목 있는 정책입안자가 절실히 필요하다. (2015.12)

● 이름값을 하는가?

　이름에는 나름의 뜻과 의미와 바라는 소망이 있다. 전능하다는 하느님도 자기가 선택한 사람에게는 이름을 바꾸어주신 것이 성경에 여러 번 나온다. 시몬을 베드로라 개명시켰다. 베드로는 반석이라는 뜻이다. 그 반석 위에 내 교회를 세운다고 하셨다.
그러기에 이름에는 책임도 따르고 스스로에게 의미를 부여하게 된다. 실상 필자도 개명했다. 1980년도에 전두환 씨 부인 이름과 같이 불리기 싫어 지선(知宣)으로 바꾸었다. 지선(知宣)은 아는 것을 알려야 한다는 뜻이다.

　이름만 들어도 알 수 있는 사례가 많다. 온천수가 나오는 지명에는 대부분 따뜻한 온(溫)자가 붙는다. 효자동은 효자를 기리는 동네다. 새로운 도시는 신(新)자가 붙고, 험한 산에는 악(岳)자가 붙는다. 그런가 하면 사실보다 바라는 소망을 이름으로 불러주는 경우도 있다. 아닌 것을 조금이나마 희석하려는 의도가 있다. 뒷간을 화장실이라고 한다. 고약한 곳에는 그럴듯하게 이름을 붙여주는 사례는 독재 시절에는 더 했다. 이름으로 포장하는 경우다. 삼청교육대가 정말 교육하는 곳이 아님을 모두는 안다. 꽃뱀은 이름처럼 꽃같이 예쁜 뱀은 아니다.

　처음 새누리당 새정치민주연합이라는 이름이 나왔을 때 무척

신선하다고 생각 했다. 과거의 지저분한 모든 것들, 돌이켜 다시 겪고 싶지 않은 것을 털어버리고 희망찬 미래로 향할 줄 알았다. 이런 기대는 나만이 가지는 것이 아닌, 모두의 기대였을 것이다. 서민들은 정치가 안정되어야 일상의 삶이 안전하다는 걸 체험으로 알기 때문이다. 그러나 지금 어떠한가? 그 기대에 못 미치는 정도가 아니라 40년을 역행하는 구누리당 구정치민주연합회가 되어있다. 차라리 이름을 〈새〉자가 아닌 〈구〉자로 바꾸어야 덜 염치없는 게 아닐까. 꼭 뒷간을 화장실이라 부르는 느낌이다. 더불어민주당이라 당명을 바꾼 당이 얼마나 더불어 행동하지 않았는지 모두는 알고 있다. 이름을 바꾼다고 해 추녀 추남이 미녀 미남이 되지는 않는다. 그러나 이름을 닮고자 부단히 노력한다면 아름다운 이미지로 변화할 수는 있다. 요즈음은 성형수술로 몸체를 다 바꿀 수도 있다지만, 정신까지는 수술이 안 된다. 정신과 마음이 바뀌면 얼굴도 신체도 자연히 바뀌어 진다. 이름만 바뀐다고 좋아지는 게 아니다. 그 이름값에 건전한 정신과 마음을 불어넣어야 한다. 이름의 의미를 잘 되새겨 행동으로 실천해 보길 바란다. (2016.1)

● 국회의원 월급, 특권, 수당주기 아깝다

　권력구조를 잘 몰라서인가? 이해가 안 되는 것은 장관직에 있던 사람이 국회의원선거에 출마하기 위해 장관직을 사임하는 일이다. 그러다 국회의원이 가지는 특권과 특혜와 그들이 누리는 여러 가지를 보면서 알았다. 보이는 것과 보이지 않는 것, 각종 이권과 암암리에 개입되어 있는 청탁들을 알게 되었다. 하는 일도 없이 분쟁만 일으켜 국민에게 걱정만 끼치는 국회의원이 300명이나 필요한가? 한 30명 정도면 충분할 것 같다는 생각이 들 때도 있다. 국회의원이 과연 국민의 세금을 축낸 만큼 국민을 위해 일하고 있는가? 의심이 든다. 아마 나만의 생각은 아닐 것이다.

　세계에서 가장 잘 산다는 스웨덴은 부러운 것이 많다. 단순히 잘 산다는 것만이 아니다. 거의 공평한 복지정책도 부럽고, 안정된 사회 시스템도 부럽다. 그중에 가장 부러운 것은, 정치인과 국회의원이다. 그들이 건전한 정신으로 국가를 이끌기에 그 사회는 당연히 안정된 잘 사는 나라. 국회의원은 특권이 없다. 월급도 수당도 많지 않고 보좌관도 없다. 자전거로 출퇴근하고 밤늦게까지 공부하고 일을 해야 하는 봉사직에 가까운 힘든 직업이다. 그래서인지 이혼당하는 직업군의 1위라고 한다. 그들은 사명감으로 국회의원이 된다고 하니 존경과 신뢰를 받는다. 우리나라에서 가장 믿을 수 없는 신뢰 꼴찌가 정치인, 국회의원이고 보면 대조적이다. 아니 국회의원, 정치인 자신이 자초한 결과이다. 여기에 동조한 것도 투표권을 가진 국민이다.

　선거 때마다 머리를 조아리며 특권을 내려놓겠다고 한다. 투표가 끝나고 정작 특권을 내려놓은 법안을 통과한 일이 있는가? 국민들의 관심이 다른 데로 가 있는 사이에 은근슬쩍 자기들의 이권을 더 확대하는 곳에만 열심이다. 내 아까운 세금으로 그들의 비싼 승용차를 굴리는 데 쓴다는 게 화가 난다. 노동자들은 일하지 않으면 월급을 주지 말라는 법을 통과시키면서 국회의원은 일하지 않고도 본인의 수당까지 다 챙겨 간다. 이렇게 염치없는 사람이 우리의 대변자라는 게 또 화가 난다. 요즈음 효율적인 관리경영을 주장하고 채택하는데, 유독 국회의원만 고비용 저효율적이다. 이런 기관은 구조 조정이 필요하지 않을까? 국회의원 자신의 자정 노력에는 희망이 없어 보인다. 이제는 국민과 여론이 강제로라도 이들에게 정화 작용을 시켜야 한다. 그들이 가장 무서워하는 것은 표와 여론이다. 우리는 언제쯤 존경과 신뢰를 받는 멋진 정치인과 국회의원을 가져볼까? 그때가 오기는 오는 걸까? 국민이 앞장서 그때를 앞당길 수는 없을까? (2016.2)

● 물을 아끼는 정책을 강구해야 한다

우리는 물 좋고 산 좋은 금수강산이라는 소리만 들어왔다. 뒤집어 생각하면 그 말속에는 석유도 없고 자원도 없다는 얘기다. 겨우 가지고 있는 금수강산이 오수(汚水)강산이 되어간다. 가지고 있는 것을 귀하게 여기지 않고 그동안 너무 낭비하고 오염시킨 것이다. 몇 십 년 만의 사상 최악이라는 가뭄을 겪으며 물 부족으로 식수에 어려움을 겪은 지역도 많다. 농사를 포기한 지역 사람들은 또다시 그런 재앙이 올까 불안해한다. 그런 재앙을 막기 위해 4대강 사업을 많은 돈을 들여 만들었지만, 별 도움이 되지 않았다. 오히려 역효과가 났다고 한다.

20년 동안 농장의 지하수가 물이 안 나오는 일이 없었다. 이웃에게도 충분히 내줄 정도로 물량이 많았다. 그러다 물이 나오지 않아 모터가 고장인가 했다. 장맛비가 온 후에 물이 나왔다. 물 부족이라는 현실이 남의 일이 아니었다. 이제 시작인 것이다.
아프리카와 중국의 사막지대는 갈수록 늘어난다고 한다. 이런 기후 변화는 인간이 편하게만 살려고 한 결과다. 모든 것에는 그만한 대가를 치러야 한다. 수천 년 동안 오염시킨 것보다 근래 100

년 동안의 오염이 더 심각했다. 앞으로의 100년은 계산할 수 없을 것이다. 우리도 현실을 직시하고 대비해야 한다.

큰 건물에는 물탱크도 설치되어 있고 하수관도 잘 되어있다. 먹는 물은 상수도를 사용하는 건 당연하지만, 아까운 것은 화장실에서 사용하는 물이다. 허드렛물로 사용하는 것을 수돗물로 쓰는 것이다. 건물을 지을 때 이런 점을 의무적으로 법제화했으면 한다. 변기 물은 굳이 수돗물이 아니어도 될 것이다. 허드렛물은 버리는 물이나 빗물을 받아쓰도록 건축 당시부터 구조를 만든다면 도움이 될 것이다. 지금 우리는 석유보다 비싼 물을 사 먹고 있다. 앞으로는 이런 현상이 더 심화해 생활비에 가장 높은 비용이 물값이 될 수도 있다. 밥은 안 먹어도 살 수 있지만 물이 없으면 며칠도 살아내기 어렵다. 그동안 너무 흥청망청 버리고 오염시켜 왔기에 그 대가를 치러야 하는 시기가 오는 것이다. 늦었다 싶을 때 시작하면 그래도 덜 늦는다. 돌이킬 수 없을 때는 시작할 수도 없다. 이제부터라도 물 사용을 자제하는 캠페인을 벌여 물 낭비를 줄여야 한다. 정부는 예산 타령만 하지 말고, 서둘러 준비해야 한다. 물 부족이 심각해지면 우리의 일상생활이 어떠할지 생각해 봐야 한다. 아프리카의 비극이 결코 남의 일이 아닐 수도 있다. (2016.3)

3부

46. 퇴직 후 재입사는 하급직을 우선으로 해야 한다
47. 유머가 있는 사회가 안전한 사회다
48. 우리는 당당한가?
49. 시의원을 바라보는 시민들의 시선
50. 어려운 문제 지혜롭게 풀어야 한다
51. 개인의 의리보다 국민의 실익이 중요하다
52. 우리의 처지가 안타깝다
53. 정치인도 정년제 성과제를 두어야 한다
54. 국민의 수준과 정치인의 수준 차이
55. 복지정책에 문제가 많다
56. 우리의 위인을 배우고 가르쳐야 한다
57. 아직도 이용 가치가 있는 '빨갱이라는 단어'
58. 공권력의 부정부패는 사법부의 무능이다
59. 이제는 낙하산을 접어야 한다
60. 현명한 역사의식은
61. 올해는 복을 만들어 드립시다
62. 무술(戊戌)년에 바라는 희망
63. 정치인이 청빈하면 국민은 부자가 된다
64. 시장 후보자에 대한 단상
65. 정직한 언론이 사회를 바꾼다
66. 긍지와 자부심을 키우는 교육이 필요하다
67. 시흥시장에게 거는 기대와 소망
68. 대한민국은 누구를 위한 나라인가

이제는 낙하산을 접어야 한다

● 퇴직 후 재입사는 하급직을 우선으로 해야 한다

　직업은 있지만 보장된 직장은 없는 시대다. 지금은 직업과 직장에서 혼선을 겪는 과도기다. 월급이 많은 게 좋은 직장이 아니라, 정년이 보장되며 늦게까지 일할 수 있는 직장이 좋은 직장이다. 죽기 3일 전까지 일하다 죽을 수 있는 사람이 가장 축복받은 사람이다. 건강해야만 그때까지 일할 수 있을 것이다. 죽을 때까지 내 손으로 용돈을 벌어 쓸 수 있다면, 얼마나 당당하고 활기찬 삶일까. 노후에 가지는 꿈이고 희망이다.

　명예퇴직, 희망퇴직, 해고, 감원, 비정규직, 어둡고 힘이 빠지고 남의 일이 내 일처럼 불안하고 답답한 단어다. 취직했다고 축하받은 기쁨이 가시기도 전에 불안과 공포를 느껴야 하는 게 현실이다. 대기업이나 중소기업, 공무원이나 공사에 근무하는 자도 여기에 자유로울 수 없다. 전체를 죽이느니 소수 정예부대를 살리어 다시 회생할 가망이 있다면 어쩔 수 없는 선택일 수도 있다. 원칙을 세우고 그 원칙에 충실하다면, 또한 떠난 직장이 살아남았을 때 우선으로 자기를 부르리라는 확신을 가진다면, 떠난 사람도 어려움을 참고 감당할 수 있을 것이다. 그러나 그런 희망도 대책도 원칙도 없기에 사회 곳곳에 쌓이고 억누르는 분노와 불만이 폭발 직전이다. 이따금 묻지 마 범행이나 과격한 돌출 행동으로 사회를 혼란 하게 하는 것도 이런 불만이 원인일 수 있다.

　경영이 어려워 직원을 해고하는 어느 회사의 속내를 보면 직급이 높고 월급이 많은 회사 친인척은 그냥 두고 현장에서 일해야 하는 하위 직원을 무더기로 해고하는 경우를 본다. 고위직은 직계나 친인척들이라 해고할 수 없는 것이다. 거꾸로 선 피라미드 형상이다. 그런 회사가 오래갈까 불안하다. 경영진에서 솔선수범하여 내려놓는다면 일반 직원들도 수긍할 것이다. 이런 사회적 불신이 해고보다 더 분노를 자아낸다. 고위 공직자들은 재산 정도에 따라서 예외는 둘 수 있지만 재취직은 법으로 막았으면 한다. 극히 청빈한 사람 말고는 대부분은 취직을 안 해도 먹고 살 만큼의 재산은 축적해 놓았다. 그들의 변명은, 가지고 있는 노하우를 사회에 유익하게 쓰겠다는 말인데 쓸 곳은 어디에나 많다. 꼭 필요한 곳에 봉사하면 되는 일이다. 대부분의 고위직은 현직에서 물러나서도 정승 대접이다. 이런 부조리를 예방할 수 있는 장치와 원칙이 법제화되지 않으면 이 사회가 더욱 불안해지고 희망을 잃게 될 것이다. (2016.4)

● 유머가 있는 사회가 안전한 사회다

사회의 변화에 따라 사람을 평가하는 인식도 많이 변했다. 예전에는 여자들이 선호하는 결혼 상대자로 과묵하고 직업이 안정되고 남자다워야 하고… 하는 식이었다. 그러나 여자의 위상이 높아지고 경제적 능력이 생기면서 달라졌다. 연하 남자를 선호하고 권위적인 남자보다는 유머가 많은 여유 있고 부드러운 남성상으로 바뀌었다.

여유와 유머는 옷을 갈아입듯 하루아침에 되는 일이 아니다. 선진국 사회와 후진국의 사회를 비교해 보면 알 수 있다. 경직되고 굳어있고 표정이나 언어가 여유롭지 못한 게 분명 후진국이다. 우리 몸에 암이 생기는 원인 중에 하나도 이와 같이 긴장되고 굳어있는 게 원활하게 순환이 안 되어서라고 한다. 생명체 중에서도 살아있는 것은 부드럽다. 그러나 죽어있는 것은 딱딱하고 굳어있다. 사람과의 관계에서도 그렇지만, 우리 정치판도 이처럼 굳어있어 순환이 안 되어 문제가 많지 않나 생각해 본다. 말꼬리 하나 잡고 늘어져 본심을 왜곡시켜 자기네 쪽으로 유리하게 재해석하여 상대방을 공격한다. 사이비니 빨갱이니 좌파니 우파니 편 가르기 하는 쪽이 정치판이다. 여기에 국민은 냉정한 판단도 없이 휩쓸려 같이 편을 가른다. 아픈 역사를 치유하지 못하고, 그 상처를 기득권 유지에 이용하다 보니 지금의 우리 사회가 딱딱한 바위처럼 굳어있다.

　어디선가 들은 얘기다. 남한보다는 북한에서 간첩 노릇하기가 쉽다고 한다. 북한의 경직된 사회는 안보가 더 치밀할 것 같지만, 오히려 이용당하기 쉬운 취약점이 많다고 한다. 시스템에 한번 구멍이 나면 경직된 구조에서 보안이 어렵기 때문일 것이다. 가정도 그런 것 같다. 지혜로운 부모는 자녀를 개방적으로 키운다. 스스로 버틸 수 있는 능력과 적응력을 키워주어야 자기를 보호하는 자생력을 갖는다. 부모가 철통같이 지킨다고 한 자녀들이 오히려 문제를 크게 일으키는 경우가 많다.

　정치권이 웃음과 유머와 재치를 너그럽게 받아주고 서로의 소통이 원활해지면 지금보다는 발전된 모습을 보여줄 것이다. 국민의 지탄을 받으면서까지 단어 하나, 문장 하나로 서로의 발목잡기를 한다면 우리는 언제나 후진국을 면치 못할 것이다. 그런 정치인을 싫어하면서도 은연중에 닮아가는 게 국민이다. 이제는 우리도 여유와 유머와 재치 있고 멋있는 사람을 정치인으로 두고 싶다. 그런 사회에서 살고 싶다. (2016.5)

● 우리는 당당한가?

　사람 관계에서 나에게 도움을 준 사람도 있고 치명적인 피해를 준 사람도 있다. 도움을 받은 사람에게는 고맙다고 생각하면서도 세월이 지나면서 고마움이 조금씩 희석되어 간다. 생각이 날 때면 안부라도 물어 주는 사람이 오히려 이쪽에서 고맙게 느껴진다. 그러나 나에게 치명적인 손해나 아픔을 준 사람은 잊혀지지 않는다. 사람은 근본적으로 이기주의자이다.

　사람과의 관계에서도 그렇지만, 사람과 국가와의 관계, 국가와 국가와의 관계에서도 그렇다. 가능하면 모든 걸 용서하며 살려고 한다. 하느님이 가르쳐 준 '주의 기도'를 외우면서 한 대목에 마음이 찔린다.

'저희에게 잘못한 이를 저희가 용서하오니 저희 죄를 용서하시고' 나에게 잘못한 이를 내가 용서해 주지 않으면 하느님도 나의 잘못을 용서해 주지 않는다는 의미가 내포되어 있다. 내가 용서하지 않는다는 것은 계산상으로 엄청 손해인 것이다. 이를 알면서도 용서해 주고 싶지 않은 부류들이 있다. 외부의 침략에서 국민을 지켜달라고 막대한 세금을 내어 운영되는 기구가 자기들의 야욕이나 정권 유지를 위해 국민을 살해하고 탄압하고 억울한 누명을 씌우고도 반성하지 않고 용서를 빌지 않은 부류들이다. 외부의 침략으로 우리나라에 큰 피해를 끼친 것은 용서할 수 있다. 그러나 나를 지켜 주리라 믿었던 내 편이 나에게 총칼을 들이댄다는 것은 용서하기가 쉽지 않다.

　일본이 우리에게 저지른 만행들로 우리는 분노하고, 한일 축구라던가 경기가 있을 때면 복수라도 하듯이 우리가 이기기를 응원

한다. 피해를 당한 우리의 열등감이기도 하다. 일본 정치인들이 잘못을 사과하지 않는다고 열을 올려 성토하고, 그들의 만행을 들추어내며 용서를 빌라고 다그친다. 일본은 우리와 동남아 여러 나라에게 큰 피해를 주었고, 많은 인명을 빼앗은 잘못을 빌고 용서를 청해야 한다. 그러지 못했기에 주변국과 좋은 관계를 맺지 못하고 있다. 또한 일본이 경제적으로는 잘 산다고 하지만, 인정받지 못하고 욕을 먹는 이유다. 과연 우리는 이런 면에서 당당하고 떳떳한가? 남의 탓을 하기 전에 우리를 뒤돌아 봐야 한다. 자의든 타의든 우리는 베트남 국민에게 치명적인 아픔과 상처를 주었다. 전쟁 중이라 하지만 고의든 실수든 민간인을 잔인하게 살상한 과거가 있다. 베트남에는 한국군에 의해 무참하게 살생된 민간인들이 그 기억을 잊지 않기 위해 세워진 기념탑이 50여 개가 넘게 있다고 한다. 베트남인들이 우리에게 향하는 분노와 감정이 더 악화되기 전에 우리는 그들에게 정중히 사과하고 용서를 청해야 한다. 또한 그곳에 한국인의 피를 받은 2세들이 고통 받으며 살아가고 있는 것에 대한 도덕적인 책임도 있다. 대한민국의 위상을 높이기 위해 우리가 뒤돌아 반성하고 그 값을 치러야 하지 않을까. 그래야만 우리의 후손에게도 떳떳할 것이기 때문이다. (2016.6)

● 시의원을 바라보는 시민들의 시선

대한민국은 민주국가다. 우리가 누리는 민주체제는 수백 년의 시행착오와 교훈을 얻으며 싸우고 얻어온 게 아니다. 해방이 되면서 남의 나라 방식을 그대로 모방해 온 체제다. 그러자니 국민들의 몸에는 아직도 민주주의 소중함과 엄청난 결과와 그러해서 미치는 영향을 체험하지 못한다. 횡재한 복권이 오히려 패가망신을 불러오듯 준비되지 않은 제도는 양날의 칼이다.

애꾸눈 나라에서는 두 눈을 가진 사람이 병신이다. 투표하면 당연히 애꾸눈을 가진 사람이 지도자로 뽑힐 것이다. 소크라테스나 플라톤 같은 학자가 우려한 우민(愚民)정치다. 민주주의는 그 구성원의 자질만큼 발전한다. 우리 정치권이 꼴불견을 보여주는 추태도 국민의 책임이다. 국민이 뽑은 사람이지 않은가? '나라를 팔아먹는 한이 있더라도 그 당을 밀겠다.'는 지역 정서가 뿌리 깊게 박혀 수십 년째 흔들리지 않고 있다. 이런 사람들이 뽑은 정치인들이 과연 올바른 정치를 하겠는가.

시민에게 물어보면 도대체 시의원은 왜 있는지 모르겠다고 오히려 항의하는 사람이 많다. 시민의 세금만 축내고 행사장에 얼굴만 내민다. 이 모습은 인사 받으러 다니는 것으로 비친다. 그들의 행태가 결코 존경받을 행동을 하지 않았기에 더욱 그렇다. 시민을 위한 일보다 자기의 이권에 더 열심이었다. 추문도 심심치 않게 떠돈다. 주변에서 보는 부적절한 행실을 보면 우려스럽다. 물론 다 그렇지는 않다. 정말 열심히 주민을 대변하며 시 행정을 감시 감독하는 시의원도 많다. 어느 곳이든 몇 명의 미꾸라지가 흙탕물을 일으키듯 자질 없는 시의원들의 행태로 모두가 욕을 먹는다. 그들에게 시의원 자리를 허락한 사람은 과연 책임이 없는가?

시흥시민을 위해 헌신적으로 일한 사람이 시의원에 입후보 했다. 시흥에 얼굴을 내밀은 사람들은 모두 그 사람의 깨끗하고 올곧은 행실을 알기에 그런 사람이 시의원이 되어야 한다고 했다.

그러나 그는 낙선하고 되어서는 안 된다고 우려했던 후보자가 당선되었다. 그 영향인지 시흥을 위해 제발 떠나주었으면 하는 사람들이 너도 나도 시의원에 나가겠다고 여기저기 얼굴을 내민다. 일도 안 하면서 이력서 채우려고 이곳저곳 단체에 가입하는가 하면, 표를 얻기 위해 선심을 쓰고, 고개 숙여 인사하고 다닌다. 또다시 이들을 받아 준다면 시흥에 희망이 없다. 이제는 시민의 자존심을 살려야 한다. 올바른 사람을 선택해야 하는 책임도 시민에 있다. (2016.7)

● 어려운 문제 지혜롭게 풀어야 한다

지금 우리의 처지와 위치가 참으로 난감한 현실에 직면하고 있다. 미국과 중국과 미운 시누이 같은 일본 사이에서 어떻게 균형 잡힌 외교를 펼치느냐에 따라 우리나라 미래가 어디를 향해 가느냐의 기로에 서 있다.

미국은 신세를 잊어서는 안 되는 배신할 수 없는 우방이다. 적이었던 중국과는 현실적인 실리가 얽혀있고, 원수 같은 일본과는 멀리도 가까이도 할 수 없는 이웃이다.

사람도 국가도 독불장군은 존립하기 어렵다. 지금 북한의 처지가 그렇다. 그러나 내게 이득과 피해를 주는 것은 멀리 있는 사람이 아니라 가까운 이웃이다. 국가도 그렇다.

1991년도에 대만에 갔었다. 당시에 대만 정부는 우리나라에 배신감으로 국민들의 원한이 극에 달해있었다. 그동안 우리나라는 장개석 정부인 자유중국에 많은 빚을 지고 있는 혈맹이며 형제 국이었다. 임시정부를 지원해 주었고 손잡고 일본과 싸웠다.

6.25때도 안보리 이사국으로 유엔이 군대를 파견하도록 손들어 주었다. 우리나라는 지금의 대만에 은혜를 입었다. 사람이나 국가나 의리보다는 실리를 쫓아가니 어쩔 수 없는 현실적인 선택이지만, 지금의 중국과 국교를 맺으면서 대만 정부와는 외교적인 타협조차 시도하지 않았다고 한다. 서로가 껄끄러운 상황이지만 사전에 양해를 구하고 이해를 바라는 겸손한 자세를 취했어야 했다. 그러나 그런 절차도 없이 중국과의 약속대로 단교해 버렸으니 얼마나 배신감이 컸을까는 미루어 짐작이 가는 일이다. 지금 좌충우돌하는 외교의 부재를 보면서 대만인의 분노가 생각나는 건 왜일까?

 아시아 대부분의 나라는 서양의 식민 지배를 받았다. 유일하게 지배를 받지 않아 문화재 손실 없이 남아 있는 나라가 있다. 태국이다. 태국은 주변을 장악하고 있는 서양 열강들을 외교로 잘 조정하여 열강이 태국을 탐내는 것을 막을 수 있었다. 강대국은 서로가 맞닥뜨려 싸우고 싶지 않기에 태국을 서로가 건드릴 수 없었다. 태국은 군부 쿠데타가 자주 일어나지만, 왕에 대한 경의와 신뢰를 잃지 않는 것은 이런 믿음에서다.

 지금 우리나라의 외교 정책은 어떤가? 우리 후손들이 선조들을 기억할 때 참으로 현명한 선택이었다고 할 수 있을까? 개인의 신념과 고정관념, 인기 정책이나 집권 연장을 위한 계산된 정책이 아니라, 대한민국의 미래를 위한 현명한 외교가 절실히 필요할 때다. 우리나라가 5천 년 동안 살아남은 것도 위정자들이 잘해서가 아니다. 부지런하고 끈질기고 역경을 힘 모아 이겨낸 국민의 힘이었다. 역사상 위정자들은 자기 목숨이 위태로울 때 백성을 버리고 도망간 사례들이 많다. 우리 손으로 뽑은 위정자들이 그렇지 않을 거라고 믿는 국민은 없다. 우리의 미래를 맡겨놓은 위정자들이 사심 없이 진실로 후손들에게 자랑스러운 선조가 될 수 있게 현명한 외교로 이 난관을 잘 극복해 나가길 바란다.
(2016.9) *사드 배치에 대한 나의 생각

● 개인의 의리보다 국민의 실익이 중요하다

문제가 복잡하게 얽혀 있을 때나 누군가의 조언이 필요할 때, 내 생각이 과연 옳은가에 확신이 없을 때는 성경이나 탈무드 책을 읽는다. 책에서 위인이나 영웅도 나처럼 실수하고 방황하고 후회하는 모습에서 위안을 얻고 해답을 찾는다.

유대인들이 가장 훌륭한 왕으로 꼽는 다윗왕도 인간적인 욕망과 실수와 반역을 했음에도 하느님의 사랑을 믿는다. 다시 회개하고 절대자에 무릎 꿇고 빌면서도 또다시 인간의 나약함을 여실히 드러낸다. 그러기에 더 위대해 보인다. 우리나라 위인전에는 용납이 안 되는 대목이다. 우리나라 위인전은 너무나 완벽한 사람으로 그려놓아 신뢰와 정감이 가지 않는다. 위대한 태양으로 숭배하는 김일성 족보를 보는 느낌이다.

유대인은 위인을 평가할 때 그 사람이 무엇을 했고 어떤 생각을 했는지를 따지지 않는다. 의리나 신념이나 어떤 정책을 폈는지도 중요하게 여기지 않는다. 결과적으로 국민에게 어떤 이득을 가져다주었나? 로 평가한다. 개인의 신념 때문에 국민에게 막대한 피해를 주었다면 위인이라고 칭송할 일은 아닌 듯싶다. 우리 역사에 이런 사람으로 얼마나 많은 백성과 국민이 죽임을 당하고 힘들어했던가.

국민을 위하는 것은 개인의 만족이 아니라 국민이 만족해야 하는 게 당연하고 마땅한 일이다. 그러나 우리 위정자는 입만 벌리면 국민을 위한다고 떠벌리지만, 누구도 그렇게 믿어주지 않는다. 그들은 자기를 추천해 준 당과 자기의 재당선을 위해 국민을 팔고 있다는 것을 모두는 알고 있다. 논리와 이론뿐인 탁상행정은 이젠 그만 두자. 세금을 내 그네들을 먹여 살리는 국민에게 피눈물 흘리게 하는 일은 없어야 한다. 이론적으로는 이상적인 천국이지만, 현실적으로는 지옥을 체험하게 한다면 그건 좋은 정치는 아닐 것이다. 말로만 하는 잔치는 아무도 배부르지 않다. 지금 국민은 귀만 호강하는 현실에 살고 있다. 창조경제라고 아무리 들어도 실체가 없으니 이루어진 게 없다. 규제를 풀었다고 하는데 막상 일을 하려면 걸리는 게 많다. 어느 사회나 단체나 국가도 구성원들이 배불러야 인심도 후해지고 입가에 웃음이 붙는다. 정치가 의리나 논리나 이념을 따지기 전에 진정 국민에게 유익한 일인가? 후손에게 이득이 되는 일인가? 국민이 먹고살 밥거리가 되는지를 먼저 생각했으면 한다. (2016.10)

- **우리의 처지가 안타깝다**

  어느 마을에 세 사람이 살았다. A는 힘도 세고 덩치도 컸다. 자칭 의리의 사나이라고 마을의 재판관 노릇을 했다. 자기 비위에 거슬리면 가차 없이 보복했다. 자기 앞에 굽실거리며 애교부리는 사람에게는 남의 것을 빼앗아 주곤 했다. B는 태생이 가진 것도 없고 성격도 유순하다. 어쩔 수 없이 힘센 이웃에게 고개 숙이며 비위를 맞추어야 하지만 끈질기고 부지런하다. B의 동생인 C

는 비슷한 점도 있지만, 외골수다. 자기 멋대로 하는 통제 불능의 성격자다. 집을 지킬 능력이 없는 B는 힘센 A에게 형님이라 부를 테니 우리 집 좀 지켜달라고 사정했다. A는 그걸 빌미로 자기 집에 청소도 시키고 힘든 일도 시키는가 하면 자기 집에서 나오는 물건도 사라고 윽박지른다. B는 울며 겨자 먹기로 하라는 대로 할 수밖에 없다. 내 집에서 필요한 것도 그쪽에게 사야 하므로 내가 만들 능력을 상실했다. 내가 만들라치면 네 집을 지켜주지 않겠다고 A가 으름장을 놓는다. 아무리 부지런히 일하고 집을 넓혀도 불안하다. 내가 내 집을 지킬 능력이 없기 때문이다. 꼴통인 C는 처음부터 A와 맞짱을 떴다. 비실거리는 몸으로 얻어터지고 쓰러졌다 다시 기어 나온다. 또 대들고 싸우면서 기술을 익히고 터득했다. 자기 집을 노리지 못하게 악다구니를 부렸다. 초라한 집이지만 함부로 넘보지 못한다.

국가나 개인이나 동물이나 생존 방법은 비슷하다. 문제는 자기 나라와 자기 집안을 지키고 보호하고 난관을 헤쳐 나가야만 살아남는다. 살아남아야 존재하고 후손이 쓸 역사가 있다.

한때는 자주국방이라는 소리가 귀에 익는 듯했다. 자주국방을 내려놓고 의존 국방이 되었는지 요즈음은 잘 들리지 않는다. 뉴스 때마다 들리는 방위산업 비리로 별들이 떨어지는 소리다. 누군가 그랬다던가. 떡을 만지다 보면 떡고물이 떨어지게 마련이라고. 떡고물 주워 먹는 재미로 국방은 멍들어 갔다. 북한보다 수십 배의 방위비를 쓰면서 우리는 해방 이후 남의 손에 나라를 맡겨야 했다. 내 집을 지킬 능력이 없는 가장은 대우도 존경도 사랑도 받지 못한다. 당당하지도 못해 가족들이 신뢰하지도 않는다. 도둑이 들까 봐 항상 불안하다. 지금 우리나라의 꼴이다.

세계정세도 3차 대전이 일어날 듯이 불안하다. 자기 나라를 제대로 간수하지 못해 벌어진 내전이다. 강대국이 평화라는 허울을 쓰고 무기를 실험하는 장소로 만들었다. 시리아 난민과 아프리카 내전 난민도 강대국의 이권과 이해 계산 탓이다. 국민의 뜻에 부응하지 못하는 부패 정권이 권력을 내려놓지 않기 때문에 국민들만 피를 흘리고 있다. 내 가정 내 국가를 내가 지킬 힘과 능력이 없으면 주변 모두에게 피해를 준다. 당연히 권력자보다는 일반 서민이 더 괴롭고 힘들다. 지금 우리는 자신을 지킬 능력을 가졌는지 자성해 봐야 한다. 북한이 미국과 맞짱 뜨겠다고 큰소리치는 데 우리가 할 수 있는 일이 없다는 게 화가 난다. (2017.1)
*김정은의 핵실험을 보며

● 정치인도 정년제 성과제를 두어야 한다

　세상은 불공정한 게 정상이다. 불합리한 것을 합리적으로 고쳐 나가는 게 올바른 사회다. 그릇된 것을 바르게 고쳐나가며 좀 더 좋은 쪽으로 개선해 나가는 게 발전적인 사회가 될 거라는 건 누구나 아는 사실이다. 그러나 갈수록 불공정한 사례가 늘어나는 것 같다. 농구 경기를 즐겨보지 않는다. 경기 규정이 너무 불공정하다는 생각이다. 높은 골대에 골을 넣는 것은 당연히 키 큰 사람이 유리하다. 그러기에 키 큰 선수를 서로 영입한다. 그러나 이 경기는 처음부터 잘못 태어난 경기다. 체중에 따라 급수가 달라지는 권투처럼 키에 따라 급수를 내어 비슷한 선수끼리 경기를 하도록 해야 한다. 기술적인 면을 고려하더라도 키가 작은 동양인은 애초에 불리한 경기다. 이런 경우가 운동경기에만 있는 건 아니다. 사회구조에는 더 많다. 하급직일수록 정년을 더 길게 주어야 한다. 고급 직보다 생계의 불안이 더하다. 그러나 현실은 정반대다.

선출직은 왜 정년이 없는지 묻고 싶다. 그들도 일반 공무원처럼 65세가 넘으면 자격을 제한해야 한다. 3선 이후에는 출마 대상에서 제외해야 한다. 초선은 어떻게 해야 할지 잘 모르지만 열정으로 열심히 뛰어다니며 일을 하려고 노력한다. 2선이 되면 느긋하게 요령을 부린다. 3선쯤이면 안주하여 이권에 개입하거나 권력 싸움, 자리싸움에 빠지기 쉽다. 요즈음 정치판에서 뉴스에 좋지 않은 일로 오르내리는 자들은 3선 이상의 국회의원이다. 다른 선출직은 제한하면서 유독 국회의원만 제한을 두지 않은 것은 그들이 자기네한테 불리한 법을 만들지 않아서일 것이다.

이제는 국민의 교육 수준과 의식 수준도 높아졌다. 국회의원이 자기한테 불리한 법을 만들지 않는다면 국민이 만들도록 압력을 행사해야 한다. 그런 공약을 내건 사람만 뽑아주자. 또한 그들이 내건 공약을 얼마나 실천했는지 평가해서 점수를 매겨 기준점에 못 미치면 공천을 못 받게 해야 한다. 직장인만 성과 평가를 하지 말고, 국회의원이나 대통령도 지자체장이나 단체장도 성과제도를 도입해야 한다. 열심히 일한 사람에게는 성과급여를 더 주고 일을 못 했거나 공약을 지키지 않은 사람은 퇴출하는 제도를 도입해야 한다.

국민 수준은 21세기인데 정치인은 19세기의 낡은 의식을 가지고 아직도 국민 위에 군림하려고 한다면 너무도 큰 착오다. 나이가 든다는 건 그만한 연륜도 경험도 지혜도 쌓여있다. 그러나 새로운 변화를 두려워하고 현실에 안주하며 용기를 잃어가기도 한다. 1년이 예전의 10년보다 빠르게 변화하는 지금, 옛날이 좋았다는 식의 고정관념으로 나라를 끌고 가려 한다면 희망이 없어 보인다. 높은 자리에 있는 사람일수록 더 엄격한 잣대로 평가를 받아야 한다. 또한 국민 앞에 모범적인 행동을 하지 않는다면 우리는 선진국 대열에 끼지 못하고 후진국에 머물러 퇴보하게 될 것이다. (2017.2)

● 국민의 수준과 정치인의 수준 차이

세상은 항상 시끄럽고 그게 정상이다. 사람도 두셋이 모이면 웃기도 하고 떠들기도 하고 싸우기도 한다. 그러나 전혀 상식이 아닌 문제가 생길 때 구경거리가 되고 뉴스거리가 된다. 우리나라가 세계 사람의 웃음거리가 되기도 하고 부러움의 대상이 되기도 한다. 국민의 수준은 80점인데 정치인의 수준은 30점 정도다. 그 차이의 공간이 지금의 사태를 만든 것이다.

박근혜 대통령이 당선된 시점부터 오늘의 사태가 싹이 터 자라 왔다. 다만 권력에 집착하는 몰이배꾼들만 모르고 있었다. 아니 알고는 있었지만, 권력에 빌붙어야 하기에 모르는 척 눈감았던 게 더 큰 환란을 자초한 것이다.

피눈물을 흘린다는 게 무엇인지 알 것 같다는 대통령의 말에 화가 난다. 일반 서민들은 알 것 같은 게 아니고 피눈물을 흘리며 나날을 살아온 사람이 많다. 충분히 살릴 수도 있었는데 공권력의 무능으로 죽어가는 자식을 지켜봐야 하는 부모는 죽을 때까지 눈물이 마르지 않을 것이다. 개성공단의 대책 없는 폐업으로 도산한 기업들의 눈물과 통곡은 어떨 것인가. 피눈물까지 흘리지 말고, 그냥 내려오면 되는 게 아닌가? 국민이 기대를 걸고 뽑은 대통령이 알고 보니 너무 형편없다면, 대통령을 취소하겠다는데 굳이 지키고 있겠다는 건 본인이 대한민국이라고 착각하는 게 아닌가. 입으로만 존경하는 국민 여러분이 아니라 국민이 주인임을 안다면, 존경하는 국민이 내려오기를 원하면 내려와야 하는 게 당연하지 않은가 싶다. 대통령에 집착하고 싶다면 호위무사 몇 명을 데리고 무인도에 가서 대통령 놀이를 했으면 한다.

박근혜 대통령을 그 지경으로 만든 새누리당도 막중한 책임을 져야 한다. 한나라당에서 새누리로 당명을 바꾸었다고 해서 변한 건 하나도 없다. 문제는 당의 이름이 아니라 사람이 문제다. 사람을 모두 바꾸기 전에는 이 같은 사건이 또다시 일어나지 않으리라는 보장이 없다. 더 깊이 생각해보면 이 모든 책임은 근본적으로 국민에게 있다. 그런 사람을 뽑았기 때문이다. 국민의 변화된 의식과 뼈아픈 반성이 없으면 우리 정치는 다시 뒷걸음질할 것이다. 권력자는 결코 국민이 현명해지기를 원하지 않는다. 우매한 국민이 자기네의 꼼수와 권력 유지를 위한 연출에 잘 넘어오기를 바란다. 좀 더 현명하고 판단력이 있는 젊은이들이 앞장서지 않으면 희망이 없다.

지금 우리의 정치판을 새롭게 짜고 사람을 바꾸지 않으면 정치인은 결코 스스로 변화하지 않는다. 국민을 위해 본인을 희생하는 정치인을 기대하기는 어려운 일이다. (2017.3)

*세월호 사건과 박근혜 대통령과 최순실 사건에 대한 견해

● 복지정책에 문제가 많다

　살림살이가 갈수록 팍팍하다. 자연히 인간관계도 그렇게 변해간다. 가장 경제력이 있다는 60대 이상의 어르신은 100세를 노래하는 사회 분위기에 벌지 못하고 까먹어야 하는 햇수가 많다 보니 돈을 쓰지 못한다. 40대는 애들 교육 문제와 노후 준비에 돈 쓸 여력이 없다. 30대는 자리를 잡지 못해 돈이 없어 쓰지 못한다. 소비가 줄어들어 가니 공장 가동률도 줄어들고 실업자가 늘어난다. 팽창의 시대는 가고 축소의 시대가 왔다. 문제는 이런 시점에 급증하는 노인에 대한 배려와 정책이 줄어든다는 것이다. 자식을 공들여 키우면 노후대책이 되었던 시대가 부도난 지금 길어진 수명만큼이나 복지정책이 뒷받침해 주지 못하는 데서 밑바닥으로 추락하는 노인들이 많다. 늘려야 하는 복지정책이 더 줄었다니 심각한 일이다. 그러나 더욱 심각한 것은 정작 혜택을 받아야 하는 사람은 받지 못하고 있다. 약삭빠른 사람들은 재산을 숨기고 수급자 행세를 하고 있는가 하면 노령연금을 타기 위해 위장하고 있는 사람이 많다는 사실이다. 정말 힘없고 못 배우고 세상 물정에 어두운 극빈층 노인들은 알지 못해서 혜택을 못 받는다. 있는 사람들은 받을 수 있는 정보를 잘 이용해 세금을 축내고 있다. 이런 것을 철저히 감시하고 파악해서 꼭 주어야 할 사람에게 많은 혜택이 가도록 해야 한다. 그렇게 하기 위해서는 국가기관의 관리 감독도 강화해야 하고 복지 쪽에 근무하는 사람과 공무원을 늘려 대우를 개선해야 한다. 너무 많은 업무에 시달리게 되어 마음으로 가는 서비스를 못 하게 된다는 아우성이 없도록 해야 한다.

요즈음 번창하는 사업이 노인 상대로 하는 사업이다. 요양원, 요양병원, 실버산업들이다. 예전처럼 노인을 집안에서 돌볼 수 없는 현실이긴 하다. 그러나 요양원에서 억지로 생명을 연장하려는 의도에는 수익과 연관되어 있다. 노인 머릿수가 수익과 직결되었기 때문이다. 요양원에 방문가면 이렇게까지 죽음을 막아야 하는가 하는 의문이 든다. 돈 주고 들어가는 죽음 대기소 같은 느낌이다. 물론 정성을 다해 노인을 부모처럼 돌보는 시설도 많다. 그러나 수익에 몰두하는 곳에는 노인이 움직이면 돌보는 사람의 시간을 빼앗기에 그냥 죽은 듯 누워있기를 요구한다. 이런 노인에 대한 치료나 시설은 차라리 국가에서 운영한다면 지금보다는 돈이 덜 들지 않을까? 앞으로도 노인 문제에 대한 복지 지출은 기하급수로 늘어날 것이다. 치매나 극빈층의 노인은 국가에서 맡아야 하는 입장이고 보면 노인 문제에 대해 심각하게 생각해 봐야 한다.

갈수록 더 심각해 우리나라의 미래에 짐이 될 이 문제를 지금 잘 정리해야 한다. (2017.5)

● 우리의 위인을 배우고 가르쳐야 한다

　세계 4대 위인이라는 분도 고향과 집안에서는 존경받지 못했다. 가장 위대한 사람은 가족한테 존경받는 사람이다. 그만큼 가까운 사람한테서 존경과 사랑받기는 어렵다. 종교의 창시자였던 위인들이 고장에서는 쫓겨나거나 버림받거나 무시당했다. 예수님이 태어난 곳에서는 지금도 유대교를 믿는가 하면 부처님이 태어난 곳에서는 힌두교가 주종을 이루고 있다. 멀리서 보는 꾸며진 여인과 집안에서 보는 살림하는 여자와는 시각이 다르다. 그러기에 남자들은 남의 여자를 훔쳐보고 여자들은 남의 남편을 부러워한다.

공과대학으로 유명한 미국 MIT대학에는 세계에 공헌한 획기적인 발명품이 진열되어 있다. 이순신 장군이 만들어 임진왜란을 승리로 이끈 거북선이 당당하게 제일 앞에 있다. 우리는 거북선을 만들었나보다 하는 정도이지만, 세계 사람들의 눈에는 상상을 초월한 획기적인 발명품이다. 목선만 있던 시기에 철갑선을 만들어 전쟁에 사용했다는 것은 세계사적인 기록이다. 영국이 자랑하는 영웅 넬슨 제독도 전 세계의 해전 사에서 가장 탁월한 장군은 이순신 장군이라고 극찬했다. 한글과 금속활자와 한지 등. 자부심을 가지고 자랑해야 하는 조상의 업적이 많은 데도 우리의 것은 하찮게 여기는 경향이 많다. 자신을 스스로 비하하는 것은 겸손의 미덕이 아니라 자존감의 상실이다.

어린이에게 읽히는 위인전 중에는 우리나라 위인보다 서양 위인들이 더 많다. 동화도 그렇다. 판단과 정체성 확립이 안 된 어린이들은 어려서부터 가장 훌륭한 사람은 서양 사람으로 세뇌 받는다. 교육의 부재다. 그렇다고 우리 것만이 최고로 좋다는 배타적인 교육을 하라는 것은 아니다. 좀 더 우리 것에 긍정적이고 자부심을 가지는 교육이 필요하다는 것이다. 정작 이런 교육에는 신경 쓰지 않으면서 자기들에 유리한 쪽으로 역사를 만들어 가려는 일부 학자들의 꼼수는 과연 우리의 장래를 밝게 이끌어 갈지 의문이다.

일제 강점기에 일본인이 우리에게 못된 짓을 많이 했다. 물건을 수탈해 가고 전쟁에 끌고 가 많은 생명을 빼앗아 갔다. 그중에 가장 악랄한 것은 우리 민족의 우수성을 망가뜨린 것이다. 그들은 우리 조상에게 열등감이 컸다. 메이지유신 전에는 우리를 통해서 문화를 받아야 했다. 그들이 숭배하는 천왕의 뿌리가 백제의 왕족임을 알기 때문이다. 일본은 우리 민족성을 훼손하기 위해 역사 기록을 바꾸려했다. 분열을 시키려고 열등 시민이라고 꾸준히 교육했다. 세뇌된 잔재가 지금도 머리에 박혀있다. 친일을 청산하지 못한 잘못이기도 하지만, 교육 당국의 문제이기도 하다.

이제라도 교육당국은 우리의 훌륭한 조상들에 대해 더 많은 교육을 시켜야 한다. (2017.6)
*우리역사를 외곡하려는 일부 친일쪽 학자들에 대한 견해

● 아직도 이용 가치가 있는 '빨갱이라는 단어'

민주주의라는 제도는 이론 상의로는 참 좋은 제도다. 이 제도를 도입하기 위해 많은 사람이 권력자와 목숨 걸고 싸우고 투쟁했다. 다수가 원하는 사람을 뽑아 우리의 뜻에 맞는 정책과 대안으로 각자의 삶을 이끌어 가게 하는 제도다. 지도자를 뽑는 구성원의 수준이 어떠냐에 따라 뽑힌 지도자의 역량이 나온다. 다수의 숫자가 정상인 기능과 능력과 올바른 판단력이 있을 때는 수준에 맞는 지도자를 뽑을 수 있다. 지옥에서 대장을 뽑는다면 가장 악랄한 영이 뽑힐 것이다.

우리 근대사에 국민에게 불행을 가져다준 단어 중의 하나는 빨갱이라는 단어일 것이다. 이 단어를 가장 좋아하고 애용했던 건 정치인이다. 자기들의 세가 불리할 때, 정적을 제거할 때, 국민의

관심이 다른 곳으로 쏠릴 때는 다양한 방법으로 유효적절하게 빨갱이라는 단어를 사용하였다. 어쩌면 이 단어를 좋아하는 쪽이 진짜 빨갱이지 않을까? 의구심이 날 때도 있다. 사람들은 자기가 좋아하는 것을 가까이 하기 때문이다.

이 단어를 애용했던 결과가 어떠했는지는 이제는 알고 있을 만도 한데 일부 국민과 정치인은 아직도 빨갱이 단어의 마력에서 헤어 나오지 못하고 있다. 세뇌라는 게 참으로 무섭다는 생각이다. 자고로 나쁜 정치는 똑똑한 국민과 학생들을 무자비하게 대했다. 언론을 통제하고 자기들에게 유리한 말만 전하는 어용 언론을 만드는 것도 그런 맥락일 것이다.

인류 역사에 국민을 위해 헌신하는 위대한 권력자는 많지 않았다. 많지 않았기에 그들을 존경하고 위인이라 기록한다. 위대한 지도자를 만드는 것도 이제는 국민의 몫이다. 그러려면 국민이 지혜로워야 한다. 무엇이 옳고 그른가를 현명하게 판단해야 한다. 2002년 월드컵경기에 온 국민이 빨간 옷을 입고 신나게 응원해 신명 나는 놀이마당을 일구었다. 이제는 빨간 것에 대한 알레르기가 치유되는 줄 알았다. 정치판에서 이따금 꺼내는 빨갱이라는 단어의 약효를 없애는 게 우리의 미래를 위해 지금 해야 하는 우리의 몫이다. 정치인은 절대로 그 달콤한 마약을 버리지 못할 것이다. 어르신 중에는 아직도 독재 시절에 세뇌된 이념을 버리지 못하고 앵무새처럼 뜻도 모르고 주장하는 사람도 많다. 이제는 살아갈 일이 더 많은 젊은이가 이끌어가야 하는 세상이니 젊은이들의 말을 들어야 하는 게 현명할 것 같다. (2017.8)

●공권력의 부정부패는 사법부의 무능이다

　남들이 선망하고 부러워하는 정치인, 판검사, 의사는 하지 말고 그 외의 것은 어떤 것을 해도 좋다고 애들이 공부할 때 당부했다. 다른 부모는 그런 직업을 가지도록 자식 공부를 시키느라 힘들어했다. 나쁜 엄마 덕분에 자식은 학창 시절을 행복하게 지냈다고 한다. 내 집이라도 남아있는 건 교육비를 덜 써서다. 그래도 제 밥벌이를 하고 직장에서 인정받는 사회인이다. 애들한테 고마울 뿐이다.

　완전하지 않은 인간이 완전하지 않은 인간의 생사를 판단하고 결정한다는 것은 엄청 두렵고 도를 닦고 기도하지 않으면 안 되는 직업이다. 남한테 증명할 수 없는 양심에 당당할 수 있는 인간이 몇이나 될까. 숱한 유혹과 압력과 정치적인 상황을 거스를 수 없는 게 판검사의 위치다.

　이 사회가 늪에 빠진다 해도 교육과 종교와 사법기관만 올바로 살아 있으면 희망이 있다고 생각했다. 그러나 불행하게도 이 부류들이 가장 많이 썩어 문드러져 가고 있다. 지금 우리나라 공권력의 부정부패는 사법부의 부정부패와 연결되어 있다.
국민은 다 아는 부정 축재나 부정부패를 법관들이 모르쇠 한다. 정말 몰라서일까. 어쩌면 한통속이라 들추어내면 자기들의 치부를 드러내게 되고, 출셋길이 막히게 되어서일까? 재벌의 후원이 막히게 되어 법의 양심을 고의로 피하고 있는 건 아닐까? 물론 전부가 다 그렇지는 않다. 어려운 사람의 법 문제를 잘 해결해 주려고 노력하는 봉사하는 법조인도 많다. 올바른 정의 사회를 구현하기 위해 양심적으로 활동하는 사람들이 있기에 그나마 지금까지 이 사회가 버티어 왔을 것이다.

어느 사회나 구조적인 범죄가 더 많은 악을 만든다. 사법부가 삼권 독립의 원칙하에 행정부에서 완전히 독립하여 독자적으로 생존해야 한다. 대통령이 임명하는 사법부 수장보다 차라리 국회에서 임명해야 한다. 어떤 권력이나 재벌들의 범죄나 사회의 범죄도 사법부에서 원칙에 충실하게 판결을 내리고 수사를 한다면 지금처럼 이 사회가 혼란스럽지 않았을 것이다. 똑같은 범죄에 재벌과 권력자는 솜방망이로 때리고 서민에게는 야구방망이를 들이대기에 법관에 대한 신뢰를 잃게 된 것이다.

지도자와 가진 자는 더 많은 책임과 의무를 져야 하는 게 정의로운 사회다. 지금 우리는 당연한 상식을 역행하고 있다. 이 중심에 있는 게 사법부의 무능과 오만이다. (2017.9)

● 이제는 낙하산을 접어야 한다

낙하산은 유사시에 생명을 구해주는 비상용 기구다. 사고 시 생명을 구하는 비행기 조종사의 생명 끈이다. 적군에 침투하여 남의 생명을 구해오는 그야말로 비상시에 사용하는 물건이다. 그러기에 훈련 때가 아니면 아무 때나 놀이로 타고 내려오는 도구가 아니다. 그렇게 하면 본인의 생명도 위험하다. 고도의 훈련이 되어있지 않으면 비행기와 같이 파편이 되고 말기 때문이다. 이러한 낙하산이 우리에게 부정적인 이미지로 부각되는 것은 사용자가 문제가 많아서다. 훈련받지 않은 사람을 내려 보내어 본인도 낙하산도 망가지고 떨어진 자리도 초토화하는 전례가 많아서다.

조직이 크든 작든 선두에 서 있는 자는 그 조직을 지휘할 수 있는 총책임자다. 산악 대장이 뒷산도 올라가 보지 않은 사람이라면 그 산악회의 앞날은 뻔하다. 그 회원들의 좌충우돌 갈팡질팡 하는 것은 당연하다. 만일 회원들이 그 사실을 알고도 회장으로 뽑았다면 회원의 책임이니 서로 격려해 가면서 고난의 행군을 시작해야 한다. 가르치고 겸손하게 배워가면서 산악회를 이끈다면 오히려 화기애애할 수도 있다. 문제는 내 손으로 뽑지도 않았는데 산악회 상부에서 밀어붙여 그런 사람을 산악 대장으로 모셔야 하는 경우다.

이런 상황이 지금 우리 사회를 좌충우돌 갈팡질팡 뒤죽박죽으로 만들고 있다. 정권이 바뀔 때마다 자기의 입맛에 맞는 사람으로 낙하산 인사를 보낸다. 각 주요 관공서나 기관 단체장, 공공기관장을 물갈이한다. 하는 것 까지는 그렇다고 치더라도 농부에게 하루아침에 비행기를 조종하라고 한다거나 주방장에게 법관 노릇을 하라고 한다면 어떻게 될까? 보지 않아도 알만하다. 각자는 타고난 소질이 있고 본인들이 즐겨하고 좋아하는 것들이 있다. 자기 일을 오래 하다 보면 전문가가 되고 또한 더 능률적으로 일하게 된다. 조직에서 승진의 희망도 가지고 모두가 그런 꿈을 꾼다. 그런 희망과 꿈들이 조직을 더 튼튼하게 하고 경쟁력 있게 한다. 이런 조직이 유사시에 빠른 대처를 하고 준비 한다. 그러나 지금 우리사회는 어떤가? 전문가는 승진의 기회를 잃어가고 줄 서기에 급급하다. 정치인 뒤를 졸졸 따라다니는 모리배가 판친다. 모리배들이 낙하산으로 내려와 튼튼했던 조직을 망가뜨리고 책임은 지지 않고 혈세를 흡혈귀처럼 빨아 먹고도 당당하다. 이러한 군상들이 존재하는 한 사회 안전과 경제 도약은 묘연하다. 이러한 문제는 법적으로 막아야 한다. 누가 권력을 잡든 조직의

장은 조직에서 성장한 전문가가 승진할 수 있도록 권력자의 인사권을 막아야 한다. (2017.10)

●현명한 역사의식은

수학 공식으로도 풀 수 없는 문제다. 알파고도 정답을 내놓을 수 없고 누구도 해결하지 못한 문제가 인간에 대한 것이다. 그러기에 심리학 의사도 있고 정신과 의사도 있다. 그 많은 종교가 멸망하지 않는 이면에는 해결 안 되는, 해답이 없는, 정답이 없는 인간 문제들이 있어서다. 공식에 맞추어 정답이 나오는 인간 문제를 해결하는 도구가 나온다면, 모든 종교는 사라질 것이다. 성직자, 변호사, 상담사, 역술사, 무당도 실업자가 될 것이다.

둘이서 소금 한 가마니를 먹기 전에는 그 사람을 안다고 증언하지 말라고 했다. 성경에서는 아예 사람을 판단하지 말라고 한다. 그만큼 우리의 판단은 주관적이다. 내 가 옳다고 해서 꼭 옳은 것도 아니고, 그르다고 해서 꼭 그른 것도 아니라는 말이다. 내 기준으로 상대를 격하시키기도 하고, 격상시키기도 한다. 문제는 그 기준이란 게 순전히 내 수준만큼의 기준이라는 것이다. 내게 유익한 쪽은 좋은 쪽, 내게 피해를 주는 쪽은 그른 쪽이 되어버린다. 젊어서는 진보성을 가지던 사람이 내가 잃고 싶지 않은 것을 가지게 되는 중년이 되면서 보수 쪽으로 기운다고 한다. 인간의 마음이라는 게 얼마나 믿을 수 없는 허상인가? 나의 귀와 눈은 믿을 수 있는가? 요즈음 한참 발전해 가고 있는 가상현실은, 보지 않고는 믿지 못하겠다는 사람들을 얼마나 황당하게 하는가.

다양한 지구촌 사람들 중에는 만나보지도 알지도 못하는 사람을 영웅, 성인, 독재자, 위대한 사람, 미친 사람이라 분류하고 평가한다. 우리가 보고 듣고 아는 정보는 대부분 서양인 입장에서 판단된 것을 그대로 받아들인다. 우리가 눈에 익은 예수의 얼굴은 서양 사람이 자기네의 눈에 익은 모습을 그려 놓은 것이다. 예수는 중동 사람이다. 눈이 부리부리하고 얼굴은 거무스름하고 머리는 두건을 썼을 것이다. 사실적인 예수를 그려 놓았다면 아마도 반감을 품는 사람이 많을 것이다. 부처님도 그럴 것이다. 우리는 진실보다 세뇌된 허상을 더 믿는 쪽이다. 그러기에 독재자는 국민에게 계속 세뇌를 한다. 북한이 좋은 본보기다. 우리 근대사 이승만 정권도 박정희 정권도 그랬다. 잘한 공은 잘 한데로 인정하고 과오는 사실대로 인정해야 한다. 문제는 판단력이 흐린 부류는 아직도 마취에서 풀려나질 못하고 있다. 사람은 모두가 완전하지 못하다. 살아가면서 실수하지 않는 사람은 믿을 수 있는 사람이 아니다. 잘못을 인정하고 잘한 것은 잘한 것으로 받아들이는 게 현명한 역사의식이라 생각해 본다. (2017.11)

● 올해는 복을 만들어 드립시다

　새해를 맞이할 때마다 모두가 하는 인사말이다.
"복 받으세요" 누구한테 받으란 말인가? 주는 사람은 없고 받을 사람만 많으니 아마 복주머니는 항상 비어 있을 것이다. 한때 "부자 되세요." "대박 나세요." 이런 말이 흔하게 쓰였다. 부자 되고 싶은 욕망과 대박 나고 싶은 욕구가 많아서다. 누구나가 부자 되고 싶고 대박 나고 싶다. 그러기 위해서는 얼마나 많은 노력과 피땀을 흘려야 하는지 대박 난 사람은 알고 있다. 이런 과정을 생략한 채 부자 되고 대박을 바라는 건 사행 심리를 부추기는 셈이다.
"노력해서 부자 되세요" "대박 나게 힘내세요." 이렇게 말해주면 더 좋을 것 같다.

어느 책에서 읽은 목사님의 글이다. 미국에서 흑인들이 사는 슬럼가를 방문해야 하는 일이 있어 고급 차를 타고 갔다고 한다. 어렵게 사는 동네라서 흑인 꼬마들이 우르르 몰려와 차를 구경했다. 잘 차려입은 목사님을 부러운 눈으로 바라보았다. 목사님은 좀 면구스러워서 "나도 너희만 한 동생이 있다"고 말했다. 많은 꼬마들이 "나도 저런 형이 있으면 얼마나 좋을까"하고 말하는 중에 한 아이만 "나도 저런 형이 되어 주어야지" 라고 말했다. 목사님은, 그 아이는 꼭 그런 형이 되었을 것이라고 했다. 사람은 주는 것보다 받는 걸 좋아한다. 그러나 받는 데 익숙한 사람은 차츰 거지가 되어간다는 사실을 살아가면서 터득했다.

사회가 안정되고 규칙과 법이 모두에게 공평하게 지켜지고 정의로운 사회를 이루려면 이제는 공짜를 바라는 사행 심리나 한탕에 목숨 거는 일이 없어야 한다. 이러한 것을 부추기는 일도 없어야 한다. 노력한 만큼의 대가를 받고, 수고한 만큼의 급여를 지급하는 게 우리가 바라는 공정한 사회이고 희망이다.

올해부터는 우리의 마음가짐과 생각의 폭도 넓히고 인사말도 바꾸었으면 한다.
"제가 복을 만들어 드릴게요."
"제가 당신의 복이 되겠습니다."
"당신은 저의 복덩이입니다." 이런 인사말은 어떨까?

무책임하게 '복 받으세요' 하는 말은 말치레에 지나지 않는다. 자기는 아무것도 하지 않으면서 누군가에게서 받으라는 무책임한 말이다. 그러나 내가 당신에게 무언가 좋은 일을 하도록 노력하겠다는 말은, 나를 변화시키고 서로의 관계를 잘 유지하게 한다. 서로에게 도움이 되어주겠다는 긍정적이고 적극적인 뜻이 내포되어 있는 덕담을 하자. (2018.1)

● 무술(戊戌)년에 바라는 희망

음력설이 지나야 본격적으로 무술년 개띠의 시작이다. 요즈음은 그야말로 개판인 세상이다. 개가 사람보다 더 호강하는 시절이고 보면 다음 생에는 개로 태어났으면 좋겠다는 자조 섞인 말을 하는 사람도 많다. 사람이 뱀보다 개를 좋아하는 것은, 뱀은 머리를 흔들지만, 개는 꼬리를 흔들기 때문이라는 말이 있다. 사람과의 소통이 갈수록 어렵다 보니 외로워진다. 외로움을 달래는 상대가 개가 되다 보니 사람보다 개를 더 아끼는 현상이다. 반려와 동반의 역할이라면 사람 위주로 개를 대하지 말고, 개도 행복하게 지낼 수 있도록 대했으면 한다. 개에게 옷을 입히는 것을 개는 정말 싫어한다. 체온이 높아 혀를 내밀고 숨을 쉬어야 하는 개에게 옷을 입히고 주인이 좋아 하는 것은 개에 대한 혹사이고 학대다. 개에게 옷을 사주는 돈으로 어려운 이웃에게 사주면 더 좋을 것이다.

어렸을 때 신작로 옆에 퇴색한 의견비(義犬碑)가 있었다. 시장에 간 주인이 술을 마시고 들판에 누워 자다 담뱃불이 산에 옮겨 죽게 생겼다. 주인을 따라간 개가 아무리 짖어도 주인이 깨어나지 않는다. 근처에 있는 방죽에서 몸에 물을 묻혀와 주인 주변을 적셨다. 주인은 살리고 개는 지쳐 쓰러져 죽었다. 이에 충성스러운 개를 기리기 위해 세운 비석이다. 흔히, 사람을 욕할 때는 '개 같은' '개보다 못한' 이런 부정적인 말에 개를 들먹인다. 개의 입장에서는 참으로 억울하고 분할 것이다. 아마 개가 말을 한다면 이렇게 하지 않을까? '너희들도 개 같이만 살아라. 개는 새끼를 학대하고 죽이지는 않는다. 의리를 지키고 배신하지 않는다. 집을 지키든 애교를 부리든 마약을 찾든 주어진 일에 충실하고 충성을 다 한다. 개의 세계에서는 개 같지 않은 지저분한 개를 사람 같은 놈이라 욕한다.'

지난해는 개보다 못한 인간이라는 소리가 무색할 정도로 인간답지 않은 사건 사고가 많았다. 작은 돈을 아끼려고 큰 사고를 내고 사람의 목숨을 빼앗아간 일들이며, 부모가 자식을 죽이는 일은 개가 인간을 욕할 일이다. 올해는 정말이지 개에게 부끄럽지 않게 살아가는 해가 되었으면 한다. 아니 개의 해에 개한테 배우고 개 앞에서 떳떳하게 인간으로서 존엄을 지키는 해가 되었으면 한다. 개는 개답게, 인간은 인간답게, 소는 소답게, 닭은 닭답게 살아가는 게 아름다운 세상이고 하느님이 보시기에 좋은 세상일 것이다. 개가 인간답고 인간이 개답다면 아마도 잘못 만들었다 하시며 창조주는 후회할 것이다. 듣기 좋은 소리로 황금의 개 해라고 하지만, 무술년은 두 개의 토(土) 기운이 충만한 해다. 목(木)인 우리나라가 좋은 땅에 뿌리를 잘 내려 정치와 경제가 잘 자라고 안정이 되어 사람이 사람답게 살아가기를 기원해 본다.

(2018.2)

● 정치인이 청빈하면 국민은 부자가 된다

　문재인 정부가 실행하고자 하는 정책들에 대해 환호하는 사람과 이러다가 나라가 망할 거라고 우려하는 의견이 분분하다. 그동안은 국민이 원하고 바라는 정책을 펴온 정부가 없기 때문에 불안하고 재정에 대한 염려가 많은 것은 당연하다. 그동안의 정치는 국민을 위한 정책이었는지 정치인이나 집권자를 위한 정책이었는지 생각해 볼 일이다. 냉정히 생각해 보자. 국민이 낸 세금을, 국민을 위해 올바르게 사용했는지 따져봐야 한다. 항간에 떠도는 얘기로는 전직 대통령과 최순실, 고위급의 위정자, 방위산업에 떡고물을 챙겨 먹은 나리들만 없다면 모든 게 가능했다는 것이다. 그들이 먹은 것을 토해 놓으면 국민이 수십 년을 편안히 살 수 있다는 말이 나오는 것을 보면 그동안 우리의 정치가 어떠했는지 미루어 짐작이 간다. 내가 낸 세금이 나를 위해 보람 있게 쓰인다면 나는 기꺼이 세금을 더 낼 의향이 있다. 이게 나만의 생각이 아니라 우리 국민 대부분의 의견일 것이다.

　행복지수가 세계 1위라는 부탄은 경제 규모가 우리의 10분의 1이다. 그렇지만 교육과 의료는 전액 국가에서 지급한다. 공장도 없고 생산해 수출하는 물건이라고는 수력발전에서 얻어지는 전기가 전부다. 앞으로도 부탄에 투자해 공장을 짓겠다는 나라는 없을 것 같다. 부탄 전체를 친환경 국가로 선포했기 때문이다. 물질적으로 풍요로운 것보다 정신적으로 풍요로운 것을 택한 부탄 위정자는 국민하고 똑같은 위치에서 생활한다. 왕이 궁궐을 떠나 서민들이 사는 집에서 살다 보니 부탄의 정치인도 검소하게 살아간다. 어떻게 하면 국민의 행복지수를 높일까를 연구하는 행복청이 세계 최초로 구성된 나라다. 우리는 그런 대통령을 만나지 못했다. 그렇게 꿈꾸는 대통령이 한 분 있었지만, 가진 자들은 자기 것을 빼앗길까 봐 온갖 중상모략을 했다. 결국 죽음으로 몰아넣었다. 아직 시민의식이 깨어있질 못해서다.

주인이 갑질하는 것은 옹졸한 짓거리다. 그렇지만 내 돈 주고 고용한 사람이 내게 피해를 준다면 당연히 해고해야 한다. 그렇게 하려면 국민이 깨어 있어 무엇을 잘하는지 잘못하는지를 눈 뜨고 살펴야 한다. 내가 낸 세금이 정치인의 부를 축적하는 데 쓰이는지 나를 위해 사용하는지도 감시해야 한다. 윗사람이 솔선수범하여 아랫사람이 본받게끔 유도해 가는 게 현명한 정치다. 그렇게만 된다면 신명 많은 국민은 신바람 나게 일하며 흥에 겨울 것이다. 지금 우리는 어떤 자세로 미래를 준비해야 하는가? (2018.3)

● 시장 후보자에 대한 단상

사람이 많이 모이는 모임이나 행사장에 열심히 나타나는 사람이 있다. 공무원도 있고 어느 지구당 위원장, 단체장, 시의원 그동안 자주 보지 않았던 인물들이다. 선거철이 다가오는 징조다. 이럴 때는 냉소적인 웃음이 나온다.

지방자치제가 활성화되려면 지역에 사는 사람이 자기 지역에 애정과 관심을 가져야 한다. 물건 하나 사더라도 기왕이면 사는 지역에서 사주고, 지역 특산물이나 관광지를 홍보해 주고 살기 좋은 시흥을 만들려면 시흥에 사는 사람이 적극 나서야 한다. 요즈음은 시장, 군수가 자기 지역으로 이사 오라고 여행 오라며 TV

에 광고하고 홍보에 적극적이다.

　지역 여건이 좋은 시흥시는 별 관심이 없는 듯하다. 시흥에 대한 이미지는 가진 것에 비해 별로다. 살고 있는 사람들이 별로인 것이 아니라 리더를 해야 하는 정치인이나 공무원들이 별로인 듯하다. 100년을 내다보는 정책을 펴는 것보다 우선 자기 당선을 위해 눈에 보이는 인기몰이만 벌인다는 느낌이다. 더욱이나 시흥은 대도시에서 집값이 싸다는 이유로 밀려온 사람들이 많다. 다른 도시로 이사를 가기 위해 잠시 머무는 정거장 같은 곳으로 생각하고 들어오는 사람이다. 그러니 정책에 별 관심이 없다. 투표에도 참여율이 낮다. 이런 정서를 이용하는 정치인은 전시행정을 펴고 행사장에 얼굴만 내미는 데 열심이다. 이번 시장 선거에도 우후죽순처럼 너도나도 시장에 나오겠다고 한다.

　저런 사람은 시장이 되면 정말 안 될 것 같은 사람도 있다. 일반 시민은 구별하기 어려운 무늬만 화려한 사람도 있다. 우리 가문에 시장 나온 사람이 있었다고 족보를 남기려고 나온 사람인가 하는 냉소적인 입장이다. 시흥 시민을 무시한 처사라는 생각이 드는 건 나만이 가지는 염려는 아닌 것 같다.

　선출직 공무원은 시민의 표를 먹고 산다. 표를 가진 시민이 어느 쪽을 선택 하느냐에 따라 시흥과 시민 삶의 질과 후손의 미래가 좌우되는 막중한 책임이 있다. 일회용 휴지처럼 던져버리는 일이 아니다. 후보의 선심 공약, 해 왔던 언행, 시에 끼친 손해, 가정을 잘 꾸리고 모범이 되는 행동을 하고 살아왔는지를 유심히 살필 일이다. 사람의 습관이나 버릇과 사상은 갑자기 변하는 게 아니기 때문이다. 선거를 준비하는 시기에 차기 시장이 될 인물들을 관심 가지고 살펴봐야 한다. (2018.4)

● 정직한 언론이 사회를 바꾼다

　25년 전에 돌아가신 시어머님과 이따금 언쟁했다. 연세가 드셨는데도 세상일이 궁금하고 관심이 많았던 시어머님은 뉴스를 빠뜨리지 않고 종일 보셨다. 그러면서 나라 걱정, 대통령 걱정, 죽일 놈의 빨갱이에게 분노한다. 저렇게 데모만 하면 나라가 망하게 생겼다며 한탄하곤 하셨다. TV에 나오는 세상이 전부 옳고 바른 정도였다고 믿으시는 어머님과 꼭 그렇지만은 않다고 말하는 나와 각을 세우곤 했다. 그러다가 "너도 빨갱이다."라고 결론을 지어버리고는 한동안 입을 다무셨다.

　정부는, 88 올림픽을 준비하기 위해 도시 미관을 해친다며 빈민들을 변두리로 내몰았다. 변변한 생활 대책도 없이 내몰린 빈민들은 추운 겨울에도 천막과 토굴 안에서 생활했다. 성당에서 이런 분에게 도움을 주기 위해 방문하곤 했는데 여기에 참여한 어머님은 TV에서는 보지 못한 현실을 체험하셨다. 그 이후부터 뉴스를 볼 때마다 저놈들 거짓말만 하고 있다고 화를 내시곤 하셨다. 덕분에 나하고 언쟁은 줄어들었지만 뉴스를 너무 불신하게 되어 난감했다.

　지금도 그렇지만 당시에도 정부의 통제로 국민에게 보여주고 싶은 것만 보여주는 언론이 많았다. 신문이나 라디오나 TV에 나오는 것들보다 유언비어가 더 믿을만했고 그걸 더 믿게 되었다. 사실이 아닌 것도 사실로 둔갑하고 사실인 것은 사실이 아닌 것으로 분별하기 어려운 혼돈의 시대가 되어버렸다.

　그동안 언론이 살아있었다면 우리 사회는 지금보다는 선진국에 더 가까웠을 것이다. 정치인이나 권력자들은 자기 것을 잃고 싶지 않기에 언론을 통제하고 자기 쪽으로 끌어들이려고 수단과 방법을 다 쓴다. 언론이 올바르고 정당하게 살아 움직인다면 부정부패나 부정 청탁, 정경유착의 고리가 끊어졌을 것이다. 공무원의 비리, 법관들의 월권행위, 사리사욕에 혈안이 되고 있는 공직자가 지금보다는 덜 설칠 것이었다.

언론이 재벌을 대변한다든가 어느 한쪽을 편파적으로 응원한다거나 국민의 눈과 귀를 가리는 보도를 한다면 국민이 나서야 한다. 대한민국의 미래를 위해서다. 또한 정확하고 공정한 언론에는 적극 지지하고, 후원 하고, 기꺼이 구독을 해주어 살아남게 해야 한다. 요즈음은 진짜보다 더 진짜 같은 사이비들이 판치는 세상이다. 언론에도 그런 경향이 많아 일반인은 구별하기 어렵다. 사이비일수록 자극적이기 때문에 현혹되기 쉽다. 국민이 현명해져야 나라도 현명해진다. (2018.5)

● 긍지와 자부심을 키우는 교육이 필요하다

해외에 나가면 모두 애국자가 된다고 한다. 인천공항에 도착하고 첫 마디는 "우리나라 좋은 나라여" 모두가 경험하는 감정이다. 그러나 국내에 사는 사람들은 힘들고 못살겠다고 아우성이다. 옛날이 좋았다고 불만과 불평을 한다. 우리나라는 독재가 필요하다는 헛소리를 아직도 하는 사람이 있다. 단군 이후 이보다 더 풍요롭고, 자유롭고, 잘 먹고, 잘살고, 잘 배우고, 잘 입었던 시대가 있었던가?

공부를 못해 30점 수준에 있던 학생이 조금만 노력하면 60점까지는 쉽게 성적을 올릴 수 있다. 그러나 60점부터는 이전 노력의 두 배를 해도 70점으로 올리기가 어렵다. 갈수록 그렇다. 80점 정도가 되면 점수를 올리기는 더 어렵고 자칫 방심하면 떨어지기는 더 쉽다. 우리는 긴장을 늦추면 추락하기 쉬운 85점 정도에 와 있다. 50년 전에는 우리보다 잘 살아 우리를 도와주었던 나라 필리핀, 아르헨티나도 그 선상에서 추락한 나라들이다. 어쩌면 지금은 성장기를 지나 수비기인 셈이다. 옛날이 좋았다고 하는 대부분의 사람은 무질서한 틈을 타 법을 어기고 횡재한 사람들이다.

사회제도가 안정되어 있고 횡재를 노리는 한탕주의보다는 성실하게 노력해서 자기의 인건비를 제대로 받는 사회가 선진국이다. 지금 우리는 내가 없어서 불만인 게 아니고, 남보다는 적게 가지고 있어서 불만이다. 이 차이를 좁히고 줄여가는 게 정치권이 할 일이고 그런 이상을 가진 사람을 투표로 선택해야 하는 게 우리의 몫이다.

강대국에 끼어 천 번 가까운 외침을 받았지만, 그래도 흡수되거나 멸망하지 않고 5천 년을 이어온 나라가 이 지구상에 흔하지 않다. 한 성씨가 500년을 이어온 왕족은 세계사에 유례가 없다. 남의 나라를 침략해 금은 광물을 착취하지 않고 세계 10대국에 든 나라는 우리나라뿐이다. 이 얼마나 자랑스러운 나라인가. 얼마나 위대한 국민인가? 정치권에서 싸운다고 비난하는 국민들이 많다. 그러나 정치는 싸워야 하는 집단이다. 싸우라고 우리는 국회의원을 뽑고 민주주의를 선택한 것이다. 아는가? 당쟁이 가장 심했을 때 백성들이 가장 편안했다는 역사적인 사실을. 국회가 서로 의견대립이나 논쟁 없이 한목소리를 내는 건 북한의 노동당이나 중국의 공산당이다.

조선 사람은 당파싸움만 하고 때려야 말을 듣는다고 하는 말은 일제하에 일본 사람들이 우리민족의 기상을 죽이고 분열시키려고 의도적으로 교육시킨 음모였음을 깨닫고 일깨워야 한다. 일본을 미화하고 우리나라의 역사를 강등시키려는 사람 중에는 친일파의 뿌리가 남아있어서다. 이제는 우리의 역사를 바로 잡아야 한다. 일제하에서 일본의 의도가 담긴 역사 기록이 아니라, 우리 입장에서 당당히 기록한 역사를 되돌려 놓아야 한다. 우리의 자부심과 기상을 살려야 한다. 긍지와 자부심을 가지는 역사교육에 더 충실해야 한다. 영어·수학 공부보다 우리의 자랑스러운 역사관이 우리나라의 미래에 더 유익한 것이고 새로운 역사를 만드는 것이다. 국민의 행복지수를 높이는데도 필요하다.
이 나라에 긍지와 자부심을 가진다면 이곳에 태어난 것에 감사할 것이다. (2018.6)

● 시흥시장에게 거는 기대와 소망

새로 출범하는 임병택 시흥 시장에 진심으로 축하를 보낸다. 시장에게 기대하는 시흥 시민의 바람은 이미 알고 있겠지만, 시작과는 달리 많은 과오와 충실하지 못한 지난 시장들의 행보에 실망한 이들이 많다. 시민의 한 사람으로 임병택 시장은 기대에 어긋나지 않기를 바라는 마음이다. 떠날 때 뒷모습이 아름다운 시장이길 간절히 바라본다.

가장 젊은 시장은 득표율이 많이 차이 나는 만큼 기대와 희망도 많이 받는 시장이다. 겸손한 인품의 소유자로 알려진 만큼 시민을 주인으로 모시는 시장이길 바라는 마음이다. 본인의 선거

표어가 '시민이 주인이다'라는 말처럼 시민을 주인으로 모시는 성실하고 겸손하고 충실한 일꾼의 역할을 잘해 나가기를 진심으로 바란다. 선거할 때만 일꾼을 자처하다가 당선되는 순간 황제로 등극하는 사례를 자주 보아온 시흥 시민은 눈 똑바로 뜨고 지켜볼 것이다. 역대 시흥 시장은 자랑스럽지 못했다. 시흥 시민이라는 게 때로는 자존심이 상할 때도 많았다. 어느 시민은 퇴임한 김윤식 시장이 10여 년의 시장직에서 가장 성공한 것은 감옥에 가지 않은 일이라고 했다. 부끄러운 일이다. 시흥 시민도, 도지사가 나오고 대통령 후보가 나오고 긍지와 자부심을 가지고 자랑할 수 있는 시장을 가지고 싶다. 시민들이 믿고 따를 수 있는 신뢰가 가는 행정을 추진하는 시장을 보고 싶다. 개인의 사리사욕을 버리는 일이라면 옳은 일이라고 박수 쳐주는 바른 정책을 이끄는 시장을 보고 싶다. 시흥시의 장기적인 발전을 위해 온 열정을 다하는 모습을 보고 싶다. 젊은 시장에게 거는 기대가 더 큰 것은, 고정관념의 틀을 벗어나 새로운 시각으로 새로운 틀을 만들어 시흥시에 새로운 모습을 만들어 나가기를 바라는 마음에서다.

시흥시의 투표율은 전국에서 가장 낮다. 그동안은 항상 그랬다. 몸은 어쩔 수 없이 시흥에 있지만 언젠가 형편이 나아지면 떠날 것이라는 나그네 심리가 많아서다. 시흥에 정착할 생각보다는 임시거처로 생각하기에 애착도 주인의식도 없다. 주소는 시흥이지만 안산·안양·부천 쪽으로 생활권을 가지고 있고 물건을 사려면 그쪽으로 나간다. 신천동에서 정왕동 가기가 서울이나 인천·부천 가는 것보다 더 힘들고 멀다. 이런 지리적인 어려움도 해결해야 하는 숙제다. 땅의 대부분이 그린벨트로 묶여 있어 발전의 걸림돌이 되고 있다. 타 도시에 비해 발전이 뒤처지는 이유다. 이제는 대대손손 뿌리내려 살고 싶은 시흥을 만드는데 기초를 닦고 토대를 만드는 시장이 되길 기도하는 마음이다. 꼭 성공한 시장이길. (2018.7)

● 대한민국은 누구를 위한 나라인가

요즈음 양승태 전 대법원장의 상식 이하의 행태를 들을 때마다 화가 치민다. 나만이 느끼는 분노만은 아닐 것이다. 국회의원의 저질스러운 행태는 다반사로 겪고 보고 당하는 일이다. 아예 그런 류의 인간이려니 하고 개선의 희망을 포기했을 정도다. 행정부의 수장인 대통령의 행태는 국가를 얼마나 힘들게 했고 국민들의 피를 요구했던가. 이런 와중에도 국민들은 희망을 품는다. 억울한 일을 당하거나 모진 고문과 협박으로 누명을 썼지만, 재판에서 진실이 밝혀질 것이라는 간절한 희망을. 그러나 사법부가 저지른 일들은 더 이상 용서할 수 없는 상태다. 국민들이 기대하고 의지할 희망처가 없어진 것이다. 이점은 사법부가 국민에게 정중히 사죄해야 한다.

권력을 가진 자들이 착각하고 있는 것은, 그게 자기들의 안위와 권력 유지를 위해 쓰이도록 만들어진 제도인 줄 안다는 것이다. 권력을 유지하기 위해 권력끼리 결탁하고 자기 주변에 높은 성(城)을 쌓고 자기만을 보호하는데 사용한다. 높은 성(城)일수록 무너지기 쉽다. 여리고 성을 나팔 소리만으로 무너뜨렸다는 것은 시사성이 많다.

대한민국을 대한민국으로 존재하게 했던 것은 우수한 국민성이다. 결코 권력자들이 이룩한 것은 아니다. 그동안의 형태를 보

라. 이승만 정권은 부정선거를 해서라도 사람을 숫자로 만들어 사사오입이라는 해괴한 계산으로 장기 집권을 노렸다가 국민에 의해 쫓겨났다. 박정희 정권은 한국적 민주주의라는 코미디 같은 논리를 펴 유신정권으로 장기 집권을 노리다가 똑똑한 젊은이들을 죽이고 본인도 총 맞아 죽지 않았던가. 국민을 지키라는 군대를 자기 정권을 만드는 데 사용한 전두환은 또 어떤가. 이런 지도자를 만난 국민은 이 나라를 지켜오기 위해 얼마나 많은 목숨과 피와 눈물을 흘려야 했던가.

모든 권력은 국민의 편안과 질서와 안전을 위해, 행복한 삶을 영위하기 위해 사용하도록 국민들이 시한부 책임을 맡긴 것이다. 착각하지 말기를 바란다. 대통령도 심판하는 사법부가 대통령과 결탁하여 국민들의 눈물을 외면하고, 그들의 상처에 소금을 뿌리는 만행을 저질렀다. 나라가 힘이 없어 국민이 억울하게 외세에 당했던 사건들을 자기들의 정권 유지에 악용했다면 과연 이 나라를 위해 앞장서 희생을 각오할 사람들이 있을까. 지금 권력을 쥐고 있는 자들은 명심해야 한다. 권력은 국민이 국민을 위해 쓰라고 맡겨놓은 힘이다. 언제고 주인이 되찾아 올 수 있다는 사실을.
(2018.8)
(양승태 대법원장의 사법농단 의혹사건)

4부

69. 어린이와 노인은 국가에서 책임져야 한다
70. 폴란드로 간 아이들 영화를 보며
71. 새해에 바라는 소망들
72. 벽을 허물어야 넓게 보인다
73. 미국은 우리에게 산타클로스인가?
74. 상상이 이루어지는 날
75. 번갯불에는 콩을 구울 수 없다
76. 고난은 새로운 돌파구를 만든다
77. 대한민국은 독립국인가?
78. 아베 씨, 고마워요
79. 새 술은 새 부대에 담아야 한다
80. 요양원은 국가에서 운영해야 한다
81. 그래도 투표는 해야지
82. 지도자의 역량
83. 변하지 말고, 변화해야 한다
84. 각국의 민낯을 드러낸 코로나19
85. 코로나의 메시지
86. 코로나의 경고
87. 종교, 앞으로도 살아남을까?
88. 지도자는 어떠해야 하나?
89. 열등의식을 버려야
90. 농협, 농민을 위해 일해야 한다
91. 우리의 과거 미얀마를 보며92. 정치인의 단골 거짓말

상상이 이루어지는 날

● 어린이와 노인은 국가에서 책임져야 한다

요즈음 유치원 문제 때문에 유치원생을 둔 엄마들과 정치권이 시끄럽다. 곪은 상처가 터졌을 뿐이지 이미 오래전부터 예견된 일이다. 그동안 유치원과 어린이집, 요양시설 등이 우후죽순처럼 한 집 건너 하나씩 생겼던 게 무엇을 의미하는가? 그중에 진정한 사명감을 가지고 교육 사업에 투신하고자 유치원을 설립한 원장이 몇이나 될까? 봉사하기 위해 요양원을 설립한 사람이 몇이나 될까. 그럴듯한 명분과 이름으로 포장한 민낯은 돈이 잘 벌린다는 계산이었을 것이다. 자본주의에서 당연한 시장 논리다.

문제는, 이러한 집단이 권력화해 정치권에 자기들의 이익을 요구하고 반영시킨다는 것이다. 시흥시의회가 예산에도 없는 유치원 지원금 문제로 시와 충돌했던 일은 시민으로 하여금 공분을 사게 했다. 유치원 원장들이 학부모들과 밀착 관계해 투표권을 확보하고 있다는 계산이다. 그래서인지 시의원도 유치원 원장 출신이 많다. 밑바닥에 깔린 계산과 이익 추구와 세력화들이 언젠가는 터져야 할 화산이었다. 국가 책임도 크다. 국민의 세금으로 지원금이든 보조금이든 주었으면 어떤 일에 써야 하는지 관리와 감독을 철저히 했어야 한다. 또한 회계처리는 어떻게 해야 하는지 메뉴얼을 제시하고 사전에 교육해야 했다. 그동안 책임이 없는 듯이 하다가 여론에 떠밀려 회초리를 드는 격이다. 과연 국가에서 이런 문제를 몰랐을까? 몰랐다면 직무 유기다. 알고도 방치했다면 투표권을 의식해서 모른 척했을 것이다. 상처는 곪기 전에 항생제를 먹여 덧나지 않게 하든지, 곪았을 때는 빨리 칼을 대야 한다. 누구나 아는 상식이다. 국가와 대립한 유치원문제를 해결하는 것은 간단하다. 모든 유치원을 국영화 시키는 것이다. 요양원도 그렇다. 앞으로 유치원에서 일어나는 사태가 요양원에서도 일어날 가능성이 많다.

국가에서는 아기를 낳으라고 애원하다시피 해도 젊은이들은 애 낳기를 기피한다. 미래를 예측하지 못한 국가의 대책은 국민을 황당하게 한다. 선진국에서 출산 장려 정책을 펼 때 우리는 하나만 낳아 잘 기르자고 홍보했다. 셋을 낳으면 야만인이라고 세뇌했다. 지금은 많은 혜택을 주어도 젊은이들의 반응은 냉랭하다. 본인들의 삶도 앞이 안 보이는데 애를 키우느라 돈과 시간을 낭비할 여력이 없다. 부모도 손자와 손녀를 키우느라 남은 삶을 더 이상 고생하고 싶어 하지 않는다.

이제는 낳아서 고등학교까지는 국가에서 책임져야 한다. 우리가 못산다고 얕보는 북한도 어린이 교육은 모든 정책의 우선이다. 어린이 궁전이 북한에서 제일 크고 시설이 잘 되었다고 한다. 어린이, 청소년은 투자의 우선이라고 한다. 노인에 대한 정책이 어린이에 비해 더 많은 건 노인은 투표권을 가지고 있어서다.
어린이는 우리의 희망이고 미래다. 어린이와 노인은 국가에서 책임져야 한다. (2018.9)

● '폴란드로 간 아이들' 영화를 보며

독립영화 '폴란드로 간 아이들'을 봤다. 보는 동안 내내 눈물이 났다. 같이 간 친구도 그랬다. 다큐멘터리 영화다. 보면서 많은 생각을 하게 했다. 10년 전쯤에는 이 영화를 상영하지 못하게 했을 것 같다.

6.25 전쟁으로 남한도 북한도 많은 전쟁고아가 발생했다. 김일성은 형제 나라라고 칭하던 사회주의 국가인 동유럽에 고아들을 맡아 달라고 부탁한다. 여러 나라에 분포되어 전쟁고아들이 보내졌다. 그 당시 폴란드에는 북한에서 엘리트로 양성하고자 하는 고아 300명을 위탁하고 있었다. 러시아로 보내진 1,270명의 아이가 굶주림에 병이 들자, 폴란드로 보내진다.

당시 폴란드는 사회주의 국가였지만, 유일하게 종교가 자유로운 나라였다.(요한바오로2세 교황이 폴란드인이다.) 폴란드도 독일과 6년 동안 전쟁으로 피폐한 상태였다. 전쟁의 상처와 아픔을 알기에 고아들을 환영하고 받아들인다. 본국의 고아보다 더 잘 보살피려 노력한 폴란드인의 인간애가 감동적이다. 거기에는 북한 교사들도 같이 가 있었다고 한다. 정치적인 이념과 체제를 떠나 인간애로 정성을 들여 보살핀다. 정들인 아이들과의 교감을 65년이 넘은 지금도 잊지 못해 눈물 흘린다. 당시 젊은 교사는 지금은 90이 넘은 노인이다. 보살폈던 고아들을 그리워하며 눈물을 흘리는 모습을 보면서 더 감동이 일었다. 김일성은 외국에 나들이하지 않은 정치인으로 알려져 있다. 그러나 폴란드에 찾아가 맡겨진 아이들을 보고 교사들을 격려한다. 5~6세의 아이들이 그곳에서 6~7년을 교육받으며 성장한다. 폴란드에 맡겨진 아이들이 북한 쪽의 아이들만이 아니었다고 교사들이 증언한다. 기생충을 검사한 결과 남한에서만 기생하는 기생충을 갖고 있는 아이도 포함되어 있었다고 한다.

북한은 소련과 중국의 원조가 중단되자 천리마 운동을 하면서 젊은 인력이 부족해 맡긴 아이들을 모두 데려갔다. 정들었던 아이와 헤어지면서 안타까움과 아쉬움이 간절한 교사들은 지금도 보고 싶다고 울먹인다. 북한으로 가서도 오랫동안 편지를 주고받는다. "북한은 맡겨 놓은 아이들을 돌려달라고 해 데려갔는데 남한에서는 아무도 아이를 돌려달라는 사람이 없었다." 당시에 책임자로 있던 분의 말이 가슴에 아픔으로 다가왔다.

전쟁이 끝난 이후 대한민국 정치인들은 무엇에 혈안이 되었던가? 자기들의 정권 유지에 정적을 빨갱이로 몰아 숙청하기에 정신이 없었던 때다. 우리 아이들을 외화벌이로 세계에 수출하고 고아 수출국이라는 명예롭지 못한 이름을 얻었다. 지금도 그렇다. 아이를 낳으라고 야단이면서 낳은 아이를 키우지 못하고 외국으로 내 보낸다.

국가는 국민에게 어떻게 해야 하는가를 생각하게 했다.
(2018.10)

● 새해에 바라는 소망들

올해는 기해(己亥)년 돼지띠다. 60년 만에 의례적으로 돌아오는 돼지해다. 종교를 가진 사람이든 안 가진 사람이든 황금 돼지띠라며 무언가 희망적인 말을 덧붙이고 싶어 한다. 모든 게 희망적이지 않아서 일부러라도 희망을 품어보고 싶은 희망이지 않을까? 냉정하게 생각해 보면 황금 돼지해와 우리의 삶에는 그다지 많은 연관이 없다. 어쩌면 남들이 좋다고 흥분하는 축제의 해에는 피해 가는 게 현명할 수도 있다. 좋은 해라고 계획해서 모두가 자녀를 낳으면 그 자녀는 더 치열한 경쟁을 해야 한다. 유치원, 대학 시험, 취직, 정년, 노후까지. 덩달아 헛된 희망을 품을 일이 아니라는 말이다. 오래 살아온 사람은 안다. 세상에 공짜는 없다는 것을.

　예수님은 많은 기적을 행하셨다. 죽은 사람도 살릴 수 있는 능력자의 힘으로 주변에 어렵고 힘든 사람을 위해 더 많은 기적을 행할 수도 있었던 분이다. 그러나 제한적이었다. 어렵고 힘들다고 원한다고 아무에게나 기적을 행하신 게 아니다. 마음의 준비를 하고 간절히 바라는 사람에게만 행했다. 세상에 그냥 이루어지는 게 어디 있던가? 그러나 이루어지기를 간절히 소망하는 게 있다.

노력한 만큼의 대가가 주어지는 사회.
인간의 존엄성을 지키며 품위를 유지하고 살아가는 사회.
있는 사람이 너그럽게 베풀고 어려운 사람은 감사하게 느낄 수 있는 사회.
벽을 허물고 편견을 허물고 그 자리에 꽃길을 만드는 사회.

이런 사회를 만들려고 노력하는 새해가 된다면 우리의 삶은 충분히 풍요로울 것이다.
남이 해주기를 바라기보다 내가 먼저 적극적으로 실천해야 한다. 평범한 생활에서 할 수 있는 일만 내가 먼저 실천해도 우리 사회는 충분히 희망적이다.

　* 실천해야 할 일
　올바른 사람이 아니면 투표로 심판하기.
　사회 부조리에 끼어들지 않기.
　나보다 어려운 사람에게 갑질하지 않기.

내 의견과 다르다고 빨갱이로 몰지 않기.

여러 곳을 여행하면서 공통으로 느낀 게 있다. 지금 우리는 물질이 부족해서 불행한 게 아니고 남보다 덜 가지고 있음이 불만이라 행복하지 못하다는 것을.
올해는 모두가 건강하고 주어진 자기 자리에서 행복을 만들어 가며 하고 있는 모든 일에 최선을 다해 좋은 결과가 이루어지기를 간절히 바라본다. (2019.1)

● 벽을 허물어야 넓게 보인다

전문 도둑의 얘기다. 담이 높은 집에서 도둑질하기가 더 쉽다고 한다. 도둑이 눈독들인 집은 담이 높다고 못 들어가는 게 아니다. 일단 담장을 넘으면 밖에서 보이지 않기에 안심하고 도둑질하기가 쉽다고 한다.

담이 높은 집은 명목상에는 외부의 적을 막기 위한 방법이겠지만, 내부의 시야를 가린다. 더 오래가면 우물 안의 개구리를 만들고 그 개구리는 밖의 세상을 모른다. 결국 쇠퇴의 길을 가게 되는 게 역사의 교훈이다. 미국이 멕시코 국경에 장벽을 쌓는 문제로 시끄럽다. 그걸 보면서 미국의 전성기는 끝났다는 생각이 들었다. 베를린 장벽을 쌓은 쪽은 사회주의인 동베를린이었다. 쌓은 쪽에서 장벽을 무너뜨려 통일되었다.
지금 우리는 어떠한가?

남북한의 감정이 격하되었을 때 제일 먼저 한 것은 장벽 쌓기였다. 그 장벽으로 서로를 이해하는 시선이 보이지 않았고 서로가 서로를 음해하고 그러면서도 서로의 체제를 유지하기 위해 서로를 이용했다.

국가든 민족이든 인간관계든 벽을 쌓게 되면 그 순간부터 발전과 희망도 벽 안에 갇히게 된다. 우리 사회의 발전을 저해한 원인 중의 하나는 서로의 사이에 장벽 쌓기를 부추긴 결과이지 않나 반성해 본다. 벽 쌓기를 부추기는 세력들은 자기들의 지위와 재산과 세력을 지키기 위해 교묘한 방법으로 담을 쌓아간다. 담 안에 갇히지 않으려면 국민은 지혜롭게 냉정해야 한다. 그들이 주장하는 핵심적인 내용이 누구를 위한 것인가? 그들이 행해 왔던 지나온 과거는 어떠했는가? 국민을 위해서인가? 자기들의 권력 유지를 위해서인가? 이들은 국민이 똑똑해지고 지혜로워지는 걸 제일 두려워한다. 그들은 자기 벽 안에 들어있는 사람들을 열심히 부추긴다.

벽 쌓기를 그만두고 그동안 쌓았던 벽을 스스로 허무는 작업을 하지 않으면, 더 넓고 희망찬 세상을 볼 수 없게 된다. 일꾼인 정치인들이 못 하면 주인인 국민이 해야 한다. (2019.2)

● 미국은 우리에게 산타클로스인가

태극기부대 어르신들이 한 손엔 태극기, 한 손엔 성조기를 들고 다니는 모습을 보면 마음에 갈등이 생긴다. 왜 성조기까지 들고 다녀야 하는지. 그들은 미국이 우리에게 산타클로스라고 확신하고 있는지 궁금하다. 미국이 세계 경찰 역할을 자청한 건 세계인의 평화를 위해서일까? 태극기부대의 어르신에게 세뇌된 기억에는 우리나라를 구해준 고마운 나라이다. 위기 때마다 지켜준

구세주가 미국이라고 그렇게 믿고 있는 것이다. 촛불집회로 이 나라가 위기에 있으니 미국이여 이 나라를 구해주소서! 하는 바람으로 성조기를 흔드는 것일까? 여러 궁금증이 일어나는 건 그동안 세계인에게 불행을 안겨주고 전쟁을 일으킨 당사자 중에 미국도 한몫했다는 사실이다.

  우리를 도와준 것은 우리를 위해서가 아니라 자기네 나라를 위해서다. 우리는 미국에 죄인처럼 굴지 않아도 된다. 미국을 은인의 나라처럼 숭배하지 않아도 된다. 지나온 과거를 돌이켜봐도 그렇다. 2차 대전 때 일본은 미국 본토를 침략했다. 유럽에서 영국과 프랑스가 독일에 밀려 패색이 짙었는데도 미국은 방관하고 있었다. 그러다 일본에 강타를 맞으면서 연합군에 합류했다. 일본이 패전국인데 왜 일본은 멀쩡하게 놔두고 우리나라를 두 동강을 냈는가? 독일은 패전국이라 미국과 소련이 동서로 갈라먹어도 죄인이니 당연히 받아야 하는 죗값이었다. 하지만 우리의 상황은 전혀 다르다. 미국은 일본에 당했으면서도 일본의 조건을 다 들어주면서까지 일본을 붙들고 있었다. 지금도 그렇다. 일본이 좋아서가 아니다. 중국을 견제하기 위해 일본이 작전상 필요했기 때문이다. 우리나라도 그렇다. 지정학 상으로 중국과 러시아를 견제하기 위해 미국은 우리나라를 내 줄 수 없다. 우리는 일본을 지키기 위한 방패인 것이다. 다만 우리가 불리한 것은 남북한이 대처하고 있는 현실이다. 우리가 원해서 남북한이 갈라진 것도 아니다. 남북한의 군사적 긴장을 조장하면서 미국은 우리에게 얼마나 많은 군사 무기를 팔아먹었던가. 남북한이 서로 손잡고 서로가 침략하지 않는다고 믿을 수 있는 신뢰를 쌓는다면 우리는 당당하게 미국한테 요구할 수 있다. 미국의 정책상 우리나라에 주둔하려면 우리에게 비용을 내고 사용료를 내라고. 언제쯤 우리는 당당해질 수 있을까? 그날은 언제쯤 오게 될 것인가?

　미국 대통령이 자기네가 주둔하고 있는 군사비용을 우리나라가 더 많이 부담해야 한다고 큰소리칠 때마다 자존심이 상한다. 꼭 동네 깡패한테 얻어맞으면서도 대들지 못하고 비위를 맞추어야 하는 굴욕스러운 처지 같다. 과연 미국은 우리나라에 산타클로스인가? 재미있는 것은 미국 원조를 받은 나라일수록 반미 감정이 높다. 무엇을 의미하는가? 결코 순수한 마음으로 준 게 아니라는 말이다. 하나를 주고 열을 착취해 갔다면 좋은 친구는 아니다. 미국 사람 모두가 그렇다는 건 아니다. 미국 양반, 미국인, 미국 놈, 그중에 미국 놈일 것이다. (2019.3)

● 상상이 이루어지는 날

　상상이란, 실제로 경험하지 않은 현상이나 사물에 대하여 마음속으로 그려봄. 국어사전에 나오는 정의다. 이루어지기 어려운 현상을 상상하지 않았다면 지금 같은 과학이 발전하지 못했을 것이다. 지금 우리가 누리고 있는 최첨단의 과학은 이미 오래전에 남들 보기에는 정상적이지 않았던 누군가의 선구적인 상상을 현실로 옮긴 것이다.

　우리나라의 현실이 참으로 녹록하지 않다. 세계적인 문제들이 지진처럼 우리에게도 밀려와 지정학상의 어려운 여건들이 적나라하게 현실로 다가왔다. 우리나라만이 겪는 일도 아니다. 파괴와 건설이 반복되면서 과잉생산을 소비하고 그 와중에 일자리를 만들고 시스템이 돌아간다. 전후 복구가 다 끝난 지금 과잉생산이 누적되면서 세계의 경제가 혼란을 겪고 있다.

 그동안 형님 노릇을 잘했던 큰 나라들이 깍두기 형님으로 변해가면서 세계가 흔들거리고 있다. 4대 강국에 끼어 있는 우리나라는 어느 쪽에 붙어야 안전하고 앞으로 유리할지를 저울질하기도 어렵다. 어느 정치인의 말처럼 정치는 생물이라 잘못하면 썩어버리는 경우가 생기고 수시로 변하는 강대국의 입김에 우리는 우리의 존재성을 드러낼 수도 없다.

 우리의 근대사에도 청나라·러시아·일본·미국의 틈바구니에 끼어 대신들의 의견이 분분하여 오히려 우리 땅에서 강대국의 대리전을 치르도록 불러들였다. 조선이 망한 원인이기도 하다. 여기에 들고 일어나는 백성들의 외침을 외부 세력으로 진압했던 과거사의 치욕이 우리 역사를 자랑스럽지 못하게 했다. 지금 우리의 상황과도 비슷했다. 더욱이나 조선시대보다 어려운 여건은, 남북이 갈라져 한편이 아니라는 것이다.

 우리나라와 이해관계가 얽히고설키어 있는 4대 강국은 속으로는 우리의 통일을 원하지 않는다. 우리가 통일하면 무기를 팔아먹을 수도 없을 것이고 자기들의 입맛대로 우리를 조종할 수도 없을 것이기 때문이다. 특히나 일본은 더하다. 우리의 국력이 커지는 것을 가장 두려워하고, 경계하고, 질투하는 게 일본이다. 이런 상상을 해 본다.

-그동안의 모든 상처와 오해와 이해충돌을 다 씻고 남북한이 손을 맞잡고 힘을 합쳐 누구의 간섭도 없이 한민족으로 하나가 된다. 서로가 마음을 열고 통일한다. 우리는 있는 그대로 한민족으로 통일을 해 어느 편도 아닌 영구 중립국으로 남는다. 스위스처럼 중립을 지키되 우리나라를 침략하려는 국가에는 남북한이 보

유하고 있는 군대를 동원하여 강력하게 대항할 것이다. -
지금은 나 혼자만의 상상일지 모른다. 그러나 많은 사람들이 같은 상상을 하게 되면 기도가 되고 언젠가는 기도가 이루어지리라 믿고 싶다. (2019.4)

● 번갯불에는 콩을 구울 수 없다

　우리 속담에, 번갯불에 콩 구워 먹는다는 말이 있다. 얼마나 성질이 급했으면 이런 말이 나왔을까. 한국 국민은 냄비근성이 있어 진득하게 오래가지 못한다는 일상화된 말은 어쩌면 우리의 급한 성질을 잘 나타낸다. 그동안은 그렇게 살 수밖에 없었다. 우선 배고프면 남보다 빨라야 먹을 것을 찾을 수 있다.
　일본의 어느 기업인이 한국인의 불매운동은 오래가지 못할 것이라는 말을 해 뜨거운 맛을 보고 있는 중이다. 뜨거운 맛을 보여주는 주축이 먹는 것에 연연하지 않고 자라온 세대다. 어르신들은 일본에 주눅 들어 살아왔던 과거의 상처로 가슴에 두려움이 많다. 열등 국민이라는 세뇌를 받아왔던 어르신들은 일본에 당당하게 대하지 못하는 트라우마가 있다. 우리는 일본보다 무엇이든지 열등하기에 일본을 넘어설 능력이 안 된다며 지금도 국민의 기를 빼는 헛소리를 하고 있다. 일제가 의도적으로 조선인은 열등하다고 교육했던 것이 이런 모습을 원해서일 것이다.
　싸움에서 지는 쪽은 먼저 화내는 쪽이다. 감정을 자제하지 못하고 흥분하면 많은 실수를 하게 된다. 결과적으로 화내는 쪽에서 더 큰 손해를 보게 된다. 목소리 큰 사람과 화를 자주 내는 사람은 실속이 없다. 아무리 극한 상황에도 침착하게 감정을 자제하면서 자기주장을 논리정연하게 펼치는 사람이 무서운 사람이다. 이런 사람에게는, 이런 사람보다 더 치밀하게 준비하고 끈질기게 행동하지 않으면 당할 수밖에 없음을 살아오면서 터득했다.

　우리가 일본에 당한 수모를 억울하다고 떠들면서도 대책을 세우지 못해 슬그머니 물러섰던 전적이 많다. 그러기에 일본인에게 얕보이고 무시당하지 않았던가? 이제는 예전과는 달라야 한다. 핵전쟁이든 총알 전쟁이든 경제 전쟁이든 전쟁은 무조건 이겨야 한다. 전쟁에 패한 이후의 현실은 얼마나 처참한가는 세계 역사가 증명한다. 1.2차 세계대전에서 승전국은 영토를 확장했지만, 패전국은 영토를 빼앗기고 전쟁배상금도 물어야 했다. 지금은 세계가 치열하게 경제 전쟁에 휘말리고 있다. 그중에 우리는 공격 대상이다. 선진국은 자기들 턱밑에 치닫고 있는 대한민국을 경쟁자로 여기고 있다. 우리는 지금 턱걸이에 걸려있다. 체력이 떨어지면 이 고비를 넘기기 어렵다. 장기전에 돌입하기 위해 튼튼한 체력도 필요하고 각오도 필요하다. 오랫동안 버틸 수 있는 인내도 절실히 요구된다.

　번갯불에 콩은 익지 않는다. 타버려 먹을 수 없을 뿐이다. 콩만 버리게 된다. 콩을 익히는 데는 은근한 무쇠솥이 제격이다. 일본 제품 불매운동을 시작했으면 이번 기회에 본때를 보여주어야 한다. 일본인에게 한국인은 냄비근성이 아니라, 무쇠 근성으로 체질 개선이 되었음을 보여주어야 한다. 함부로 하면 안 된다는 두려움을 가지게 해야만 승리하는 전쟁이 될 것이다. 우리는 열등 국민이 아니다. 세계에서 머리가 좋고 부지런하다는 유대인을 이긴 월등한 국민이다. 남의 나라를 침략하지 않고 우리 힘으로 그것도 가진 것 없이 시작하여 짧은 기간에 3만 불의 기적을 만든

건 세계 역사에 우리나라뿐이다. 우리 모두 파이팅! (2019.6)

● 고난은 새로운 돌파구를 만든다

　살아가면서 고난을 겪지 않은 사람은 자연 도태된다. 생존한다는 것은 힘든 과정과 경쟁을 이기고 살아남았다는 것이다. 일본, 중국, 미국, 북한까지 우리나라를 괴롭히고 견제하고 수출규제를 한다. 우리에게 막대한 무역흑자를 내는 일본이 원자재를 주지 않겠다고 으름장을 놓고 있다. 우리가 일본에 위협이 될 만큼 성장했다는 증거다. 어른이 다섯 살 아이한테 경쟁심을 느끼고 싸움을 걸지는 않는다. 대학생 수준에서 치고 올라오는 고등학생에 위기감을 느끼고 시비를 거는 양상을 지금 우리가 겪고 있다.

　일본이 우리한테 행하는 횡포는 일본이 위기감을 느끼기 때문이다. 자기들의 하수인으로 여기고 부하직원쯤으로 여겼던 한국이 시간이 가면서 자기와 동등한 위치에 서려 할 때 속이 편하지 않은 건 인간관계에서도 느끼는 일이다. 불과 십 년 전만 해도 세계시장 맨 앞에서 자랑했던 전자제품과 반도체가 우리 것으로 교체되었다. 일본은 우리보다 강국이다. 우리가 배워야 할 점도 많고 따라 해서는 안 되는 점도 많이 있다. 우리가 남북으로 갈라져 힘든 것도 원인은 일본이 우리를 식민지화했기 때문이다. 미운 이웃사촌이다. 이 갈등은 계속될 것이다. 일본은 만만한 한국을 자기들의 정치 상황에 맞추어 이용할 것이다. 일본을 탓하기 전에 우리는 각오와 준비를 해야 한다. 일본에 대해 계속 공부해 대처하는 능력을 키웠어야 했다. 비용이 더 들더라도 우리가 생산하여 우리제품을 만들고 자생력을 키웠다면 일본에서 저런 횡포를 부리지 못했을 것이다. 이번 기회에 우리의 기업도, 국민도, 국가도, 절실히 깨닫고 준비해야 한다. 그렇지 않으면 우리 기업의 성장은 발목 잡히고 국민은 분노에 위장병이 걸릴 것이다.

정치인은 자기들끼리는 싸우더라도 국가 위기에는 의견과 힘을 모아 단결된 모습을 보여야 한다. 특히나 언론에 종사하는 사람들의 역할도 중요하다. 국민의 의식이 살아있음을 보여주지 않으면 일본은 우리를 만만하게 보고 제2의 식민지를 꿈꿀 것이다. 가정이나 국가가 망하는 원인은 외부에서 오는 문제보다 내부의 분란과 균열이다. 이번의 어려움을 지혜롭게 넘기면 우리는 더 크게 성장할 자긍심이 생길 것이다. 우리국민은 세계 어느 국민보다 지혜롭고 똑똑하고 역동적이다. 홍수에 물이 흐르던 계곡에 큰 바위가 떨어져 막고 있다면 당분간은 힘들겠지만, 물은 새로운 물줄기를 만들어 간다. 우리 국민은 고난이 있을 때마다 성숙해 왔다. 이번 일도 더 높이 도약할 기회로 만들어야한다. 한국을 잘못 건들면 일본이 후회하게 됨을 이번 기회에 똑똑히 배우도록 가르쳐야 한다.

대한민국 국민들이여 파이팅! (2019.9)

● 대한민국은 독립국인가

독립(獨立) - 다른 것에 예속하거나 의존하지 아니하는 상태로 됨.
       - 독자적으로 존재함.
해방(解放) - 구속이나 억압, 부담 따위에서 벗어나게 함.

국어사전에 나오는 정의다.
우리는 일제 치하에서 8.15 광복이 되었다고 한다. 그러나 우리는 진정한 광복을 하고 독자적으로 존재하는 독립국으로 존재해 왔는가? 요즈음 많은 생각을 하게 하는 것은, 우리나라의 현실적인 처지가 결코 독립국으로서의 존재감이 부족하다는 느낌에서다. 어쩌면 우리는 정신적으로 완전히 독립할 준비가 없었던 건 아닐까?

친일파를 청산하지 못한 역사의 과오로 친일파 후손들이 득세하고 정치, 경제, 학문을 점령당한 상태에서 그동안 일본에 기생하고 일본 사상에 의존하며 기득권 세력으로 군림했다. 근래에는 그들의 의존도가 미국으로 이동하면서 미국만이 우리의 구세주인 양 우리의 모든 것을 의탁하고 있다. 아마 이들의 근성으로 보면 만일 이 나라가 공산주의가 될 듯하면 친일파가 제일 먼저 앞장서서 공산주의 만세를 부를 것이다. 그들의 근성은, 힘 있는 자에 기생하여 자신들의 안위만을 챙길 것이기 때문이다. 이러한 국민들이 있어 독립국이 되지 못하는 처지다. 미숙아일 때는 어른의 돌봄이 필요하다. 그러나 어른이 되어서도 부모에게 의존하며 살아가야 한다면 이건 사람 구실을 못 하는 못난이다.

요즈음 미국과 일본이 우리를 얕보고 깔보고 있는 작태를 보면서 그렇게 만든 건 우리들이지 않나 하는 생각도 해 본다. 우리나라를 만만하게 취급하면서도 북한에는 함부로 하지 못하는 것은, 북한은 해방 후 친일파를 완전히 청산했기 때문이다. 북한은 경제적으로는 어렵지만 일본에 당당하다. 미국이 우리를 대하는 꼴을 보면 우리나라는 미국의 속국이나 다름없다. 주권국이라고 할 수도 없다. 내 것을 주면서도 무릎 꿇고 두 손으로 받쳐야 하는 꼴이다. 종이 주인한테 하는 행태를 보면서 언제까지 이래야 하는지 울화가 치민다.

이제는 국민이 깨어나야 한다. 사회도 그렇지만 국제 사회는 자기 나라에 이득 없이 동정을 베푸는 나라는 없다. 미국이 우리의 구세주라는 환상에서 벗어나야 한다. 전쟁을 가장 많이 일으켰고, 전쟁에서 제일 많이 이득을 보았고, 그래서 항상 전쟁을 꿈꾸고 있는 나라가 미국이다. 이제 우리는 어느 나라에도 의존하지 않고 독자적으로 독립하는 진정한 독립과 해방을 준비해야 한다. (2019.10)

● 아베 씨, 고마워요

살다 보면 여의치 않게 전화위복(轉禍爲福)이나 새옹지마(塞翁之馬)를 겪게 된다. 이런 경우는 개인의 삶도 그렇지만 나라도 그렇다. 어느 도시는 대형 불이 나 큰 피해를 보았지만, 헌 건물을 철거하고 최신식 도시로 탈바꿈한 예도 있다. 닥쳐온 불행을 어떻게 대처하느냐에 따라 결과가 달라진다. 불행을 딛고 일어서느냐 주저앉느냐에 따라 미래의 판도가 달라진다. 그런 불행한 사고가 다시 되풀이하지 않도록 예방조치를 하느냐에 따라 앞으로의 상황은 전혀 달라진다.

일본이 우리에게 경제 선전포고를 했을 때 선제공격을 당한 우리는 경제가 금방 거덜 나는 것처럼 호들갑을 떨었다. 특히나 일본에 의존적이었던 사람들의 입에서는 우리나라가 부도라도 날 것처럼 떠들었다. 잘못한 것도 없는데 일본에 무릎 꿇고 빌어야 할 것처럼 비굴하게 굴기를 은근히 종용했다. 보수적인 언론과 학자들, 교수들의 입에서 그런 소리가 더 많이 나왔다. 그들은 일본에 열등의식과 친일적인 의식으로 덕을 보고 살았던 무리다.

오히려 이 싸움에 총대를 메고 당당하게 불매운동으로 싸운 것은 우리 젊은이들이다.

언젠가는 일본과 한판 붙어야 하는 게 우리의 숙명이다. 그동안은 억울하고 분하고 속 터지는 일을 참을 수밖에 없었던 건 싸워봐야 우리가 질 수밖에 없는 처지여서다. 그러기에 우리 대통령은 일본의 큰소리에 항상 주눅이 들었다. 이런 상황에 길들여 있던 국민도 그랬다. 일본은 지금도 우리나라를 자기의 속국처럼 대하고 있다. 다른 대통령과 달리 문 대통령이 당당히 나서자, 화가 나 있었던 것일 거다.

아베가 선전포고 해준 게 오히려 고맙다. 이번 일로 우리는 많은 것을 배우고 터득했다. 그동안 친일파를 청산하지 못해 우리 역사가 지저분했는데 이번 사건으로 어느 학자, 어느 교수, 어느 언론이, 친일파였는지 드러나게 되었다. 또한 중요한 부품은 내가 생산하고 우리가 공유해야 위험에 처하지 않는다는 것과, 한 곳에만 믿고 거래한다는 게 얼마나 위험한지를 알게 되었다. 이제는 일본을 믿고 의지 하지는 않을 것이다.

우리는 미국도 중요하지만, 경제적인 면에서는 중국도 중요하다. 일본과의 군사동맹을 처음부터 국민들이 반대했다. 그러나 미국의 압력으로 마지못해 맺은 지소미아를 깰 수 있는 근거를 만들어 준 아베가 고맙다. 우리 젊은이들은 일본에 기죽지는 않을 것이다. 이번 싸움은 일본의 계산대로 일본의 승리는 아니다. 우리 국민이 좀 더 힘을 합치고 지혜를 모아 단결하면 우리의 승리가 될 것이다. 일본은 더 이상 우리를 자기의 속국으로 여기지 않을 것이다. (2019.11) (일본이 반도체 소재 수출규제에 대한 의견)

● 새 술은 새 부대에 담아야 한다

　성경을 읽다 보면 하느님이 너무 가혹하지 않나, 생각이 들 때가 있다. 구약을 읽을 때는 이해가 가지 않은 부분도 많다. 그렇게까지 야박해야 했나 하는 장면도 많다. 그중에 하나는 모세를 통해 이집트를 탈출시킨 이스라엘 백성들에 대한 하느님의 처사다. 이집트에서 가나안까지 15일이면 도착할 수 있는 거리다. 광야에서 40년 동안 고생시키고 단련시켰는데도 가나안에 들어가도록 허락하지 않았다. 40년 동안 사막에서 고생하며 젖과 꿀이 흐르는 땅을 그리며 염원했던 백성들이다. 유대민족이 삭막한 땅에서 버텨낼 수 있었던 것은 가나안에 갈 수 있다는 희망에서다. 지도자인 모세까지 허락하지 않은 건 너무 했다는 생각도 들었다. 모세의 교만으로 하느님의 징벌이었다는 교리상의 논리보다는 애쓴 보람이 주어지지 않았다는 인간적인 계산이 들었다.

　요즈음에 와서야 하느님의 진정한 뜻을 깨달았다. 유대인은 이집트에서 고생하면서도 먹고 사는 데는 풍요로웠다. 노예 생활을 하면서도 고기와 술, 먹는 것은 풍족했다. 그들은 젖과 꿀이 흐른다는 땅에 들어가면 노예 생활은 벗어나고 더 잘 먹고 더 풍요로움을 기대 했을 것이다. 그러기에 사막에서 노예 시절이 그립다며 불평불만을 해댔다. 차라리 노예 시절이 나았다고 모세를 닦달한다. 하느님 보시기에 그들이 가나안에 들어가면 그들은 또다시 불평불만으로 새 나라를 건설하는 데 걸림돌이 될 것이었다. 노예 생활을 할지언정 그때가 좋았다며 이곳이 무슨 젖과 꿀이 흐르는 땅이냐며 분열을 일으킬 것이다. 실상 이스라엘을 가본 사람은 안다. 가나안 땅은 우리가 이상적으로 생각하는 기름진 땅은 아니다. 사람 살기 척박한 땅이다. 기름진 이집트 땅에서 살았던 사람들은 힘들 때마다 이집트에 대한 그리움으로 분열을 일으킬 것이다. 40년 동안의 광야에서 태어나 사막에 단련된 백성만이 가나안에 들어가게 하신 것은, 가나안이 비록 척박하다 하더라도 노예 살이 하던 곳 보다는 희망적이기에 감사함을 느끼며 하느님을 찬양할 수 있었을 것이다.

우리나라가 가나안에 들어가는 시기는 아마도 지금의 30~40대가 정치, 경제, 무대에 주인이 되었을 때이지 않나 생각한다.(필자의 개인적인 생각으로는) 전쟁과 배고픔과 군사정권이나 민주화운동에서의 상처도 받지 않은 그들의 세대가 그동안의 새로운 눈으로 새 역사를 만들어 갈 것이라는 생각이다. 이념 갈등과 분열의 질곡, 일제 강점기에서의 치욕을 치유할 수 있는 세대인 것이다. 본인의 상처가 많은 사람은 상처를 가진 사람을 치유하지 못한다. 건강한 사람이 아픈 사람을 돌봐주고 치유할 수 있다. 새 술은 새 부대에 담아야 한다. (2019.12)

● **요양원은 국가에서 운영해야 한다**

100세 시대라고 공공연히 떠들지만 정작 100세를 살아갈 준비를 하지 못한 노인들의 삶은 현실적으로 비참하다. 다행히 노인들에 대한 복지가 늘어나고는 있지만 가난한 자를 우대하는 국가는 어디에도 없다. 밀물처럼 밀려오는 노인들에 비해 아직 우리의 정책은 어디에다 방파제를 쌓을지 우왕좌왕이다. 젊은이 눈으로는 자기들의 미래에 걸림돌이고 부담이다. 젊은이는 과거 노인들이 어떻게 치열하게 살아왔으며 자식을 위해 얼마나 희생했는지 모른다. 노인들의 피와 눈물과 굶주림의 대가로 지금의 경제를 이루었다. 이에 대한 감사함보다는 노인들이 너무 오래 살아 자기네의 세금을 축내고 일자리를 빼앗고 의료보험과 국민연금을 축낸다고 생각한다. 실은 노인들도 젊었을 때는 이렇게 오래 살 거라는 생각도 준비도 없었다.

이런 현상이 단시일 내에 끝나는 게 아니고 이제 시작이다. 그 중에 가장 두려운 것은 치매와 중풍이다. 모든 노인의 걱정이고 불안이다. 중풍은 노력하면 치료가 가능하다. 그래도 의식이 있으니 본인의 의지로 삶을 꾸려갈 수 있다. 그러나 치매는 아직 치료약도 없고 누구도 장담할 수 없는 노화현상이고 보니 더욱 불안하다. 예전보다 국가에서 많은 지원과 혜택이 있지만, 어려운 가정일수록 사건 사고를 많이 보게 된다. 치매인 당사자는 아무것도 모르니 오히려 행복한 측이다. 감당해야 하는 가족은 갈등의 연속이다. 요양원에 모시자니 자식의 도리가 아닌 것 같고, 집에 모시자니 감당하기 어렵다. 요양원에서의 학대나 인권유린이 매스컴에 나올 때는 더욱 죄책감을 느낀다. 가정 경제를 파탄시키고 부모 형제간의 사이를 갈라놓는다. 자식의 삶을 피폐하게 만드는 게 현실이다. 요양원에 모시면 경제적인 부담도 문제지만, 인간의 존엄성을 훼손하는 일을 많이 본다. 벌집에 들어있는 애벌레의 모습을 연상하게 하는 현실이 마음 아프게 한다.

이익을 우선시 하는 요양시설에서의 실태는 그들 입장에서는 당연하다. 비용을 줄이기 위한 꼼수나 요양사의 임금을 빼먹기 위한 비리는 공공연한 비밀이다. 국가에서 지원하는 비용으로 아예 국가에서 직접 운영한다면 질 좋은 서비스를 받을 것이고 의탁하는 사람도 지금보다는 안심할 것이다. 어린이가 유치원에 가듯이 노인이 요양원에 가야 하는 걸 노인도 알고 있다. 치매나 노화는 본인이 원해서 오는 게 아니다. 자연현상인 만큼 국가에서 관리 책임을 맡아야 한다. (2020.1)

● 그래도 투표는 해야지

투표 안내문을 받아 들고 한참은 황당했다. 짜증스럽고 어이없고 당황스럽다. 선거 때마다 느끼는 일이지만 이번 선거는 유달리 더 그랬다. 코로나19로 국민들의 피로가 누적되고 삶이 척박해졌다. 마음도 어두워지는데 정치인들로 더 스트레스를 받는다. 대학 수준의 국민이 초등 수준인 정치인의 쇼를 억지로 보아야 하는 느낌이다. 정당에서 내건 공약이 공상영화나 만화 수준이다. 어느 비례정당 후보자는 전과기록이 18번이나 있다고 한다. 후보자의 전과기록이 많다고 하니 국회의원이 교도소 입소자인 거로 착각하는지 정신감정을 해보고 싶다. 이런 사람들이 국회의원이 되면 우리에게 보이는 국회는 항상 난장판이 뻔하다.

코로나19를 잘 대처하고 국민의 성숙한 의식으로 세계의 찬사와 이목을 받고 있는 우리의 국가 위상에도 전혀 변하지 않는 정치인들. 국회의원의 수준과 태도는 엄밀히 말하면 그들을 뽑은 국민의 책임이다. 정당 이름을 계속 바꾸어가며 똑같은 사람들이, 똑같은 언행으로, 국민을 자극적으로 선동하는 정당은 이제 퇴출해야 한다. 실현 가능성이 없는 공약으로 국민을 혼미하게 만드는 정당도 퇴출하게 만드는 건 국민의 몫이다. 정치는 아무나 할 수는 있지만 아무나 해서는 안 된다.

정치인의 행보 하나하나가 지금보다 대한민국의 미래와 국민의 미래이기도 하다. 국회의원의 권위가 얼마나 떨어졌으면 법을 만들어야 하는 국회의원이 되겠다고 전과자들이 몰려들었겠는가. 그들이 만든 법이 과연 국민들을 위한 법이겠는가.

때로는 그놈이 그놈인데 뽑아봐야 또 마찬가지인데 투표는 무슨? 이런 생각으로 투표에 참여하지 않는 유권자들이 많다. 그 심정은 충분히 공감이 간다. 그러기에 더욱 세심히 검토하고 신중히 한 표를 찍어야 한다. 말보다는 실천 할 수 있는 공약을 내건 후보에게 표를 주자. 자기 능력을 인정하고 겸손하게 국회의원으로서 소임에 충실한 사람을 뽑아야 한다. 허황한 공약으로 자기 돈 나가는 게 아니라 국민 돈이 나가는 걸 모르는 정당에는 일침을 가할 수 있는 게 투표다. 국회의원이 맘에 들지 않을수록 투표해야 한다. 그래야 그들을 강제로라도 바꿀 수 있기 때문이다. 국민의 권리를 포기하면 그들의 잘못을 묵인하는 셈이다. 그래도 투표는 해야 한다. (2020.2)

● 지도자의 역량

가장이 무엇을 지향하고, 어떤 가치관과 삶에 임하는 자세가 어떠한지에 따라 가족들의 행복과 불행이 이어진다. 가족 구성원도 그러한데 하물며 회사나 지역 단체장과 국가를 이끌어야 하는 지도자의 역량은 지대하다. 당대뿐 아니라 후대의 역사까지 이어지고 있으니 그 영향은 더 크다. 우리 역사에 백성이 무능해서 나라가 망한 사례는 없었다. 위기를 조장하고 나라를 위태롭게 만든 건 모두 지도자의 무능과 권력욕과 사리사욕이다.

개인이나 회사나 나라나 위기에 처했을 때 감추어졌던 본모습을 드러낸다. 화려하고 멋져 보이던 모습만 보다가 병상에 누워 있을 때 본 얼굴을 보게 되어 당황했던 기억이 있다. 세계를 점령해 버린 코로나가 그동안 우리가 알고 있던 상식들과 우상들과 믿음과 가치관을 흔들어 놓았다. 또한 지도자의 역량을 가늠하게 했다.

태극기부대가 구원자처럼 흔들고 다니던 성조기의 나라 미국. 그 민낯을 보게 된 것도 코로나를 대처하는 모습에서다. 지도자는 자기의 권력욕이나 과시욕이 아니라 국민이 우선해야 함을 배우게 했다. 우리가 부러워했던 선진국이라는 허울을 벗겨 준 것도 코로나 위기다. 우리는 미국의 민주주의를 우상처럼 보고 배워왔다. 지금 미국의 현실은 보고 배워야 할게 무엇인가. 남의 나라 인권을 거론하며 내정간섭을 하던 미국의 본심은 무엇이었을까?

미국을 위대하게 만든 지도자들이 있었다. 그들의 신념과 가치관이 그동안 미국을 선망의 나라로 만들었다. 세계의 맏형 노릇을 인정하게 만들었다. 우리도 그 영향을 많이 받은 건 사실이다. 지도자도 위대했지만, 그런 지도자를 뽑은 국민의 수준도 위대했다. 누구도 지금의 미국이 세계를 리더 할 믿을만한 나라라고 인정하지 않는다. 그건 트럼프의 탓이라기보다 그런 지도자를 선택한 미국 국민들의 탓이다.

공든 탑을 무너뜨리는 건 한순간이다. 아마도 미국은 예전의 영광을 되찾기는 어려울 것이다. 미국 국민의 가치관과 지향하는 방향이 바뀌기 전에는 위대한 지도자를 뽑을 수 없기 때문이다. 국민들이 선택한 표 하나가 미래의 역사를 창조하는 힘이 있다. 우리도 국민 의식이 부족했을 때 얼마나 많은 시련과 아픔을 겪어야 했던가.

국민의 선택을 받은 지도자의 언행과 판단을 신중하고 냉철하게 지켜봐야 한다. (2020.3)

● 변하지 말고, 변화해야 한다

지금에 이르는 인간의 형태가 진화냐 창조냐에 대한 문제는 아직도 판명이 나지 않은 논쟁거리다. 앞으로도 명쾌한 결론을 내릴 수 없는 과제다. 진화든 창조든 확실한 것은 변화하며 지금에 이르렀다는 것이다. 사람이든 물질이든 관념적인 언어든 변했다는 것은 부정적인 이미지다. 그러나 변화하지 않는다는 것은 더 부정적이다. 본질이 변하면 쓸모가 없어져 버려진다. 그러나 변화하지 않으면 더 쓸모가 없어진다. 어린아이가 어른으로 살기 힘들다며 성장하기를 거부한다면 정상적인 삶은 아닐 것이다.

살아있는 모든 것은 변화하지 않으면 도태된다. 애벌레가 변화하지 않으면 나비가 될 수 없다. 그러나 그 변화의 주체가 무엇인가에 따라 상황이 달라진다. 고통을 감수하면서 스스로 변화를 선택해 실행하는 쪽은 나비가 될 수 있다. 그러나 고통을 감당하기 싫어 애벌레로 있고자 고집한다면 애벌레로 생을 마감할 것이다. 달걀껍데기를 스스로 깨트리면 병아리가 되지만 남이 깨트리면 계란 프라이가 된다. 새로운 생명의 길을 갈 것인지 도태의 길을 갈 것인지는 자신의 선택에 달려있다.

정치권에서 묵은 숙제처럼 오랫동안 거론되는 게 검찰 개혁이다. 근대사에 정치 검찰이 끼친 악영향에 대해서는 정치권도 국민 모두도 알고 있다. 정치권이 바뀔 때마다 검찰 개혁을 주장했지만 지금도 해결하지 못하고 있다. 그동안은 오히려 권력의 보장을 위해 묵인하고 권력 유지를 위해 애용하기도 했다. 단군 이후 가장 똑똑하다는 국민들은 지켜보고 있다.

검찰 스스로가 그동안 누렸던 특권과 휘둘렀던 칼을 내려놓기 싫을 것이다. 기득권을 내려놓기가 혁명보다 더 어렵다. 그러기에 기득권은 그걸 지키기 위해 상식과 몰염치도 서슴지 않고 언론과 권력을 잡으려 한다. 그렇다고 법조계에서 일하는 모든 분이 개혁의 대상은 아니다. 어려운 여건에서도 소신과 본연의 신념을 지키는 분들이 더 많다. 그런 분들의 노력으로 지금의 우리나라가 민주화가 되었고, 나날이 발전하는 모습으로 변화되어 왔음을 우리는 기억한다. 단체든 사회든 국가든 문제를 일으키는 몇몇으로 인해 항상 새로운 뉴스가 생긴다. 권력을 남용하는 경찰 또한 그러하다. 국회의원도 변화해야 하는 대상의 1순위다.

국민들은 기대한다. 특권층의 권력자들이 나비로 변화되어 〈꽃들에게 희망을〉 주길 바란다. 본연의 임무에 충실하여 국민에게 웃음을 주길 희망한다. (2020.4)

● 각국의 민낯을 드러낸 코로나19

인류가 전혀 예상하지 않았던 대형사건. 그래서 준비도 없었고 경험도 없었던 일로 전쟁을 치르고 있다. 눈에 보이지 않는 적과의 전쟁은 그동안 누리고 살았던 평범한 일상들을 송두리째 흔들었다. 만물의 영장이라며 교만했던 인간의 모습이 얼마나 허약한 존재인지를 그대로 드러냈다.

국가든 사람이든 회사나 가정은 위기에 처했을 때 그 진 모습이 드러난다. 또한 진정한 이웃이 누구이고, 누가 나의 진정한 친구인지를 알게 된다. 이번 코로나19는 감추어져 있던 세계의 민낯을 다 들추어냈다. 선진국이라고 오만해 하던 나라의 실상을 보는 느낌은 어이없기도 하다. 전 세계가 한데 뭉쳐 싸워도 미국 한 나라를 이길 수 없다는 군사 대국 미국이 코로나19에게 무너지는 모습은 더 어이없다. 사람을 죽이는 살상 무기를 만드는데 상상을 초월하는 돈을 들이는 미국. 그 무기를 전 세계를 상대로 팔아먹고 계속 신무기를 만들어 무기를 사라고 압박하던 미국의 실상을 우리는 생중계로 보고 있다. 사람을 죽이는데 막대한 돈을 쓰면서 살리는 데는 무방비한 최강 대국의 실상을 보았다.

나라든 사람이든 본질은 이기주의다. 위기 때는 더 그렇다. 생존의 방법이기도 하고 살아내기 위한 본능이기도 하다. 평화로울 때는 누구나 본 모습을 위장할 수 있지만, 죽음 직전에 위기에 빠졌을 때는 본성이 드러난다. 코로나19의 위기를 겪으면서 세계 각국이 대처하는 모습을 본다. 중국은 중국답게 무지막지하다. 일본은 일본답게 음흉하고 교활하다. 독일은 독일답게 냉철하고 과학적으로 대처한다. 과연 국민을 위한 정책이 어떠한지, 국민성과 사회 질서 의식이 어떠한지 코로나19가 감추어진 민낯을 들추어냈다.

이 위기를 겪으면서 우리가 몰랐던 우리 모습을 발견하고 긍지를 가지는 계기가 되었다. 우리가 부러워하던 선진국이 우리를 부러워하고 있다. 달과 화성에 인공위성을 쏘아 올리는 게 진정 국민을 위한 돈 낭비였는지, 핵무기를 만드느라 병실을 줄여야 했던 게 누구를 위한 정책이었는지, 무엇을 얻기 위한 허상이었는지 코로나19가 알려주었다. 국가는 국민을 위해 존재해야 하고, 국민은 국가의 정책이 옳은 것이면 믿고 따라주어야 한다. 서로 신뢰할 수 있는 여론이 형성되었을 때 위기를 극복할 수 있다. 이게 끝이 아니고 시작이라는 메시지는 앞으로 우리가 어떤 자세로 위기에 임해야 하는지 생각하게 했다. (2020.6)

● 코로나의 메시지

지금 우리는 인류 역사상 가장 예측하기 어려운 혼란의 시대에 살고 있다. 마치 장마에 몰아치는 급류에 휩쓸려 가는 느낌이다. 급류에는 수영선수라 할지라도 자신할 수 없는 위험을 느껴야 한다. 지구상에 살고 있는 모든 사람이 느끼는 불안이다. 인간보다 동물은 더 위기의식을 느낄 것이다. 멸종해 가는 종들이 현실적으로 나타나기 때문이다. 이 현상의 근본적인 원인은 간단하다. 인간이 필요 이상으로 쓰고, 먹고, 버리기 때문이다. 지구도 살아 있는 생명체라서 무분별한 인간들 때문에 생명을 잃고 싶지 않아 인간이 과잉될 때마다 재앙을 뿌려 덜어낸다는 속설이 있다. 이번에는 그게 코로나라는 것이다. 지금 인류는 소용돌이의 한가운데 있다. 그러나 그 기회를 준비할 수 있는 부류는 극히 특수한 위치에 있는 극소수의 사람이다. 그들은 현명하게 깨어있어 대중들을 이끌어야 하는 의무와 책임도 있다. 그들이 모든 정보와 재력과 힘을 가지고 있어서다. 그러나 그 1%의 사람들은 99%에는 관심이 없다. 1%를 지키려는 집념만 있을 뿐이다. 이런 사회구조가 굳어지면서 지구는 더 황폐해지고 사람들은 더 각박해졌다. 오늘날의 지구는 공동운명에 처해있다. 이번 코로나를 겪으면서 깨달은 사실이다. 지구를 떠나 화성에서 살 능력이 아니고서는 어차피 지구의 일원으로 같이 살아내야 한다. 코로나의 메시지다. 이 시점에 지구상의 모든 사람들이 성찰해야 한다. 아니 우리 자신만이라도.

1%인 사람들이 80%를 가지고 있다면 99%는 20%로 삶을 유지해야 하는 치열한 생존에 시달려야 한다. 과연 모두가 행복한 사회일까? 세계 역사는 증언하고 있다. 그 1%도 결국 오래가지 못하고 같이 불행하게 되었다는 사실을. 이번 코로나로 더 증명된 사실이다. 선진국이라 자처했던 나라들. 그들의 민낯을 보게 한 코로나는 물질을 많이 보유하는 게 아니라 조금 부족하더라도 공동체가 건강해야 한다는 사실을 알게 했다. 적어도 60%가 80%를 차지하는 사회를 만들어야 한다는 사실을 공감하게 했다.

지금 우리 사회를 병들게 하고 시끄럽게 하는 주택문제도 그렇다. 주택은 남아도는 데 필요로 하는 사람에게는 모자란다. 필요 없는 사람이 너무 소유하고 있기 때문이다. 지구가 면역력을 잃으면 인류는 멸망에 가까워진다. 사회가 병들면 나라가 망하게 되고 국민은 난민 신세다. 우리가 명심해야 하는 이유다. (2020.7)

● 코로나의 경고

우리는 지금 길이 없는 정글을 길을 내며 걷고 있다. 아무도 가보지 않은 길. 고속도로도 오솔길도 아니다. 한 번도 가보지 않은 길이다. 두려움과 공포를 느끼며 하루하루 살얼음을 딛는 심정으로 걷고 있다. 안개 자욱한 산길은 끝이 낭떠러진가 광야인가 바다인가는 아무도 단언하지 못한다. 다만 드넓은 초원이기를 갈망하며 조심스레 걷는 중이다. 이런 상황이 인류에게 닥친 건 인간이 행한 모든 것의 결과이다. 인간은 지구의 주인이 아니다. 하느님은 이 땅에 모든 생명을 만들어 축복했다. 인간도 그렇다. 피조물인 인간이 이 땅에 사는 모든 생명을 혹사했고 멸종시켰다. 인간의 편의와 과잉 이익을 위해 자연을 파괴 했고 동물들의 삶터를 빼앗았다. 일용한 양식을 얻기 위해 살고 있는 생명체를 대대손손 먹이기 위해 비축하느라 파괴하고 멸종시켰다. 지금 우리는 그 대가를 받는 중이다.

　동물들의 서식처를 빼앗아 버리니 인간의 생활 터전을 밀고 들어온다. 동물에게 서식하여 머물러 있던 바이러스가 매개체를 건너뛰고 인간으로 옮겨와 버린 것이다. 거리두기와 모임 등을 멈추면서 생각해 본다. 그동안 얼마나 필요 없이 떠들고 소리쳤으면 입을 봉해야 하는 처지가 되었을까? '예'할 것은 '예'하고 '아니오' 할 것은 '아니오'만 했어야 하는 입이 너무 오염되어 마스크로 막고 다니게끔 한 것 같다는 생각을 해본다.

　필요 이상으로 나돌아 다니면서 지구를 오염시켰으니 지구 생태계가 회복할 때까지 시간이 필요하기에 발을 묶어 놓은 것 같다는 묵상을 해 본다. 어쩌면 이 지구를 한 번에 멸망시키지 않고 자숙하고 돌이킬 수 있는 시간을 주기 위해 이 코로나가 인류에게 왔는지도 모르겠다.

　그동안 위장되어 덮어있던 화려한 포장지를 코로나가 걷어내 버렸다. 부러워했던 선진국이라는 실체의 민낯을 보게 했다. 신자들 위에 신 노릇을 했던 사이비 교주들의 실체를 드러냈다. 신앙을 볼모로 정치꾼 노릇을 했던 종교인들의 허황한 모습도 들추어냈다. 이 지구가, 이 나라가, 이 사회가, 스스로 닦아내기 어려우니 코로나가 우리에게 자정 노력이 필요함을 일깨우고 있다는 생각이다. 위기는 기회라고 한다. 그러나 아무에게나 기회가 주어지는 건 아니다. 위기의 의미와 메시지를 곱씹어 보고 위기가 온 원인을 분석해야 한다. 다시는 같은 처지가 되지 않도록 준비하고 대처하는 자만이 기회가 주어지는 게 아닐까? 위기를 기회로 만들려면 무엇을 어떻게 해야 할지 생각해 볼 시기다. (2020.8)

●종교, 앞으로도 살아남을까

코로나19로 우리의 일상이 전혀 예상치 못한 국면으로 자연스럽게 바뀌고 있다. 그동안 변화시키려 무던히 애썼던 일들이 코로나19가 정리를 시킨 것이다.
초상집과 결혼식도 부조만 보내고 참석하지 않아도 전혀 미안해하지 않아도 되는 시대가 되었다. 앞으로는 결혼식이나 장례도 가족끼리 치러야 하는 게 당연한 분위기로 바뀌어 갈 것이다. 더 많은 변화의 조짐은 종교의 대전환이다.

앞으로 20년 안에 모든 종교가 사라질 것이라는 누군가의 예언이다. 뭐든지 빠른 우리나라는 그 조짐이 더 잘 보이는 듯해 그럴 수도 있겠다는 생각이 든다. 세계의 이목을 받으며 성장한 종교가 뿌리째 흔들리고 있는 건 코로나 때문만은 아니다. 근본적으로 신앙의 기본이 튼튼하지 않은 모래성 위에 화려한 건물을 지었기 때문이다. 예수님과 부처님의 근본정신을 따르지 않고 성직자라고 하는 사람이 예수나 부처보다 자기 위상을 더 높이려 해서다. 예수님 부처님이 내팽개쳤던 권위를 성직자라는 사람이 가지고 군림하려 해서다. 성직자가 권력과 돈과 결탁했을 때 그 결과가 어떠했는지는 역사가 증명한다. 중세기 권력과 부를 좌지우지했던 가톨릭 성직자들의 타락이 종교 분열과 쇠락으로 빠진 것 같은 모습을 지금의 개신교에서 본다. 목사님들은 아는가? 젊은이들이 직장에서 교회에 다닌다는 말을 떳떳이 할 수 없다는 것을. 젊은 층에서는 기독교를 개독교라고 부르고 있다는 것을. 이렇게 만든 책임은 누구에게 있는가? 과연 예수님이 바라고 원하시는 모습일까? 잘 먹고 출세하고 좋은 집을 가지게 해 달라고 비는 무당을 믿었던 건 아닐까?

예수님이나 부처님은 건물을 짓지 않았다. 어디에도 정착하지 않았다. 어렵고 힘든 사람을 스스로 찾아다녔다. 교회, 성당, 절이 그렇게 웅장하고 화려한 궁전이 된 것은 누가 원해서일까? 유럽의 화려한 성당 건물이 관광지가 되어버린 것은 신앙은 건물이 아님을 증명해 준다. 그런 건물을 짓는 대신 어렵고 힘든 사람들과 함께 하는 게 예수님이 원하는 모습이지 않을까? 종교까지 부패하면 인간에겐 희망이 없다. 죽음을 극복할 수 있는 마지막까지 버릴 수 없는 게 신앙이다. 코로나19를 겪으면서 많은 사람들이 종교를 재평가하고 있다. 사람들은, 어려울 때 손잡아 주고 힘들 때 짐을 같이 들어주고 울고 싶을 때 다독여 주는 예수님, 부처님을 원한다.

그러지 못할 때 과연 종교가 살아남을까? (2020.9)

● 지도자는 어떠해야 하나

　지금은 세계사를 다시 써야 하는 역동기다. 미국의 선거를 보면서 그동안 우리가 믿고 의지하며 본받고 싶어 했던 미국의 본모습이 저랬나? 실망과 탄식이 나온다. 미국의 전성기는 가고 이제는 쇠락의 길에 들어서 있음을 목격하고 있는 느낌이다. 그동안 훌륭한 지도자들의 교훈이 살아있어 민주주의의 대부 역할을 하던 미국이다. 그러나 편협하고 돈의 위력만 강조하는 지도자의 편 가르기로 국민의 감정을 부추기고 폭력이 묵인되는 모습을 보면서 지도자의 덕목을 다시 생각한다.

　민주주의는 국민에 의해 이루어진다고 하지만, 우매한 국민은 우매한 지도자를 뽑는 게 가장 취약점이다. 범죄 집단에서의 지도자는 가장 악질적인 사람일 것이다. 국민이 깨어 있어야 제대로 된 지도자를 뽑을 수 있다. 진흙탕이 되어버린 미국의 선거를 보면서 태극기부대가 흔들고 다니는 성조기가 조롱거리처럼 느껴졌다. 우리는 결코 닮고 싶지 않기 때문이다. 우리도 지난 역사에서 체험했다. 권력에 빠진 편협한 지도자들이 국민의 정서를 이용해 작은 땅에서 영남과 호남을 갈라놓았다. 이념적인 색깔로 자기들의 권력을 유지하는 데 급급했다. 선동하고 모략하고 여론을 조작해 권력을 유지하려는 경험을 가지고 있다. 이런 문제로 얼마나 많은 사람들이 희생되고 상처받았던가? 아직도 치유되지 않은 아픔을 안고 살아가는 사람들이 많이 있다. 국민 수준이 높아가면서 지금은 그런 정치인을 걸러 내는 안목이 생겼다. 정서적으로는 안정되어 가는 중이다. 예전의 방법으로 다시 국민을 선동하고 지역감정을 자극해 권력을 유지하려는 사람은 완전히 도태시켜야 한다. 지금의 대한민국은 단군 이후 가장 교육을 잘 받고, 잘 먹고, 잘 사는 중이다. 더욱이나 코로나19로 세계의 민낯을 보면서 우리에겐 희망이 있음을 확신한다.

국민의 수준이 높아진 만큼 지도자의 수준도 높아져야 하는데 기대만큼은 아닌 듯해 아쉽다. 10년 전에는 알면서도 묵인했던 일들이 지금은 대형 범죄로 주목받는다. 성범죄다.

지도자로 남 앞에 나서야 할 꿈이 있다면 초등학교 때부터 자기를 점검하며 다스려야 한다. 또한 자녀와 주변을 날마다 검색하여 흠 없이 살지 않으면 남 앞에 나설 수 없는 풍토를 만들어야 한다. 정치인으로 합당하지 않은 사람이 지도자로 나와 국민의 지탄을 받게 되고 재선거를 해야 한다. 재선거 비용은 그 사람을 추천한 당에서 부담해야 한다. 아까운 국민의 세금으로 충당하는 건 국민을 두 번 우롱하는 짓이다. 이번 국회에서 이런 법이 통과됐으면 한다.

국민이 뽑은 지도는 국민의 일꾼이지 주인이 아니다. (2020.10)

● 열등의식을 버려야

주변에 유난히 '척'을 많이 하는 사람이 있다. 국회의원 누구를 잘 안다느니 연예인 누구누구와 형 아우 사이라느니 왕년에 누구누구가 자기 밑에서 빌붙어 지냈다느니 떠들어 댄다. 그를 잘 모르는 사람은 대단한 사람으로 여기지만 시간이 지나면 허풍이 가득함을 알게 된다. 쥐꼬리만 한 업적을 코끼리로 과대포장 한다. 이력서를 몇 장으로 구구절절하게 써온 사람치고 제대로 일한 사람은 없다. 그런 사람은 열등감이 많은 사람이다. 열등감이 많은 사람일수록 약자한테 강하게 군다.

　부자한테 거지라고 해도 부자는 화내지 않는다. 그러나 거지한테 거지라고 하면 크게 화를 낸다. 자기의 열등감을 건드렸기 때문이다. 사람뿐만이 아니다. 사회도 역사도 그렇다. 60년대 교육 받은 사람은 김일성이 가짜라고 배웠다. 가짜로 만든 건 열등감이 많았던 정부의 가짜 교육임을 알았을 때 배신감이 컸다. 당시는 북한이 우리보다 잘살았기 때문이다. 90년도에 중국에 갔을 때 당시에는 장개석을 언급하는 게 반역에 가까운 일이었다. 몇 년 전에 갔을 때는 장개석을 근대사의 인물로 그의 업적을 모택동과 나란히 기록해 놓은 곳을 보면서 중국이 이제는 열등감에서 벗어나 당당해졌다고 생각했다. 자기의 과오를 당당히 인정하고 사과할 수 있는 사람이나 사회나 국가는 그만큼의 자신감이 있는 것이다. 잘못을 사과하고 되풀이하지 않으려는 독일과, 사실을 인정하지 않고 과거의 잘못을 되풀이 하고 싶어 하는 일본을 본다. 우리는 어떠한가?

　코로나를 통해 우리나라의 위상이 높아졌다. 이민 갔던 사람들이 역이민을 오고 싶어 하는 나라가 되었다. 우리도 자부심과 긍지를 가져도 된다. 단군 이래 이보다 더 풍요로운 때가 있었던가? 세계사에 5천 년의 역사를 이어오며 같은 민족으로 단일 언어를 쓰고 자기 글을 가지고 있는 나라는 드물다. 아니 기적이다. 해외를 다녀본 사람들은 우리나라가 얼마나 살기 좋은 나라인지 체험한다. 서양에서는 수백 년 동안 싸워 이룬 민주주의를 우리는 70년 안에 정착시켰다. 그 과정에서 국가의 폭력이 엄청 큰 상처를 남겼다. 아직도 치유되지 않은 부분이 많다. 폭력자도 피해자도 살아있는 경우 이해관계가 얽혀 해결하기 쉽지만은 않다. 그러나 이제는 성숙한 국가, 성숙한 국민 의식으로 열등감에서 벗어나야 한다. 잘못한 것은 사죄하고 용서할 것은 용서해야 한다. 그래야만 우리 후손에게 새로운 길을 만들어 줄 수 있다. (2020.11)

● 농협, 농민을 위해 일해야 한다

대부분의 은행은 IMF를 거치면서 외국 자본에 잠식되었다. 외국 기업에 넘어가 우리 경제에 도움은커녕 해악을 끼치는 경우를 많이 경험했다. 마치 하이에나 같다. 이런 사태에도 유일하게 순수 우리 자본으로 금융권을 유지하는 게 농협이다. 전국지점이 잘 분포되어 어디서든 이용할 수 있어 편리하다. 단위농협은 농민의 출자금으로 이루어져 있어 이익금도 농민에게 배당한다. 농민의 소득 사업을 위해 발 벗고 뛰는 지방 단위농협의 노력은 눈물겹다. 도시권의 단위농협은 대부분 금융에 치우치다 보니 정작 농민에게는 기대만큼 큰 역할을 하지 못한다.

농민은 은행뿐만 아니라 농자재나 생필품도 농협을 이용한다. 비료나 농약 포장지나 피복, 비닐, 먹거리 대부분은 하나로 마트를 이용한다. 그러다가 분통을 터뜨리는 경우도 많다. 이해할 수 없는 것도 한두 건이 아니다. 농자재가 일반 농약사보다 비싸다. 무슨 병에 어떤 약을 사용해야 하는지 어느 때 어떤 소독을 해야 하는지에 대한 전문 상담원이 없다보니 농약사로 가게 된다. 농민에게 도움이 되는 게 아니라 이용당하는 느낌이 들어 화가 난다. 왜 농자재가 농약사보다 비싸야 하는가? 상식으로는 당연히 싸야 한다. 전국적인 농협이 물품을 구입하면 수량도 엄청나게 많을 것이다. 가장 큰 고객이다. 일반 농약사보다 단가를 낮출 수 있다. 당연히 운영 경비도 덜 들어갈 것이다. 변명할 거리는 있다. 대금의 일부를 환원해 주지 않느냐는. 그런데 계산해 보면 말이 환원이지 더 낸 돈 돌려받는 것이다. 미리 돈을 더 내고 나중에 돌려받는데 농협에서 생색을 내는 꼴이다.

농민들의 출자금으로 운영하는 농협이 주인을 위해 일하는 자세를 가져야 한다. 싸게 구입해서 농민에게 좀 더 싸게 판매할 수 있는 의향은 없는지 묻고 싶다. 갈수록 농민의 생활이 어려워져 가는 것을 누구보다도 피부로 느끼는 게 농협이다. 몇 년 전에도 이런 불만이 터진 일이 있었다. 그런데 이 문제에 대한 농협의 대처는 농민을 더욱 절망하게 했다. 싸게 구입해서 농민에게 싸게 판매하겠다. 그동안 죄송했다 는 게 아니라 제약사에게 압력을 가해 싸게 파는 농약사에 물건을 주지 말게 했다. 농협의 주인은 농민이다. 농민의 피와 땀이 묻은 출자금으로 운영되는 농협이 농민을 등치는 일은 없어야 한다. 그렇지 않아도 농민이 설 자리는 자꾸만 위축되어 간다. FTA로 기반이 흔들리고 있다. 정부는 농민의 자립을 위해 거액을 투자하겠다고 한다. 말만 풍년이다. 갈수록 퇴비나 각종 지원금은 줄어든다. 투표권자가 줄어들다 보니 선심 공약도 줄어드는 판이다. 이럴 때일수록 농협은 농민의 편에서 힘을 보태야 하는데 농협의 태도는 실망스럽다. 이제부터라도 농민을 위해 진정한 농협으로 거듭나기를 바란다.
(2020.12)

● 우리의 과거 미얀마를 보며

　사람도 그렇지만 국가나 사회도 성장하면서 겪는 성장통은 비슷하다. 미얀마 사태를 보면서 우리가 겪어온 과거의 상처가 생각나 가슴이 아려온다. 세계 각국에 도움을 호소하지만, 큰 도움이 되지 않을 것이다. 우리도 그러지 않았는가? 겉으로는 우방이니 혈맹이니 하면서도 자기들의 실속에 더 가까운 쪽을 지지하고 인정해 준다. 지금 미국과 중국이 미얀마를 놓고 저울질하는 이유이다. 우리의 지나온 역사가 그러했듯이 미얀마도 스스로 피 흘리고 싸우고 소중한 것들을 잃어가면서 얻어내야만 그들이 원하는 사회를 만들어 갈 것이다.

　우리 힘으로 해방이 되지 못한 우리의 근대사는 그만한 대가를 치러야 했다. 나라가 분단되고 서로가 적이 되어 총칼을 겨누었다. 군인들이 적이 아닌 국민을 향해 총질해야 했던 암울한 시절을 아픈 성장통으로 겪어야 했다. 덕분에 우리는 지금 같은 경제와 문화와 민주주의를 이룰 수 있었다. 그러나 그 과정에서 가족이 해체되고 생명을 잃고 재산이 몰수되고 평생 불구로 지내는 희생자를 많이 냈다. 아직도 치유 받지 못하고 위로받지 못하고 보상받지 못한 이들의 아픈 상처를 이제는 다독여 주어야 한다. 요즈음 들어 인식 변화로 많이 달라짐을 본다. 그러나 아직도 기득권층에 남아있는 가해자들은 용서를 청하지도 않고 잘못을 반성하지도 않는다.

　당시 조직에 속해 명령을 수행해야 했던 가해자, 잘못된 신념으로 잔혹하게 굴어야 했던 당시의 젊은이들, 권력을 지켜야 해서 국민에게 잔인하게 총칼을 들이대야 했던 사람도 이제 세월

앞에서 과거를 참회해야 하는 나이가 되었다. 국민한테 용서를 청하고 잘못하였음을 인정한다면, 서로 용서와 치유를 받을 수 있다면, 그동안 앙금으로 남아있던 감정이 새로운 에너지가 되어 우리 사회는 더욱 성숙해질 것이다. 본의 아니게 가해자가 되어 수십 년을 죄의식으로 살아왔을 그들에게도 이런 화해의 장이 필요하다. 국가 주도 하에 대대적인 캠페인이 필요할 것 같다. 가해자와 피해자가 서로 위로하고 용서하고 치유 받을 장이 필요하다. 피해에 대해서는 국가에서 보상해 주어야한다. 이 아픔들을 후손한테 남기지 않고 털어내야 한다. 그래야만 대한민국은 새로운 번영을 위해 힘을 모을 것이고 더 성장하고 발전할 것이다. (2021.4)

5부

92. 정치인의 단골 거짓말
93. 기후변화에 주목해야 할 때
94. 내 나라는 내가 지켜야 한다
95. 작은 일에 충실해야
96. 한국 종교, 개혁해야 살아남는다
97. 건전한 언론이 절실하다
98. 소비자가 깨어나야 지구가 산다
99. 이런 대통령을 원한다
100. 믿을 수 있는 건 국민의 감시망
101. 정권 바뀔 때마다 교체되는 전문가들
102. 국회의원들, 미래를 위한 고민이 필요하다
103. 괴물의 탄생
104. 나를 위한 내 편은 없다
105. 뒤 돌아가면 안 되는 것들
106. 30년 후 우리 사회를 상상하다
107. 지금 우리가 서 있는 곳
108. 망해 주시어 고마워요
109. 우리는 지금 어디로 가는가?
110. 유치원과 요양원은 국영으로
111. 누가 국민을 정치평론가로 만들었는가
112. 출산율을 높이기 위한 건의
113. 초심을 지키자
114. 선출직은 임시직이다

내 나라는 내가 지켜야

● 정치인의 단골 거짓말

　대통령 선거를 준비하는 요란한 연극판을 본다. 서로 주인공 하겠다고 자기가 주인공에 적격이라고 우기고 있는 모습을 보노라면 왠지 냉소적인 웃음이 나온다. 투표권을 가진 국민은 나와 같은 느낌일 것이다. 많이 속아왔고 겪어왔고 당해왔기 때문이다. 누가 되어도 똑같다는 체념이 팽배해 있는 건 누구의 책임일까?

　대선에 도전하는 사람들의 공통된 거짓말은 하나같이 똑같다. '국민을 위해' 역대 대통령이 선거판에서 즐겨 사용하던 이 말대로 대통령이 되고 나서도 국민을 위해 일 했는지 묻고 싶다. 자기 영달과 자기 소속 주변인의 사리사욕을 위해 일 했다는 평가가 더 많은 건 그런 사람을 대통령으로 선택한 국민의 책임이다. 그런 사람은 국민을 위해서라면 대통령을 하겠다고 나서지 않은 게 양심 있는 사람이지 않을까 싶다. 국회의원도 시장도 도지사도 그런 종류의 사람을 많이 보게 되는 건 슬픈 일이다.

　내 자식과 내 손자가 이루어질 수 있는 꿈을 꾸게 아버지 입장에서 내일을 설계하는 정치인. 본인이 노후를 불안해하지 않고 즐겁게 살 수 있는 사회를 설계하는 정치인. 이 나라에서 태어난 것을 기쁘게 생각할 수 있는 사회를 계획하는 정치인을 보고 싶다. 가진 자든 못가진 자든 젊은이든 노인이든 남자든 여자든 장애인이든 비장애인이든 자기의 삶에 만족하는 사회. 정치인을 신뢰하며 정치인에게 관심을 가지지 않는 사회를 설계하는 정치인. 이런 사람을 주인공으로 만들고 싶다.

　지키지 못할 공약과 자기 이미지 연출에 능란한 사람과, 거짓말을 진실보다 더 진실같이 믿게 만드는 정치인의 꼬임수를 유권자인 국민은 냉정하게 분석해야 한다.

그러려면 국민이 정치인보다 더 지혜롭고 더 똑똑해야 한다. 이번에도 국민들은 현명한 선택을 할 것이다. 정치인보다 국민을 더 믿어야 하는 건 아이러니다. (2021.6)

● 기후변화에 주목해야 할 때

모든 게 예전 같지 않다는 것을 날씨부터 체감한다. 편히 살자고 낭비한 자원들이 우리에게 대가를 치르라고 역습해 온다. 저질러 놓은 죗값이다. 일각에서는 인간에 대한 신의 징벌이라고 한다. 주범 중에 나도 포함되어 있다.

아프리카는 사막이 더 늘어나 인간도 생물도 살아가기 어렵게 되어간다. 상상이나 했겠는가? 시베리아에 산불이 난다는 걸. 해마다 여름이 더 더워지고 우리나라에도 동남아 기후처럼 스콜 현상이 일어난다. 가뭄에 농작물이 타들어 가고 겨울이 줄어들면서 농작물의 재배 지역이 달라지고 없어진다. 이런 현상들이 이쯤에서 그칠 것 같지는 않다. 급격히 변한 10년 전과 급격히 변할 10년 후를 생각해 보면 더 아찔하다.

화성을 식민지화하기 위해 수조 원에 돈을 쓰느니 그 돈으로 지구를 정화하는 데 사용한다면 지구에 살고 있는 80억 인간이 좀 더 안전하지 않을까? 솔직히 화성을 식민지화해도 그곳에서 살 수 있는 사람은 몇 명이나 될까? 이 우주에 단 하나뿐인 인간의 삶터를 이렇게 망가뜨린다면 어디로 피신할 수도 없지 않은가? 이 사실을 모르는 사람은 없다. 다만 망가뜨리는 주범이 내가 아니고 너라는 핑계 때문에 멈출 수 없다. 지금 우리는 미래의 후손에게 빚과 쓰레기와 시한폭탄이 된 위태로운 지구를 넘겨주고 있다. 미래의 먼 후손이 아니라 지금 우리 자식과 손자손녀에게.

다국적 기업이 아마존 정글을 없애고 석탄가스나 자동차 배기가스가 주범이라고 주장하지만, 막상 실천하라면 모두 침묵한다. 내가 불편하고 손해 보는 일은 하고 싶지 않다. 그동안 누렸던 편리함을 내려놓고 싶지 않아서다.

기업들이 정글을 없애고 목축지를 만드는 건, 고기를 더 생산하기 위해서다. 그들을 탓하기 전에 나를 변화시켜야 한다. 개개인들이 지금보다 고기나 유제품을 덜 먹으면 해결될 일이다. 열심히 광고하는 공산품을 덜 사용하고, 조금은 불편하고 비효율적으로 살면 회복될 일이다. 나부터 실천하면 당장 지구를 치유할 수 있다. 우리는 지구의 주인이 아니라 자연의 일부다. 잠시 지구를 빌려 쓰고 있는 임차인이다. (2021.7)

● 내 나라는 내가 지켜야 한다

사람이 살고 있는 세상은 언제나 시끄럽다. 시끄러운 게 자연스러운 일이다. 전 세계가 조용해지는 날은 지구가 멸망한 후일 것이다. 교훈을 얻지 못한 역사가 되풀이되고 알면서도 실천하지 못하는 배움은 실패한 역사를 불러들인다. 명분이야 그럴 듯하게 포장하지만 근본적인 원인은 이권과 권력의 확장이다.

지금 세계는 그동안 쌓아 왔던 많은 문제가 한꺼번에 터져버리는 느낌이다. 마치 쓰레기를 모아놓은 곳에서 농축된 가스가 분출하고 있는 느낌이다. 기후에 대한 불안한 대처도 그렇다. 손해를 감수하기 싫어 자존심 구기는 미국의 민낯을 보는 것도 그렇고 여기에 갈팡질팡하는 우리의 모습도 그렇다.

전쟁으로 성장한 미국은 새로운 전쟁을 계획하고 실천해 오면서 자국의 군수산업을 육성해 왔다. 다른 나라의 자원을 쟁취하고 자기의 세력을 확장하는데 유리한 쪽으로 전쟁을 일으켜 왔다. 그러나 연거푸 패배한 뒷모습은 우리를 멘붕 상태로 만들었다. 그나마 우리는 지정학 상으로 미국에서 이용 가치가 높은 쪽이라 아직은 우리를 건사하는 편이다. 세계정세가 나날이 바뀌는 세태에 우리가 이용 가치가 없을 때 미국은 지금처럼 우리를 안아줄까? 수지계산이 맞지 않으면 가차 없이 매몰찼던 미국의 과거를 볼 때, 우리의 안전을 미국에 전적으로 믿고 안심해도 되는지 불안하다. 이제는 우리도 국제무대에 우리의 발언권을 가질 만큼은 성장한 나라다. 그러나 형님에게 내 집과 가족을 부탁하고 지켜주기를 애걸하며 살아가는 쪽이라면, 독립된 가정이고 가장이라고 볼 수 없을 것이다.

이번 아프가니스탄의 뼈아픈 교훈은 우리에게 암시하는 바가 크다. 우리는 아프간 하고는 모든 게 다르다. 우리는 의지만 가지면 두 발로 설 수 있는 능력과 국민성과 경제력이 있는 나라다. 문제는 내 나라를 내가 아닌 다른 나라에 지켜달라는 유아적인 생각을 하고 있다는 거다. 전쟁을 겪은 세대가 불안해하는 북한은 시간이 지나면 사라질 체제다. 두려움의 대상이 아니고 우리가 보듬어야 하는 대상이다. 미국이 우리를 버릴 수 없는 건 북한 때문이 아니라 중국과 일본, 동남아에 대한 영향력 때문이다.

우리는 좀 더 냉철하게 우리의 주권과 실익을 찾아야 할 때다.

내 집에 들어온 도둑을 남의 허락을 받아야만 내쫓을 수 있다면 독립된 상태라고 볼 수 없을 것이다. 내 가족과 내 나라는 내가 지켜야 한다. (2021.9)

● 작은 일에 충실해야

성경에서 달란트 비유를 읽을 때 젊어서는 이해가 가지 않았다.
주인이 여행을 떠나면서 한 종에게 다섯 달란트를 맡기고, 다른 종에게는 두 달란트를 맡기고, 또 다른 종에게는 한 달란트를 맡겼다. 여행을 마치고 집에 돌아와 종들에게 맡겼던 달란트를 셈했다. 다섯 달란트를 맡은 종은 다섯 개를 더 벌어 드렸고 두 달란트를 맡은 종은 두 달란트를 더 벌어 드렸다. 그러나 한 달란트를 받은 종은 주인이 두렵고 모질고 악해 잃어버리면 안 될 것 같아 땅에 묻어두어 본전 그대로를 내놨다. 주인은 두 종에게는 그들의 능력에 맞게 벌어들인 달란트만큼의 고을을 다스리게 맡겼다. "착하고 충실한 종아, 사소한 일에 충실했으니 네게 많은 일을 맡기겠다. 와서 네 주인의 기쁨을 함께 누려라." 그러나 본전만 내놓은 종에게는 그것마저 빼앗아 다섯 달란트를 벌어온 종에게 주었다. 문제는 한 달란트를 받은 종의 말 그대로 되갚아 주었다는 것이다. 하느님의 처사가 모질고 야박하게 느껴졌다. "가진 자에게는 더 주어 넘치게 할 것이고 갖지 못한 자에게는 가진 것마저 빼앗을 것이다."

하느님의 냉혹한 이 판결이 무척 불공평하게 생각되었다. 이제 나이가 들어 삶을 관조할 때가 되니 그 말씀이 지당하다는 공감이 갔다.

가정이나 회사나 국가에 기반을 흔드는 큰 문제가 생기는 것의 대부분은, 처음엔 큰 문제가 아니었다. 아예 해결하기 어려운 문제는 모두가 긴장하고 합심해 오히려 해결하기가 쉽다. 그러나 배에 물이 스미지 않을 정도의 금이 갈 때는 관심도 신경도 쓰지 않고 괜찮겠지, 설마 하다가 간단하게 고칠 수 있는 중요한 시간을 소홀히 지내버린다. 그동안의 대형사건 사고들은 작은 일에 충실하지 않았기 때문에 큰 사고로 번졌다. 사람이 행복감을 느끼는 것은 나날이 주어지는 소박한 일들에서다. 신뢰를 얻는 사람도 그렇고, 남 앞에 나서는 사람들의 평가도 그렇다. 사소하고 작은 일에 충실했는지, 하찮은 사람과 약속을 잘 지켰는지, 본인이 한 말에 책임을 지고 있는지가 그 사람의 신뢰를 나타낸다.

요즈음 정치판을 보면 신뢰를 잃은 사람들의 경연대회 같다. 말과 행동과 뜻과 실천이 안 맞는 사람이 국민을 대표하겠다고 나서는 꼴이 구경거리다. 국민은 화성에 가서 살게 해 달라는 것 같은 거대한 것을 요구하지 않는다. 대통령이 누구인지 신경이 안 쓸 만큼의 평안하고 안정되고 기본에 충실하게 해 주는 후보가 되었으면 하는 바람이다. 작은 일에 충실하고 기본에 성실한 사람이 절실히 필요한 시대다. (2021.10)

● 한국 종교, 개혁해야 살아남는다

세상이 만들어진 이후 가장 심각한 위기에 직면하고 있다. 예수님 당시에도 종말의 불안은 있었다. 전쟁과 굶주림과 두려움의 공포는 사람이 살고 있는 곳 어디에서나 상존한다. 두려움과 불안은 미래를 보장받지 못한 인간의 본능적인 생존 욕구다. 막연한 두려움이 현실로 체험하게 되면서 공포가 확산해 간다. 기후 위기, 생태 파괴, 전쟁과 기아, 인간 존재성에 대한 위협과 신의 영역을 침범하는 과학의 남용이 그것이다. 그동안 인류가 느끼지 못했던 원초적인 위기의식이다. 물질적인 부족함은 물질로 해결할 수 있지만, 정신적인 부족이나 영적인 갈증은 계산상으로 해결할 수 없는 문제다.

그래도 그 불안을 희석할 수 있는 가장 큰 대안이 종교다. 인간의 나약함과 본능적인 불안으로 태초부터 지금까지 여러 형태의 종교 행위가 지속되어 왔다. 특히나 강대국의 침략과 약탈만 당해오며 살아야 했던 우리네 조상들은 나보다 강한 무언가에 기대며 의지하고 빌어야 했다. 세계 종교박물관이라는 우리나라 종교 형태는 종교의 성격이 어떠하든 씨앗만 떨어지면 무성하게 잘 자라고 번성해 왔다. 영국에서 종교의 새로운 장을 열고자 했던 것이 미국으로 건너가 기업이 되고 한국으로 건너와 대기업이 되었다는 말에 공감이 간다. 문제는 대기업이 부실기업이라면? 과표만 요란하고 실속이 없고 물건을 많이 생산했는데 소비자가 없고, 사옥은 엄청 크고 웅장한데 관리비가 많이 들어 보수도 못해 황폐해 가고… 설마! 남은 그럴지언정 우리는 아닐 거야. 이 가당치 않은 믿음에 속고 있는 건 아닌가? 냉정하게 생각해 봐야 할 시점에 왔다. 화려하고 웅장한 유럽의 성당이나 수도원이나 교회들이 박물관에 팔리고 관광지가 되고 낡아 허물어지는 모습은 내일의 우리 모습이다. 지금 60대의 어르신들이 돌아가실 때쯤이면 우리에게도 당연히 일어나는 현상이 될 것이다. 교회나 절이나 성당이나 성지 등에 궁전을 짓고 있는 형태를 예수님과 부처님은 어떤 눈으로 보실까? 예수님도, 부처님도, 공자님도, 살아

생전에 사람을 찾아다녔다. 그분들은 건물을 짓지 않으셨다. 궁전을 나와 거리를 떠돌아다닌 그분들이 지금 다시 오신다면 화려한 궁전 같은 건물에 들어가 흐뭇해하실까?

 큰 성당이나 교회, 절에 나가는 게 본인의 인격 위상을 높이는 것처럼 인식되어 간다. 또 그렇게 부추기고 있는 종교 관계자는 사업가지 신앙인은 아닐 것이다. 젊은이들이 종교에 귀의하지 못하는 것도 기성 종교인들의 책임이다. 이제는 건물보다는 사람을 세워야 한다. 종교인의 의식변화와 살을 깎는 개혁이 있지 않으면 종교가 공멸하게 될 것이다. 예수님과 부처님, 공자님의 본 마음으로 돌아가 사람을 살리고 지구를 살리는 일에 종교인이 앞장서야 한다. (2021.11)

● 건전한 언론이 절실하다

 요즈음 TV를 보지 않는다. 오래된 것 같다. 볼수록 스트레스가 쌓인다. 이놈, 저놈, 어떤 놈도, 찍을 놈이 없다는 유권자들 푸념에 응답이라도 하듯 국민의 분노만 키워가는 후보자의 모습도 보기 싫다. 상식적이지 않은 드라마는 퇴폐를 부추긴다. 더욱이나 죽기 살기로 먹어대는 먹방은 국민의 건강을 위협한다. 너무 상업적인 방송에 진력난다. 이대로 괜찮을까?

 언론이 건전하지 않으면 사회에 크나큰 오염이 된다. 우리 사회를 혼란과 분쟁과 분열을 조장한다. 반성도 성찰도 없는 언론에 책임이 크다. 이미 가장 큰 공룡이 되어 있는 언론매체. 기득권 자리를 지키기 위해 옳고 그름의 정도를 구별하지 못하고 자기에 이익이 되는 발언만 하고 있는 언론매체다. 그러한 언론을 맹종하고 따르는 국민이 있어 기세등등하다.

선거 때마다 사실보다 더 사실같이 난무하는 유언비어들. 코로나에 대한 유언비어로 더 혼란스럽게 하는 것은, 더 자극적이고 원색적인 말로 사람을 현혹하는 유튜버의 자질에도 문제가 있다. 이런 때일수록 국민이 지혜롭게 판단하고 현명하게 선택해야 한다. 그렇지 않으면 우리의 미래와 삶이 벼랑 끝으로 내몰리게 될 것이다.

태풍이 불고 폭우가 내려 산천초목이 황폐되어도 시간이 가면 자연은 스스로 정화작용으로 복원시킨다. 그러나 인간 사회는 한번 기본이 무너지면 복구하기 어렵다. 우리 뇌에 각인된 신념과 지식과 믿음은 쉽게 바뀌지 않는다. 그러기에 일본이나 중국은 그들의 역사와 지리를 억지 부려가며 교과서에 입력한다. 자라나는 어린이에게 주입하고 여론화한다. 그런 교육을 받고 자란 어린이가 어른이 되었을 때 독도는 그들의 상식으로 일본 것이라고 싸우며 덤벼들 것이다. 중국이 우리의 역사를 자기들의 역사에 편입시키는 작업에 열중하는 것도 그렇다. 지금은 우리가 부정할 수 있지만 수백 년 후에 기록상으로 그들의 역사가 되어 있을 것이다. 지금 우리의 역사도 기록하고 만들어가는 언론의 잘못으로 국민들의 인식이 달라질 것이다. 우리 언론이 스스로 정화하지 않으면 국민은 더 퇴폐하고, 나라를 말아먹는 선출직을 뽑게 될 것이다. 국민의 건강은 더 악화할 것이다. 건전한 언론이 절실히 필요한 때다. (2021.11)

● 소비자가 깨어나야 지구가 산다

　지금 지구상의 재앙은 인구 폭발에 대한 자연의 절규인 듯하다. 하느님의 입장에서 보면 신의 창조물을 파괴하고 이 세상을 망가뜨리는 건 인간이다. 이 세상을 망치는 최대의 악한 바이러스가 인간이 아닐까 싶다. 지구에는 20억 인구가 가장 쾌적한 상태라고 한다. 그 정도면 인간과 동물과 자연 생태계가 같이 공존하면서 자기의 영역을 지키며 본연의 모습으로 살아갈 수 있을 것이다. 인간의 과욕과 탐욕으로 일어나는 자연재해가 인간에게 경고하는 메시지를 받아들여야 한다. 알고 있으면서도 눈앞에 이익과 편리를 포기할 수 없어 설마, 하면서 미루고 미루어 왔던 일들이 지금 우리에게 빨간 경고등을 켜고 있다.

　코로나, 무서운 바이러스, 자꾸만 늘어나는 암의 종류, 예전엔 많지 않았던 불치병, 희귀병, 의학의 발달에도 자꾸만 늘어나는 질병이다. 그 원인을 모르는 게 아니다. 오래전부터 방법과 치유와 예방법을 알고 있다. 문제는 실천하고 싶지 않은 것이다. 아니, 지금의 자본 위주의 시스템으로는 실천할 수 없을 것이다. 소비가 미덕이라고 광고하는 시대다. 계속 소비를 부추겨야만 기업의 이익이 되는 시대다. 조금 덜 먹고, 덜 쓰고, 덜 가지고, 덜 소비하면 된다. 조금 더 불편하게 조금 맛없게 살기가 어려운 시대다.

　잘못은 우리가 하고 벌은 후손이 받아야 하는 처지가 된 지금, 우리 후손에게 재앙을 넘겨줄 수밖에 없다. 이제는 깨어있는 사람들이 소리쳐야 한다. 작은 소리는 기업의 이윤 광고에 막혀서 들리지도 않는다. 진실을 말하는 사람은 항상 핍박을 받았다. 역적으로 몰렸고, 빨갱이로 내몰렸다. 그러나 이제는 시간이 없다. 지구의 울부짖음을 인류가 듣고 있으면서도 귀를 막고 싶어 한다면 인류에게 희망을 품기는 어려울 것이다.

  세계 곳곳에서 일어나는 재해가 계속 경고를 보내고 있다. 돈에 몰두한 기업들이 외면하고 있는 것들을 고치게 할 수 있는 건 소비자들이다. 이익만 추구하는 기업이 감춰왔던 기만을 파헤치고 고치게 할 것은 소비자의 몫이었다. 전 세계 소비자가 기업과 정치에 한 목소리로 소리쳐야 한다. 이윤보다는 인류가 다 같이 공존해야 한다고. 지구의 멸망을 막을 수 있는 환경을 만드는데 행동하는 기업의 물건을 우선으로 팔아주고 필요 이상의 소비를 자제해야만 한다. 고기를 덜 먹어도 전 세계 사람들이 굶어 죽지 않는다고 한다. 지금 우리가 할 수 있는 일부터 행동에 옮겨야 한다. (2022.1)

● 이런 대통령을 원한다

  뉴스를 보다가도 선거판 소식이 나오면 꺼버린다. 스트레스를 받고 싶지 않은 방어다. 나만 그런 건 아닌 듯하다. 후보자의 행보는, 상대 후보가 더 나쁘고 더럽고 부정이 많고 치사스럽다는 것을 증명해 보이는 것에 혈안이 되어 있다. 앞으로 우리나라를 위해 무엇을 어떻게 할 것인가의 희망적인 비전이라곤 뜬구름 같은 공약만 해 댄다. 선거판이야 예전에도 그랬지만 이번에도 똥물 속에서 허우적거리는 느낌이다.

"어떤 놈을 찍어야 해? 그놈이 그놈인데?"

"그중에 덜 나쁜 놈을 찍어."

벽보를 보다가 놀랐다. 대통령 후보가 14명이나 나왔다. 언론에 노출된 사람은 4명 정도다. 그렇게 많은 사람이 대한민국을 책임지겠다고 후보에 나왔다는 게 감격할 정도다. 난세에는, 의인들은 산속으로 가고 산적들만 힘자랑 싸움질한다. 지금이 그 꼴이지 않나 우려스럽다. 민주주의 우상이라며 자부심이 강한 미국이 전 세계에 치부를 드러낸 것은, 미국 국민들이 하루아침에 변한 것이 아니다. 모든 사람에게 잠재 되어있는 폭력성과 불안과 잔인성을 부추기고 표현하도록 인정해 준 지도자의 권력욕 때문이다. 이런 사례는 역사에 많은 증거가 있다. 스탈린, 히틀러, 일본의 군국주의, 미얀마의 현실 우리의 군인정치 등. 그러나 사람은 동물과 다르게 이성과 지성과 감성과 양심을 가지고 있다. 세계사에 존경받는 인물들은, 어렵고 힘든 난관을 헤쳐 나가야 할 때, 본인의 권력욕이 아니라 국민의 안위와 세계의 평화를 위해 이성과 지성과 양심에 호소하며 이끌어 갔다.

 대통령은 아무나 해서도 안 되고, 아무나 시켜서도 안 되고, 아무나 뽑아서도 안 된다. 감정적으로 이권에 얽혀 학벌이나 족벌에 떡고물을 먹기 위해 값싸게 투표권을 팔아서는 안 된다. 나와 우리의 자식과 손자들까지 미래가 달려 있다. 그동안 피 흘려 쌓은 민주주의 근간이 흔들리는 일이 없어야 한다. 국격의 위상을 높이고 국민에게 공포를 주지 않으며 유머와 웃음이 많은 사람이면 좋겠다. 국민이 신명 나게 놀 수 있는 놀이판을 만들어 주는 사람, 북한을 껴안아 주고 국민과 같이 울고 웃을 수 있는 너그러운 사람이면 더 좋겠다. 세계에 대한민국의 자존심을 드높일 수 있는 사람이 대통령에 당선되기를 기원한다. (2022.2)

*20대 대통령 선거에

● 믿을 수 있는 건 국민의 감시망

　폭풍이 지나갔다. 사람들의 인식에 태풍이나 폭풍은 자연재해와 피해만 계산한다. 그러나 자연의 눈으로 보면 태풍과 폭풍은 또 다른 생명을 살리기 위한 자연의 몸부림이다. 심해에 사는 생물들은 폭풍으로 물이 뒤집어지면서 새로운 산소를 공급받아 살아간다. 인간의 삶에도 몇 번은 뒤집어지고 넘어지고 그러면서도 일어나 앞으로 걸으면서 성장하고 발전해 간다. 넘어지는 게 두려우면 감방에서 독방 생활하는 게 최선일 것이다. 밥 먹여 주고 안전을 지켜주고 생명을 보장해 주는 감방을 모두 싫어하는 이유는 불안전한 삶을 택하겠다는 의지일 것이다.

　우리 선거 역사상 가장 냉소적인 선거판이었다. 국민들이 선택한 결과에 대해서는 유권자 본인들의 주장과는 달라도 받아들여야 한다. 민주주의 법안에서 살아가야 하는 모든 국민은 이미 적응이 되어 있다. 그러나 대통령이 나라의 주인이 아님을 국민은 명심해야 한다. 리더의 판단과 생각과 의견이 역사에 한 획을 이어가는 역할이긴 하지만, 주인은 역시 국민이다. 우리나라 국민성은 다른 나라 국민성과는 다르다. 대통령보다 더 정치에 밝고, 더 유능하고 더 역동적이고 더 미래지향적이다.

　선거를 끝내고도 국민은 허탈해한다. 당선자의 좌충우돌 행동에 불안해한다. 앞으로 정치를 잘해 나갈 거라는 기대치도 역대 최하위다. 그러나 대한민국은 계속 앞으로 나아갈 거라 믿는다. 대통령을 믿는 게 아니다. 국민성을 믿는다. 나라가 위기에 있을 때 나라를 지켜온 건 왕이나 대통령이나 양반이나 세력가들이 아니었다.

민주주의 역사가 짧은 우리나라는 많은 우여곡절을 겪고 저항하고, 투쟁하면서 지금에 이르렀다. 미얀마의 군사정권도, 아르헨티나의 민주화 상처도, 우리는 먼저 겪었다. 아프리카의 독재도 내전도 전쟁의 참혹함도 다 경험했다. 아마도 이런 노하우들이 대한민국을 후퇴시키지는 않을 것이다. 아니, 정치인들은 앞으로의 전진에는 두려움과 불안을 느끼겠지만, 국민들이 퇴보를 허락하지 않을 것이다. 근소한 차이지만 국민들이 선택한 대통령이 국정을 잘해나갈 수 있도록 전 국민이 레이더망이 되어 감시와 감독을 잘해야 한다. 대통령의 권위와 영달과 명예는 국민들이 인정해 주고 받아들이는 데 있지, 본인의 의지에 있는 게 아님을 알게 해야 한다. 당선인이 성공적으로 임무를 마치고 아름다운 뒷모습을 보여주길 전 국민이 바라는 마음이다. (2022.3) *윤석열 당선인에 대한 단상

● 정권 바뀔 때마다 교체되는 전문가들

선거가 끝나면 행사처럼 겪는 일이지만 참 어수선하다. 국민은 물가에 어린애를 놓고 지켜보는 심정이다. 국정운영을 잘할 거라고 믿는 국민의 의견은 50% 정도다. 당선자에게 투표한 수준이다. 내가 선택한 사람이든 아니든 대통령은 반드시 성공한 대통령이길 바란다. 대통령 한 사람의 행동, 말, 생각, 의도는 대한민국의 미래와 국민의 삶과 의식구조에도 막대한 영향을 끼치게 한다.

대통령 한 사람이 바뀌는데 그동안 임명받아 일하던 기관장들이 몽땅 바뀌는 건 옳지 않다는 생각이다. 너무 자주 바뀌는 것도

그렇다. 학년을 바뀔 때도 친구 얼굴을 익히고 이름을 외우고 서로 말을 붙이는 데도 몇 개월이 걸린다. 하물며 국가의 중대사를 결정하고, 직무를 익히고, 본인이 무슨 일을 맡았는지 파악하는 데도 긴 시간이 걸린다. 겨우 업무 파악을 하고 일에 적응할 만하면 다시 교체되고, 또 새로운 사람이 같은 절차를 반복하게 한다. 본인의 일이 무슨 일인지 파악하다 일할 사이도 없이 물러나야 했다는 말은, 지금 우리나라 각료들의 현실이지 않을까? 우리나라 현실은 전문가를 키울 수 없는 시스템이다. 국민은 프로인데 정치인은 아마추어다. 선출직 보다는 임명직이 오히려 전문가다. 선출직은 준비 없이 시작해 허둥지둥하다가 세금만 축내고 이력서만 추가하는 꼴이다. 정권이 바뀌면 부서 이름도 왔다 갔다 바뀌고, 정책도 이랬다저랬다 바뀌게 되니 국민은 정신이 혼란스럽다.

당선인은 도와주었던 보은 인사를 하기 원하고, 자기와 뜻이 맞는 사람과 일하고 싶을 것이다. 그러나 이제는 좀 더 성숙한 지도자의 모습을 보고 싶은 국민의 열망을 저버리지 않기를 바란다. 나라와 국민을 위한다는 입바른 말이 말로만이 아니고 행동으로 증명하고 보여주기 바란다. 진정한 리더는 사람을 적재적소에 쓸 줄 아는 사람이다. 리더 혼자서 모든 것을 완벽하게 할 수도 없지만, 해서도 안 된다. 그렇게 되면 모든 조직이 무너져 버린다. 삼국지 주인공은 무능한 유비다. 돈도 능력도 무술도 없는 유비는 겸손한 자세로 능력 있는 인재들을 믿어주고 그들의 능력을 충분히 발휘할 수 있도록 맡겨주고 받아들였다.

정권이 바뀔 때 대통령의 입맛이 아니라, 국민의 입맛에 국민이 원하는 정책과 국민이 바라는 행정을 할 수 있는 인사를 하기 바란다. 법적인 문제가 아니면 맡은 자리에서 충실히 일 할 수 있도록 하는 게 안정된 나라를 만드는데 도움이 될 것이다. 나라 일에도 전문가가 필요하다. (2022.4)

● **국회의원들, 미래를 위한 고민이 필요하다**

지금 대한민국의 법을 만드는 국회의원은 당과 본인의 영달을 위해 싸울 게 아니라 대한민국의 존속에 대한 미래를 위해 머리를 맞대야 한다. 국민 눈높이와 수준에 맞는, 현실과 미래를 위한 비전을 계획하고 대안을 모색해야 하는 시점이다. 미래를 보지 못한 가족계획 정책의 강제성으로 급격히 줄어든 인구로 이민을 받지 않으면 대한민국의 존속이 불투명하다. 수십조 원의 출산 장려금을 쏟아 부었지만, 결과는 참담하다. 문제를 해결하기 위한 고민을 하지 않고 생색내기 정책만 행했기 때문이다.

젊은이들이 자녀 출산을 기피할 수밖에 없는 건 육아의 부담 때문이다. 누구나가 아는 사실이다. 출산율을 높이기 위해서는 출산할 수 있는 젊은이의 사정과 현실적인 고민과 그들이 원하는 것을 들어주어야 한다.

1. 낳기만 하면 모든 육아는 국가에서 책임진다. (임신에서부터 대학 졸업까지) 직장에 다니다 임신했을 때 특혜를 준다. 소속 회사에 출산 장려금을 넉넉히 주고 출산 여성에게 승진의 기회를 더 많이 준다.

2. 출산 부부에게 주택이나 승진 점수를 과감하게 높여주고 우선순위에 놓는다.

자녀 3명을 출산한 부부는 국가나 회사에서 정년을 연장해 주고 국민연금을 두 배 정도 더 준다는 법을 만든다.

3. 육아는 아이를 낳은 경험이 없는 젊은이보다 자식을 다 키우고 손자가 예뻐 보이는 50대 이상의 어른에게 맡긴다. 그러면 아동 학대도 줄어들 것이고 자녀를 키운 경험으로 사랑하며 키울 것이다. 아기는 사랑을 배울 것이고 부모들은 안심하며 일할 수 있다. 50대의 남아도는 인력에 일자리 창출이 된다. 어려울 일도 아니다. 그동안 인구 증가에 쏟아 넣은 낭비된 세금으로 충분할 것이다. 법을 만들어 지금의 시스템을 이용하면 얼마든지 가능할 수 있는 일이다. 국회의원은 생각을 못 하는지 안 하는지 재선하는 데 도움이 안 된다고 생각하는지 미래의 국민에게 표가 없어서인지 대한민국의 미래에는 관심이 없는 듯하다. (2022.5)

● 괴물의 탄생

말을 즐겨 하는 고즈넉한 마을에 입이 열 개인데
귀가 하나뿐인 생명체가 태어났어요
모두 손뼉 치고 환호 했지요
그곳 마을 추장의 집안에서 태어났기에 경사, 경사였어요
하나로 듣는 귀는 열 개의 입에서 나온 말이 전달이 안 되어
각각의 입은 저마다 떠들었어요
이 말 저 말 틀린 말 옳은 말 맞는 것도 같은 말 아닌 것도 긴 것 같은 말
긴 것도 아닌 것 같은 말 위로해 주는 것 같은데 후벼 파는 말
듣기에는 감미로운데 되새기면 씁쓸한 말 등등
어느 입에서 나오는 말이 진실인지 헷갈리는 사람들은

머리가 빙빙 돌아가자 점점 몸이 흔들리고 몸이 흔들리자, 모든
물체가 흔들렸어요
결국 엎디어 땅을 붙잡지만,
열 개의 입은 계속 말을 끄집어냈어요
몽롱해진 사람들은 자기의 귀 하나를 떼어 그
생명체에게 달아주기로 했어요
그러나 얼굴에 입이 너무 많아 더 이상 귀가 붙을 데가 없어요
사람들의 이 거룩한 행위가 위대한 생명체의 존엄을 훼손하는
괘씸죄에 걸려 수배령이 내렸어요
박수치던 사람들은 자기 손가락을 잘라야 하는 형벌을 받아야 했
어요
검지를 쳐드는 불법행위를 막아야 해서요
입 하나에 귀 두 개 달린 사람은 장애인 명단에 등록해야만
버스도 지하철도 타고 다닐 수 있어요
사람들은 너도나도 귀 하나를 떼어내어
그 구멍에다 입을 만들어 붙이는 성형에 열중했어요
성형외과는 대박이 났는데도 세금 면제까지 혜택을 주었어요
비슷한 기형들이 대세면 그게 정석이 되는 생태계의 흐름이지요

입이 하나인 사람이 괴물이라고
여러 입들이 떠들어 대자 그렇게 되어버렸어요.

이지선 시집 「비껴간 인연」 중에서 (2022.6)

● 나를 위한 내 편은 없다

　모든 생명은 혼자 태어나 혼자 죽는다. 살아가는 동안 서로가 필요해 더불어 살기도 하고, 공생하기도 하고, 기생하며 살아가기도 한다. 우리네 삶도 그렇고 생태계도 그렇다. 내 편이라고 믿었던 배우자와 자식, 부모도 이해관계가 얽히고 내가 곤경에 빠졌을 때 내 편이 아님을 확인받을 때가 있다. 하물며 나라와 나라 사이에 지금의 국제 정세는 더욱 그렇다. 약한 위치에 있던 우리의 역사를 보면 더 실감한다. 이웃 강대국의 이해관계로 침략을 받고 짓밟히고 빼앗기고 무시당해 왔다. 외교적으로 내 편이라고 생각했던 나라에 오히려 더 많은 것을 빼앗겨야 했다. 진정으로 나를 위한 내 편은 없었다.

　나를 위한 내 편이라고 착각하고 싶은 게 망상이다. 우리의 뜻과는 전혀 다르게 강대국의 이해관계로 남북한을 갈라놓았다. 강대국의 이권으로 우리는 통일을 할 수 없게 되었다. 홀로서기를 못 한 선조의 무능 탓이다. 그러나 어려운 여건에서도 세계사에서 사라지지 않고 지금까지 살아 낸 것은 조상들의 지혜다. 편 가르기를 하고 있는 미국, 중국, 러시아, 유럽은 자기네의 이권과 세력 확장을 위해 약소국에 미끼를 던지며 자기편으로 유인하고 있다.

　모든 생태계는 조화와 중립을 이루었을 때 균형이 잡히고 안정된다. 미국과 소련의 냉전이 극에 달했을 때 아프리카나 약소국은 오히려 먹고 살기 좋았다고 한다. 서로 자기편으로 만들려고 원조를 많이 해 주었다. 소련이 무너지자 미국은 더 이상 미끼를 줄 필요가 없어졌다. 티토가 이끌던 제3의 세력인 유고 연방도 양쪽 진영에서 서로 지원을 많이 해주는 경쟁으로 전성기를 지냈다. 세계 지각판이 크게 움직이고 있는 지금, 세계정세는 화산 폭발 직전이다. 우리는 살아남기 위해 지혜로운 선택을 해야 한다. 누구도 내 편이 아니다. 우리는 좀 더 냉정할 필요가 있지 않을까? 살아남기 위해서는 강해야 한다. 후손에게 무능한 조상으로 남지 않기 위해 지혜로운 선택을 해야 한다. 강대국도 자기의 이권을 위해 행동하듯이 우리도 우리의 생존을 위해 냉정하고 지혜로운 판단이 필요할 때다. (2022.8)

● 뒤 돌아가면 안 되는 것들

복고풍이 유행이다. 먹거리가 넘치고 너무 잘 먹어 문제가 생기는 요즈음, 옛날엔 지겹던 수제비와 보리밥이 인기다. 불량 과자로 낙인찍힌 과자도 인기가 높아지고 그리워하는 사람이 늘어난다. 하기야 나도 그런 사람 중에 낀다. 엄마는 길거리표 과자만 좋아한다고 애들이 놀린다. 과자를 사 먹지 않는데 길에서 파는 센베이 과자는 산다. 옷도 음식도 문화도 옛것에 대한 향수가 많다. 옛날이 좋았다며 과거를 회상하는 어르신에게 과거로 돌아가겠느냐고 물으면 모두 아니라고 한다. 지나간 것은 되돌릴 수 없기에 그리움의 대상이다. 너무도 힘들고 지겨워 벗어나는 게 꿈이었던 과거 추억이라서 더 좋아 보인다.

다른 것은 모두 뒤돌아가도 큰 문제없다. 한때의 유행으로 치부하고 멋으로, 낭만으로, 미화하면 인간의 감성을 풍요롭게 할 수 있다. 그러나 정치와 사회규범과 법률과 제도는 앞으로 진화해야지 뒤돌아 가면 절대로 안 되는 일이다. 우리가 가진 지금의 사회제도는 수천 년의 역사에서 수많은 사람의 피를 먹고 느리게 도착한 제도다. 더욱이나 우리나라의 경우 얼마나 많은 생명이 희생되었던가.

이제 겨우 틀을 잡아가는 사회제도가 권력과 정치인을 위해서가 아니라, 국민을 위해, 국민을 향해, 국민이 주인임을 깨달아가고 있음을 알아가는 시기다. 과거로의 회귀를 꿈꾸는 정치인이 있다면 역동적인 우리 국민은 쳐다만 보고 있지 않을 것이다. 과거에 있던 좋은 제도는 다시 소환해도 환영이다. 다만, 그 제도가 권력자를 위한 게 아니고, 넘치도록 가진 자를 위한 게 아니고, 국민의 안녕과 평화를 위한다면 두 손 들고 환영할 일이다. 지금 정치권에서 벌이고 있는 기분 좋은 느낌이 아닌 일들, 국민이 염려하고 의심을 품고 있는 투명하지 않은 일들이, 과거로 뒤돌아가고 싶은 유혹에 빠지는 정치 행위가 과연 국민을 위한 것들인가? 정치인을 위한 행위인가? 냉정히 바라봐야 한다.
복고풍의 유행은 큰 후유증이 없다. 그러나 사회제도의 과거로의 회귀는 엄청난 역사의 후퇴와 피폐한 국민으로 돌아가기 쉽다. 미얀마의 현재를 우려한다. (2022.9)

● 30년 후 우리 사회를 상상한다

30년 후의 대한민국은 어떤 모습일까라는 과제를 받았다. 그때까지 내가 살아있을지는 의문이지만, 상상해 보기로 했다. 나의 상상이 꼭 이루어진다는 보장은 없지만 가능성도 없지 않을 것이다. 인류는 엉뚱한 상상에서 발전되어 왔기 때문이다.

o. **남북한은 중립국에 연방제에 합의했다.**

 김일성 일가에 대한 충성심은 낮아지고 북한 주민의 의식과 인터넷 발달로 민주화와 자유의지가 높아지면서 김 씨의 3대 세습은 막을 내린다. 현실적인 중도 세력이 집권하게 될 것이다. 남북한은 영구중립국에 연방제를 합의하고 정치적인 면을 빼고는 교역과 문화 투자가 이루어지고 서로 상생의 길을 택한다. 철도가 이어지고 대한민국은 섬나라를 탈피한다. 북한은 핵을 포기하고 남한은 군대를 축소한다.

o. **중국은 50개 소국으로 분할될 것이다.**

 소수민족과 강제 합병한 나라가 봉기해 50개국의 나라로 분할되면서 중국이 지도상에서 사라진다. 만주에 있는 조선족도 독립국을 세워 통일된 우리나라와 합병될 것이다.

o. **비행접시 같은 드론을 타고 출퇴근한다.**

 간단하게 조립할 수 있는 접이식 운송기는 배낭에 넣을 수 있고, 필요할 경우 드론처럼 사용한다. 핸드폰 크기의 배터리는 아무 데서나 충전할 수 있다.

o. **인공 로봇이 주요 일자리를 대처한다.**

 지방보건소에는 로봇 의사가 배치되고 소방서 직원들도 반절은 로봇이다. 노인 돌봄과 극한 직업은 대부분 로봇으로 대체될 것이다. 비용이 많이 드는 애완동물도 귀여운 로봇으로 대체된다. 성인 용품의 로봇도 성행하여 성범죄가 줄어든다. 이를 이용한 성매매촌이 허가받아 운영될 것이다. 감정 교류가 되는 로봇과 결혼하는 추세가 늘어난다. 인간 닮은 로봇 개발을 막아야 한다고 유엔에서 경고한다.

o. **대재앙의 전염병은 언제고 다시 올 것이다.**

자연을 훼손하고 생명체를 멸종하게 한 대가로 인간을 대적하는 병균과 바이러스와 전염병은 더 자주 발생할 것이다. 인간이 모든 생명체의 생존권을 존중하지 않는 한 인간의 생존권도 위협받는다.

o. 사람의 수명에도 부익부 빈익빈이 따른다.

공장에서 만든 식생활로 사람의 건강은 악화될 것이다. 자연 수명은 지금보다 낮아진다. 가난한 사람의 평균수명은 줄어들고 부자들은 죽지 않을 것이다. 몸의 부품을 계속 갈아 끼우면서 수명을 연장해 갈 것이다.

o. 고층 아파트가 슬럼화하고 사회문제가 된다.

고령화와 인구 감소로 재건축이 안 되는 고층아파트는 철거 비용과 환경문제로 지자체가 골머리를 앓을 것이다.

o. 종교가 없어질 것이다.

규격화 되고 틀에 박힌 종교는 사라지고 영성의 시대가 올 것이다.

이런 상상이 이루어지면 30년 후의 우리 삶은 행복할까 불행할까 생각해 본다. (2022.10)

● 지금 우리가 서 있는 곳

그동안 우리는 새로운 세상을 겪어야 했다. 누구도 준비하지 않았고, 준비할 수도 없었고, 준비해서도 안 되는 일들을 당해왔다. 지금도 끝나지 않았다. 앞으로도 끝이 보이지 않은 일들이 벌어지고 있는 이 지구상에 우리가 서 있다.

새해가 왔다고 복을 빌어 주고, 희망을 품어 보지만 희망이 호락호락하게 와 주지 않을 것 같다는 느낌을 우리는 묵시적으로 알고 있다. 인간을 위협하는 게 총칼이 아니고 바이러스였다는 게 어이없다. 만물의 영장이라고 교만 떨고 있던 인간에게 생명의 주인이 누군지 경고한 것이다. 인간이 자연을 독점 지배하며 파괴하고 함부로 대한다면, 이보다 더한 공격을 받을지도 모른다. 인간도 자연을 빌려 쓰고 사는 생명체다. 겸손하게 자연을 대해야 한다.

다른 행성에 생명체가 살고 있는지 확인하기 위해 많은 돈을 허비하느니 그 돈으로 지구를 살리는 데 사용해야 한다. 인간이 버린 쓰레기로 병들어 가는 지구를 회복시키지 않으면, 인류에게 내일은 없을 것이다. 지구가 인류에게 계속 경고를 보내고 있는데도 이익에 눈이 먼 기업가와 권력에 안주하려는 정치인은 귀 막고 눈을 감고 있다. 그들은 지구가 멸망하면 행성으로 탈출할 수 있다는 망상을 가지고 있는 것일까?

선진국이 망가뜨린 환경을 후진국이 피해를 봐야 하는 몰염치는 더욱 지구를 망가뜨린다. 이제는 모두가 지구 살리는 데 힘을 모아야 한다. 생명체의 생존권을 인정해 주며 더불어 살아가는 노력을 하지 않으면 인류에게 또 다른 바이러스의 침입을 받게 될 것이다. 빙산이 녹아내려 섬이 물에 잠기고, 홍수로 나라가 쓸려버리는 지금의 사태. 산불로 지구가 몸살을 앓고 사막화가 되어가는 땅들. 잘 먹고 더 편하게 좀 더 많이 가지고 더 쾌락적으로 살기 위해 우리가 저지른 결과물이다.

지금 돌아서지 않으면 자연의 보복을 당하게 될 것이다. (2022.11)

● 망해 주시어 고마워요

　부모님 시대에 마지막 살아계신 작은어머니를 찾아뵈었다. 95세의 작은어머니는 장애인 막내아들과 함께 사신다. 문상 가서 볼 게 아니라, 살아계실 때 뵙고 밥이라도 같이 먹으며 회포를 푸는 게 도리라 생각했다.
　아버지 바로 밑에 동생인 작은집은 이웃에서 살았다. 아들만 넷을 두신 작은어머니는 막내딸이라 일을 못했다. 큰일을 할 때마다 어머니가 도와드렸다. 작은아버지는 지역에서 정미소를 크게 하셨다. 은행이 없던 시절 쌀을 맡아주고 돈을 빌려주는 사금융 역할을 했다. 받을 돈은 못 받고, 줄 돈은 주어야 하는 위기에 내 월급의 2년 치도 쓸어갔다. 지금의 제3금융권의 부도처럼이나 큰 부도가 났다. 작은집 모두가 야반도주 했다. 경찰의 수배를 받는 처지가 되었다.
　중·고등학교를 다녀야 하는 사촌 동생들은 끼니를 걱정하며 각자가 알아서 살아내야 했다. 잔혹한 현실에서 맏이는 세 명의 남동생을 고등학교는 가르쳐야 해서 안 해본 일이 없다 한다. 그 와중에 본인은 공무원이 되어 정년퇴직했다. 아내도 네 명의 자식을 키우면서 옷 장사를 했다. 무섭도록 열심히 산 덕에 남부럽지 않은 안정적인 노후를 누리고 있다. 퇴직 후 지금도 일을 나가는 사촌 동생은 작은어머니 걱정이 크다. 작은어머니는 소아마비 장애를 가진 막내아들에 대한 어머니의 책임감 때문에 큰아들과 같이 살기를 거부하고 막내아들과 같이 고생하신다.
　오랜만에 조카딸을 만나니 너무 좋다며 회포를 푸셨다. 90이 다 되어 성당에서 교리도 배우지 못하고 세례를 받았다. 죽음을 어떻게 준비해야 하는지 기도를 어떻게 해야 하는지 궁금해 하셨다. 자식들이 신앙생활을 하지 않아 죽음 이후가 걱정이라 하신다. 잘못 살아 자식을 대학 하나 보내지 못한 게 한이라고 하셨다. 사촌 동생은, 아버지가 망해 주어 오히려 고맙다고 했다. 그 덕분에 어렸을 때 고생을 많이 한 것이 삶에 기반이 되었다고 했다. 대학을 못 가는 형편에 현실에서 자기 일을 열심히 하지 않으면 살아갈 수 없었다. 덕분에 동생들은 정년퇴직 없이 지금도 현역에서 일하고 먹고사는 데 지장이 없다는 것이다.

아버지가 망해 주신 게 지금 생각하면 감사하다고 했다. 남겨준 게 없으니 형제간에 싸울 일도 없고, 서로 얼마씩 부담해 어머니와 장애 동생의 생활비를 보탠다고 한다. 인생은 앞일을 알 수 없는 연습이 없는 삶이다.

지금 어려움에 처한 젊은이들이 너무 낙담하지 않기를 바라는 마음이다. (2022.12)

● 우리는 지금 어디로 가는가?

아들이 5살쯤 되었을 때다. 시골에서 올라와 잠시 시누이 집에 머물러 있었다. 아침에 집을 나왔는데 저녁에 들어가려니 찾을 수가 없다. 미로 같은 골목이다. 아들을 데리고 열심히 걷고 헤맸는데 제자리다. 전화도 없던 때다. 당황스러웠다. 어두워지니 더욱 그랬다. 묵묵히 따라다니던 아들이 내게 물었다.
"엄마! 길 잃어버렸어?" "응" 나는 솔직하게 인정했다. 아들이 앞장서 집을 찾았다.

어른이라고 모든 게 완벽한 게 아니고 다 옳은 것도 아니다.

살면서 길을 잃을 때가 많다. 험한 길을 헤매다 끝인가 싶었는데 절벽이고 낭떠러지를 만나기도 한다. 때로는 들꽃이 아름다워 정신 팔다 소나기를 만나 감기에 걸리기도 한다. 눈 덮인 능선에서 미끄러져 부상을 입기도 한다. 남들이 자주 다닌 길은 사고가 적다. 그러나 인생길은 내가 만들고 개척하며 가야 하는, 연습이 없는 길이다. 태어나는 순간부터 좌충우돌하며 각자의 길을 걸어야 한다. 그래서 날마다 새로운 뉴스가 나오고, 이야깃거리가 풍성하다. 화젯거리와 소문은 재미를 더한다. 개인의 방황은 개인의 문제다. 그게 사회집단이나 단체나 국가적인 일일 때 파급되는 영향은 후대까지 미친다.

우리는 지금 어디를 향해 가고 있는가? 그동안 우리가 지향하며 목숨 걸고 투쟁하며 싸워 이루었던 업적들은 잘 지키고 실천하며 살고 있는가? 우리의 후손에게 자랑스럽게 물려 줄 수 있도록 잘 이끌어 가고 있는가? 아무리 현실이 힘들더라도 앞에 보이는 희망이 찬란하다면 가시밭길도 걸을 수 있다. 목마름도 참을 수 있는 게 신명 많은 우리 민족이다. 그러나 지금 우리는 늪에 빠져들고 있는 느낌이다. 깜박이던 희망과 그동안 싸워 이룩했던 자랑스러운 업적들이 진흙에 매몰되어가는 느낌이다. 길 안내를 잘해야 하는 정치인들이 전문적이지 못해 국민 모두를 낭떠러지로 내몰고 있다는 생각으로 답답해지는 요즈음이다.

선출직 정치인에게 우리나라의 현재와 미래가 달려 있는데 국민이 선택했다면 이 또한 국민의 책임이고 받아야 할 처벌이다. 지금 우리는 어디로 가고 있는가? 그 길이 옳고 바르고 당당하고 떳떳한 길인가? 후손에게 자랑할 만한 길인가?
멈추고 뒤돌아봐야 할 때다. (2023.1)

● 유치원과 요양원은 국영으로

출산율 저하로 유치원이 소멸해 간다. 유치원 자리에 요양원이 들어서고 있다.
초등학교 선생인 딸은 자원이 고갈되어 간다고 걱정이다. 딸을 하나만 낳은 네 책임도 있다고 한마디 해 주었다. 손녀딸의 꿈은 유치원 선생이다. 소박한 손녀딸의 꿈이 이루어질 자원이 고갈되어 가는 게 안타깝다.

지구가 사람으로 몸살을 앓고 있는 지금, 젊은이의 출산 거부는 균형을 유지하려는 자연의 자정 현상이지 않나 생각해 본다. 먹고살 만한 나라의 젊은이는 출산을 거부하는 경향이 많다. 세계 인구 증가에 이바지하는 쪽은 이슬람과 아프리카다. 소득이 높을수록 물질의 소비가 증가하다 보니 맞벌이해야만 유지되는 삶을 젊은이들이 감당하기 어렵다. 근본적인 해결책을 내놓기 전에는 젊은이들의 희생을 강요할 수 없다. 어쩌면 그동안 물질의 극대화와 소비 추구를 지향해온 자본주의 피해일 수도 있다. 공장에서 아기를 만들어 내기 전에는 서로의 이해관계가 상충하고 있는 출산은, 지금 지혜롭게 해결책을 내놓지 않으면 그야말로 대한민국은 지구상에서 사라질 위기다.

젊은이는 아이를 낳고 조부모가 키우는 시스템이 가장 이상적인 가족 구성이다. 대가족 시대는 그렇게 가족이 구성되었다. 인격 형성이 아직 성숙하지 못한 젊은이는 본인의 삶도 방향을 찾지 못한 상태에서 생명을 키운다는 건 버거운 일이다. 젊은이들이 자식을 낳으면 키우는 책임은 국가에서 져야 한다. 출산 장려 정책에 쓰인 낭비된 돈을 잘 관리하면 충분하다.

유치원과 요양원을 국가에서 직영해야 한다. 그 둘을 연계하고 바람직한 시스템을 개발하면 될 일이다. 유치원도 요양원도 어차피 세금이 나가는 데 그 속에서 벌어지는 아동 학대와 어르신의 인권 문제는 수익을 창출하려는 업주들의 무리한 경영 때문이다. 태어나고 늙는 건 인간이 어쩔 수 없이 받아들려야 하는 삶의 필수 조건이다.

표를 의식해 눈에 보이는 문제만 땜질할 게 아니라, 진정한 대한민국의 내일을 계획한다면 지금 서둘러야 한다. 내일이면 늦을 수도 있다. (2023.2)

● 누가 국민을 정치평론가로 만들었는가

평화의 진정한 의미는 무엇인가? 전쟁하지 않는 상태의 평화는 진정한 평화가 아니다. 평화는, 가장 일상적이고, 평범한 것이다. 자기 일을 자신이 선택하고, 만족하고, 옳은 것은 옳다고 그른 것은 그르다고 거리낌 없이 말할 수 있는 사회다. 양심에 따라 행동할 수 있는 사회적 여건이 성숙한 곳이다. 권력이나 재물이나 공권력에 지배당하지 않는 게 진정한 평화다. 이상적인 국가에서나 꿈꿀 수 있는 사회제도다. 인류는 지금 급속도로 발전한 과학에 지배당할 위기를 걱정하고 있다. 편리함과 수익을 추구하는 인간이 가지는 욕망의 결과다. 가장 안전하고 평화로운 태평성대는 국민이 풍요롭고 자기 일에 만족하는 사회다. 지금 우리는 안전하고 평화로운가?

얼마 전에 칠 형제가 3박 4일로 나들이했다. 움직일 수 있을 때 좋은 추억을 만들며 1년에 한 번은 같이 먹고 놀며 구경도 하자는 취지다. 각지에 떨어져 사는 형제들이 이날만은 시간을 맞춘다. 3박 동안 계속 비가 왔다. 먹고 떠들며 사회적인 문제가 토론에 올랐다. 정치인도 기업인도 아닌 가장 평범한 삶을 살고 있는 형제의 입에서 쏟아져 나오는 정치, 사회, 복지 문제는 전문가들의 의견보다 나았다. 국회의원이나 정치인들은 이 나라 국민이 아닌가? 이런 국민들의 의견을 듣지 않고 섬에서 혼자 살고 있나 싶었다. 언론을 통제할수록 유언비어가 난무하고 사람들은 정통 언론을 믿지 않는다. 가장 안전한 건 가장 개방적인 것이다. 담이 높을수록 도둑질하기가 좋다고 한다.

지금 우리 사회는 위태로운 역주행을 감행하고 있다. 국민은 정통 언론보다는 유튜브에서 나오는 정치 야화를 더 믿는다. 이를 악용해 조회 수를 높이려는 꼼수로 편 가르기를 조장하는 사이비 유튜버가 판친다. 정치권에 대한 신뢰가 무너지고, 그동안 쌓아 왔던 노력들이 무너지는 현실을 본다. 정작 입을 벌려 아닌 건 아니라고 소리쳐야 하는 부류들은 몸 사리느라 입을 다물고 있다. 정치 평론가가 되어버린 힘없는 국민들은 모이면 입씨름을 한다. 이런 현상은 건강한 사회가 아니다. 국민은 누가 대통령인지 누가 국회의원인지 관심 없이 자기 일에 만족하고 즐겁게 살면 되는 게 가장 이상적인 국가고 국민이 바라는 국가다.

국민을 정치평론가로 만들지 않기를 바란다. (2023.3)

● 출산율을 높이기 위한 건의

아는 분이 늦은 나이에 재혼했다. 전처에 장성한 자식이 있지만 형편이 어렵다. 새 아내는 재산이 있는 여자다. 둘은 혼인신고를 하지 않고 산다. 그녀는 재혼한 남편에게 아들과 호적을 정리하라고 했다. 아들이 있다고 도움을 주지도 못하면서 수급자 대상에 걸림돌이 된다는 것이다. 그야말로 부자지간에 호적을 파버리는 것이다. 앞으로 이런 문제가 더 많이 발생할 것이다. '애는 낳지 않고, 쓰고 싶은 사치는 다 하다가 늙어서 내가 힘들여 키운 자식들이 낸 세금으로 노후를 살겠다.'라는 말이냐며 애 키우는 엄마들의 불평도 귀 기울일 말이다. 이유야 있겠지만 이혼하는 가정이 늘면서 사회 문제가 많이 발생한다. 청소년 문제도 그렇지만 어린이 문제도 심각하다.

국민연금을 지급할 때는 자녀를 많이 낳은 가산점과 삼십 년 이상 결혼생활을 유지한 점수를 합산해 플러스알파를 주었으면 한다. 혼자 살거나 애들을 낳지 않았을 경우는 그만큼을 감하면 재정에 어려움은 없을 것이다. 결혼하고 싶어도 그럴 여건이 안 되어 혼자 사는 사람도 있고, 자기 성취를 위해 혼자 사는 사람도 있다. 사정이야 있겠지만, 자식을 키우느라 투자하지 않은 만큼, 다음 세대가 주는 혜택을 기대하는 건 염치없는 일이다. 그들도 할 말은 많다. '우리는 세금을 더 내지 않느냐?' 물론 그런 점도 있다. 그러나 돈으로 해결할 수 없는 것은 사람 일이다. 한 사람을 성장시키려면 적어도 이십 년 이상을 투자해야 한다. 두 명의 젊은이가 네 명의 노인을 부양하기는 버거운 일이다. 수급자 대상을 선정할 때나, 국가에서 혜택을 줄 때도 아이를 낳아 키운 사람에게 우선권을 주는 제도가 적용되면 출산에 도움이 되지 않을까 생각해 본다.

공무원이나 회사에서 월급 인상할 때도 일률적으로 하지 말고, 부양가족이 많은 사람은 좀 더 높게, 적은 사람은 좀 더 낮게 하면 전체적인 금액으로는 큰 차이가 없을듯하다. 승진 점수에도 반영하고, 구조 조정 할 때는 가족 부양자가 적은 대상부터 한다면 어떨까? 여러 가지 부작용도 있겠지만, 젊은이들이 줄어드는 상황에서는 국가도 위기다. 지금 젊은 부모들은 자식에 노후를 기대하지 않는다. 그러면서도 자식들 때문에 노후 준비도 못 한다.

국가는 자녀를 많이 낳아 키우느라 노후 준비를 못 한 사람을 위해 혜택을 많이 주는 쪽으로 해야 한다. 그렇지 않으면 어린이 보기는 더 어려울 것 같다. 여러 가지 예외는 있을 수 있겠지만, 상황에 따라 유연하게 대처하면 될 것이다. 자녀를 키울 수 없는 가정의 어린이들은 국가에서 키워야 한다. '낳아만 주시면 국가에서 키우겠습니다.' 하는 여건이면 다시 생각해 볼 젊은 부부도 많으리라 본다. 이대로 출산이 줄어든다면 대한민국은 멀지 않아 지구상에서 사라질지도 모른다는 불안감이 든다. (2023.4)

● **초심을 지키자**

처음에 가지는 새로운 감정은 남다르다. 그래서 오래도록 기억되고 첫 경험이기에 순수하다. 이런 의미에선지 처음처럼의 메시지를 공유하고 부각했다. 첫사랑, 첫 데이트, 첫 아이, 첫 직장, 첫 집 장만, 첫 출근 단어만 들어도 미소가 나오고 설렌다. 처음에 다짐하고 계획하고 시도했던 의도들이 시간이 가면서 퇴색하고 변질되어 더 악한 영향력을 끼치는 경우를 본다. 처음은 순수한 마음으로 시작해 모였던 의도가 욕심이 생기면서 과욕이 넘친다. 하는 일들이 타성에 젖으면서 처음 가졌던 본래의 뜻을 잊어버린다.

문제를 일으킨 시민단체의 흐려진 이미지도 그렇다. 권력화 되어가는 노동단체를 보는 국민의 싸늘한 시선은, 처음 가졌던 의도가 변질되고 퇴색한 결과다. 정치인이 처음 당선되어 인사할 때는 누구나 그럴듯하게 호언장담한다. 그들이 처음 가졌던 국민을 위한다는 마음을 그대로 유지하고 실천했다면, 우리는 지상천국에 살고 있을 것이다. 인사말이 끝나면 모두가 비빔밥이 되어버린 정치인의 행보를 보는 국민은 희망을 버리고 있다. 이권을 위해, 본인의 재선을 위해, 소속 단체의 권익을 위해, 가문의 재력을 위해, 초심을 과감하게 버리고 행동하는 인물을 주시해 봐야 한다. 말만 초심을 지키고 행동은 이권만 따라가는 정치인과 단체장, 다시는 그들이 앵무새가 되지 않도록 해야 한다. 국민이 깨어 지켜봐야 한다.

　모든 사람은 변하는 게 당연하다. 살아있기 때문이다. 그러나 변질되는 게 아니고 변화되어가는 사람, 썩어가는 게 아니고 발효되어 가는 사람을 보고 싶다. 썩는 것과 발효는 한 끗 차이다. 처음에 가졌던 설렘이 변질되지 않고 변화되어 건강에도 유익한 발효가 되는 삶을 살고 있는 사람을 보고 싶다. 이런 사람만이 정치계를 이 사회를 개인의 삶과 이웃과 주변을 살맛나게 만들어가는 사람이다.

이런 사람은 현상금을 걸고라도 찾고 싶다. (2023.5)

● 선출직은 임시직이다

　대한민국 노동문제 갈등은 정규직과 임시직의 대우 차이다. 임금과 노동의 질과 책임의 소재가 다르다. 취업 희망자는 정규직에 들어가려고 무진 애를 쓴다. 정년이 보장되고 신분과 복지혜택과 자기 일의 보람과 성취를 얻을 수 있기 때문이다.

　회사, 기업, 사회 조직이나 나라도 한사람이 전체를 좌지우지 하지 않는다. 한사람이 전체를 움직이는 나라는 독재국가나 군벌이 정치하는 후진국이다. 우리나라 근대사에도 '내가 없으면 대한민국이 쓰러질 것이다.'라며 종신 권력을 누리려다 쫓겨나고 총 맞아 쓰러졌다. 그런 사람이 없어지자 오히려 세상이 더 나아졌다. 내가 나라를 구하겠다는 망상을 가지지 않는 것 자체가 나라를 평화롭게 한다. 그들이 명심해야 할 것은 모든 선출직은 임시직이라는 사실이다. 정년이 보장되지 않고 국민의 선택을 받지 못하면 실업자다. 임시직한테 너무 많은 권한과 책임을 맡기는 게 아닌가 생각해 볼 일이다. 임시직으로 일하는 직원이 정규직으로 일하는 전문가를 자기 눈에 들지 않는다고 해고하는 건 정상적인 시스템이 아니다.

　누가 대통령, 국회의원, 시장이 되든 그가 모든 분야에 전문가는 아니다. 훌륭한 리더는 본인이 모르는 분야를 아는 체 하지 않고, 그 분야에 일을 잘하는 전문가를 활용할 줄 아는 능력이 있는 사람이다. 정치적으로 안정된 국가나 기업은 정치인이나 회장이 바뀌어도 우왕좌왕, 좌지우지하지 않는다. 시스템에 의해 돌아가기 때문이다. 이제는 사회나 국가의 운영이 전문가가 책임지고 시스템에 의해 돌아가도록 법제화해야 한다. 그러기 위해서는 올바른 시스템을 구축해야 한다. 보수·진보 어느 대통령이 되어도 기본을 흔드는 교만은 허용하지 않게끔 해야 한다. 리더는 과거의 실패 사례를 배워 똑같은 실패를 저지르지 않도록 자제력을 가질 것. 성공 사례를 배워 미래에 희망을 품게끔 비전을 제시하는 것. 이 정도의 잠재력이 없는 리더는 국가나 기업을 망가뜨리는 사람이다. 과거를 탓하는 건 현재를 도피하는 행위다.

　우리 경제는 후진국은 아니다. 그러나 정치는 여전히 후진국을 면치 못한다. 국민의 의식이 후진국 상태를 면하지 못하고 있기 때문이다. 졸부 형태다. 임시직에게 너무 많은 권한을 주고 있지 않나 생각해 봐야 한다. 그들을 채용할 때 잘 선택하지 않으면 정규직 자리가 위태롭다. (2023.7)

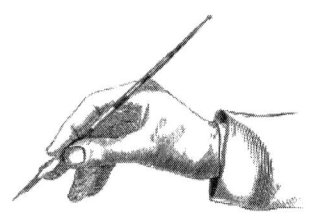

이지선 칼럼
대한민국 STOP! & GO!

6부

115. 우리는 언제 독립국이 되나
116. 시에서 운영하는 실버타운을
117. 악의 축 이란을 여행하다
118. 과연 이스라엘은 선민(選民)인가
119. 요순시대를 꿈꾸며
120. 우리의 평안한 삶을 위해
121. 인도 모디 총리를 수입하고 싶다
122. 이런 국회의원을 뽑자
123. 식량 무기화에 대비해야 한다
124. 먹방 방송 자제해야
125. 중립국이 되어야 하는 이유
126. 상업화에 멍들어가는 국민 건강
127. 세금으로 충당하기 어려운 낭비
128. 불안의 징조
129. 이건, 아니다
130. 대통령은 대한민국이 아니다
131. 나만 힘든 건 아니네
132. 우방은 없다
133. 사람이 우선인 나라에 살고 싶다
134. 경제를 살리기 위한 뉴딜 정책이 필요하다
135. 악몽은 빨리 깨어나야 한다
136. 대한민국 STOP! & GO!

우방은 없다

● 우리는 언제 독립국이 되나

모든 동물은 부모한테서 독립할 때 본인의 삶을 산다. 대체로 수명이 짧은 생명체일수록 독립 기간이 짧다. 이른 시일 내에 자기 삶을 살아야 한다. 최종적인 목표인 종족 보존을 위해 온 힘을 기울여 살아내야 하기 때문이다. 그중에 인간은 제일 더디게 독립하는 생명체다. 우리나라 상황은 더욱 그렇다. 보편적으로 서양 사회는 18세가 독립 기준치다. 18세가 되어도 부모에게서 독립하지 못하고 빌붙어 사는 청년은 모자라는 측으로 인식된다. 사양 노인들의 노후가 안정된 것은, 캥거루 부모 노릇을 거절했기 때문이다.

독립한다는 것은, 서로가 간섭하지 않으며 영향력을 끼치려 강제력을 쓰지 않는 것이다. 물질적인 압력을 받지 않고, 각자의 삶을 자기 의지대로 살아가는 것을 말한다.

대한민국 국민들은 자식이 서른 살이 넘어도 품 안에서 떼어 놓지 못한다. 안심이 안 되어서다. 아니, 본인이 미덥지 못해서다. 자식 세대는 부모 세대보다 똑똑하고 잘 배웠다. 믿어만 준다면, 알아서 잘 살아갈 준비가 되어 있다. 독립시키지 못하는 부모의 속마음은, 본인이 자식의 삶을 더 잘 보장해 주고 본인이 없으면 자식이 휘청거릴 거라는 불안 때문이다. 이런 부모일수록 노후가 휘청거린다. 이런 사회적인 의식은 비록 가정에만 국한되어 있는 게 아니다. 국가를 보는 의식도 비슷하다. 우리나라 역사에 삼국시대를 제외하고는 자체적으로 독립국가인 적이 없었다. 역사학자가 아닌 내게 반론을 제기하는 사람도 있을 것이다. 나의 사견이다. 고려도, 조선도, 대한민국도 외세의 압력에서 벗어나지 못했다. 지정학적 영향도 있지만, 힘이 없는 나라의 현실이다. 백성은 강한 의지와 역동성 있는 에너지와 나라를 지키는 신념이 많지만, 지도자의 무능 때문이다.

우리 국민을 위해 미래의 대한민국을 위해 독립국답게 처신하고 있는지 짚어보아야 할 때다. 독립국이 되려는 노력보다 스스로 자라지 않은 캥거루가 되고 싶었지 않았나 생각해 볼 일이다. 덩치 큰 새끼가 캥거루 배낭에서 나오고 싶지 않는 꼴이다. 일제의 식민지에서 주인만 바뀐 식민지를 자처하고 있는 건 아닌지 자성해 볼 때다.

정치도, 국방도, 경제도, 독립국답게 대한민국 국민을 위해 처신해야 한다. 위정자들의 권력욕이나 경제인들의 이권이나 국방 카르텔 존속을 위한 식민지화의 정치가 아니라, 국민의 삶을 번성하게 하는 정치가 절실히 필요한 때다.

깨어있는 국민의 독립된 의식이 나라의 미래를 결정한다. (2023.10)

● 시에서 운영하는 실버타운을

장수마을 탐방기 영상을 보았다. 세계 장수마을을 찾아가 그들의 삶과 음식과 생활 방식을 탐구하여 장수의 원인을 비교 분석하는 프로그램이다. 장수하는 노인들 대부분은 공통점이 있었다. 전통음식을 소박하게 먹는다. 공장에서 나온 음식이 아니라 발효와 숙성을 거쳐 천천히 만드는 음식이다. 재료도 자연 그대로다. 진수성찬이 아니라 단순한 식단이다. 돈 들여 운동하는 게 아니라 일상에서 꾸준히 일을 하되, 무리하지 않고 즐기며 한다. 생활

여건이 편리한 게 아니고 열악하고 불편하다. 자연 속에서 욕심 내지 않고 주어진 삶을 즐기며 산다. 양로원이나 요양원이 아니라 가족과 이웃 모두와 공동체 생활을 한다.

무병장수를 꿈꾸지만, 현대를 사는 우리에겐 실천하기 어려운 조건들이다. 누구나 공감은 하지만, 그렇게 살라고 하면 고개를 흔든다. 어쩌면 지금 우리 세대 노인들이 가장 오래 사는 수명일지도 모른다. 지금의 노인들은 어려운 과정을 겪어 왔기에 단련된 몸에 부족한 영양분과 의료시설이 보충해 주었기 때문이다. 노인 문제는 우리만의 문제가 아니라 세계적이다. 국가도 지자체도 대책을 세우고는 있지만, 항상 뒷북 치는 정책이다.

시흥시는 땅 부자다. 바다와 많은 저수지와 농경지를 가지고 있다. 여러 권역의 전철이 연결되고, 어느 지역에서든 고속도로 진입이 쉬운 곳이다. 수도권에서 가장 유리한 장점이다. 여기에 시에서 운영하는 실버타운을 만들어 시흥에 거주하는 노인들이 믿고 저렴하게 안정된 공동체 생활을 할 수 있다면 더 건강한 도시가 될 것이다. 기업이 운영하는 실버타운은 수익성에 치중해질 좋은 서비스를 기대하기 어렵다. 실버타운도 빈부의 차가 심해 노인들은 희망과 현실의 온도차를 심하게 느낀다. 자식이나 지인들이 찾아오기 쉬운 교통에, 자연조건이 충족되고, 모든 편의시설이 갖추어 있고, 텃밭이 있어 소일거리를 할 수 있는 실버타운을 꿈꾸어 본다. 이런 실버타운이 시흥시에서 시작한다면 시흥시는 모두가 미래에 살고 싶은 도시가 될 것이다.

시흥시에서 20년 이상을 살고 있는 시민에게 우선권이 주어진다면 거쳐 가는 도시가 아니라 정주하고 싶은 도시가 될 것이다. 기업이 돈이 될 만한 사업 중에 노인대상으로 하는 사업을 확장해 간다. 그중에 실버타운도 있다. 그러나 소비자들은 믿을 수 없어 불안해한다. 시나 국가에서 직영한다면 안심이 될 것이다. 노후에 마지막 의탁할 곳이 안전하다는 믿음으로 노후가 편안해질 것이다. 사흥시에서 직영하는 실버타운이 생긴다면 제일 먼저 손 들고 싶다. (2023.11)

● 악의 축 이란을 여행하다

이란 여행은 일종의 모험이었다. 20년 전부터 별러 왔지만 쉽게 갈 수 없었다. 여러 상황과 악의 축이라는 선입견과 이슬람국가의 칙칙한 느낌 때문이다. 용기를 내어 이란 여행을 신청했을 때 주변에서 왜 하필 이란이냐며 염려했다.

이란은 고대 문명지역이며 페르시아 문화는 세계사에 지대한 영향을 끼쳤다. 이슬람 중에 시아파의 종주국이다. 수니파가 90%인데 이란의 시아파는 10%다. 가뭄이 많아 땅이 사막화 되어가는 게 여실히 보인다. 미국이 이란을 악의 축으로 몰아붙였다. '악의 축'이란 단어는 이란이 무시무시한 나라라는 선입견을 갖게 한다. 내가 직접 보고 느낀 이란은 선의 축이었다.

이란 사람들은 친절하고 선남선녀 같다. 같이 사진을 찍자고 해 우리는 주연배우가 된 느낌이다. 여행자들은 주로 러시아나 중국 사람이다. 러시아는 전쟁 중이라 여행자가 별로 오지 않는 듯하다. 중국 사람만 보였다. 한국 사람이라고 하면 깜짝 반가워한다. 한국 드라마와 K팝 팬들이 많다. TV에 우리나라 드라마가 인기다. 주몽을 몇 번이나 봤다는 사람도 있다. 배우와 가수 이름도 나보다 더 잘 안다. 한국 사람이라고 하니 꽃 장사가 장미꽃을 주었다. 이란의 유적과 문화는 직접 보지 않은 사람은 상상하기 어렵다. 그 화려함과 웅장함을 설명하기에는 내 표현력이 부족하다. 거리는 깨끗하고 거지나 도둑이나 부랑자가 없다. 음식점에 가면 우리 식탁에 이란 국기와 우리나라 태극기를 나란히 꽂아준다. 이란은 술을 판매하지 않기에 술 마시고 떠드는 사람이 없다. 히잡은 공공장소인 모스크나 묘지나 기도하는 곳 이외에서는 목에 두르는 스카프 정도다. 그러나 종교경찰이 있어 히잡을 쓰지 않은 여자를 적발한다. 감시자가 없는 곳에서 노래를 틀어 놓고 이란 사람과 같이 춤을 추며 놀기도 했다. 가정집에 초대되어 김밥을 먹고 노래와 춤을 추었다. 이란과 사이가 좋았을 때 서울거리와 테헤란 거리 이름을 교환했었다. 이란에 있는 한국 공원과 서울거리도 깨끗했다. 미국의 경제 제재로 경제 사정이 어렵다고 했다. 이란 사람도 우리네와 똑같은 느낌과 감정과 애환을 가지고 사는 사람이다. 여러 나라를 여행했지만, 이란 여행이 가장 즐겁고 행복했다.

국민은 문제없다. 어느 나라든 국민은 자연 그대로 살고 싶어 한다. 정치인이 자기들의 기득권과 지위를 지키기 위해 틀과 올무를 만들어 놓고 국민을 그 속에 가두어 놓고 세뇌한다. 종교 지도자들도 마찬가지다. 정치인들은 입으로만 국민을 위해 일한다. 어느 나라나 그런 것 같다. (2023.12)

● 과연 이스라엘은 선민(選民)인가

조상 대대로 살았고, 조상의 뼈가 묻혀있는 땅에서 자식을 낳고 생활하며 살았다. 평화롭게 살던 곳에 주먹이 센 패거리가 들어왔다. 그들은 자기들의 패싸움에 A와 B 집안을 편 갈라 그동안 감정 없이 잘 지내던 이들을 충동질했다. 자기들의 패싸움에 자기들 편에서 같이 싸우고 물자를 대 주면, 그 땅을 주겠다고 A와 B에게 각각 따로 약속했다. 평화롭게 살던 그들은 그 약속을 믿고 같이 싸워 주었다. 패거리가 승리하자 A와 B는 그 땅이 자기들 것이라 생각했다. 패거리들은 돈과 언론과 외교력을 가진 A의 손을 들어 주었다. A는 그 땅을 밀고 들어가면서 2천 년 넘게 살아왔던 B를 내쫓는다. 그 땅이 3천 년 전에 자기 조상 할아버지가 자기네에게 주겠다고 약속한 땅이라고 우기면서.

지금 세계의 화약고가 된 유대인과 팔레스타인의 갈등과 전쟁의 근본적인 원인이다. 팔레스타인과 유대인의 약점을 이용한 서구 열강의 무책임한 행동이 지금 서양의 골칫거리로 현실에 나타났다. 악의 씨를 뿌린 결과가 악의 열매로 열린 것이다. 아프리카 난민 문제도 그렇다. 서양 열강의 과오를 덮으려는 서방의 언론으로 세계사에 대한 선입견을 가지는 경향이 많다. 일제하에서 독립운동하기 위해 항거하며 목숨을 잃은 김좌진, 안중근, 윤봉길 같은 투사들을 우리는 테러라고 부르지 않는다. 일본 측에서는 당연히 테러라고 할 것이다.

유대인은 유일신인 야훼 하느님의 선택을 받았다는 의식이 강하다. 그 신념으로 2천 년 동안 나라 없이 박해받으면서도 민족을 지켜왔다. 나라 없이 살아야 하기에 교육과 돈만이 유대인이 살아 낼 수 있는 무기였다. 유대인을 박해한 서구 열강들의 죄책감으로 이스라엘의 독립을 허락해 주었을 것이다.

이스라엘이 진정 하느님의 선택받은 선민이라면, 정의와 평화와 사랑을 나누며 살기를 원하는 신의 뜻을 실천해야 하지 않을까? 독립하면서 얻은 땅은 그렇다 치더라도 자기들이 전쟁으로 빼앗은 땅이 자기 땅보다 몇 배가 더 많다. 그럼 자기네 땅에서 대대로 살아왔던 팔레스타인들에게 빼앗은 땅을 내주어 그곳에서 살도록 배려한다면 서로 평화롭게 살아갈 것이다. 미국의 돈줄을 쥐고 있는 배경으로 이스라엘이 새로운 패거리 강자로 등극한 느낌이다. 시어머니한테 시집살이한 며느리가 자기 며느리한테 더 호되게 시집살이시키는 모습을 보는 것 같다.

갈등의 숨은 배경에는 기독교와 이슬람과의 힘겨루기 싸움이기도 하다. 과연 종교가 사람을 구원하는 데 도움이 되는 건가? 자기들의 세력을 지키기 위한 방편이지 않은가. (2023.12)

● 요순시대를 꿈꾸며

동양권에서 가장 이상적인 정치와 사회를 이룬 평화로운 시대를 요순시대라고 한다. 신화나 전설 같은 후일담은 너무도 감동적이다.
어느 날 요임금은 평민 차림으로 민정 시찰을 나간다. 논밭에서 노래 부르며 신명 나게 일하는 백성을 만난다.
"무엇이 그리 흥겨운가요?" 임금이 물었다.
"내가 열심히 일해 처자식이 풍족하게 먹으니 배부르고 식구들이 모여 장단치고 노래하며 흥겨우니 임금도 부럽지 않은데 내가 흥겹지 않겠소?"
"그럼, 임금이 누군지 아오?"
"내가 임금보다 나은데 임금을 알 필요가 뭐 있겠소?"
요임금은 왕의 자리를 자식한테 물려주지 않고 여러 시험을 거쳐 백성 중에서 가장 덕망 있는 순임금에게 물려주었다. 순임금도 또한 정치를 잘해 태평성세를 이룬 임금의 대명사로 지금까지 전설처럼 내려온다.

 TV를 잘 보지 않는다. 정치인들이 나오면 채널을 돌린다. 나뿐만이 아니다. 먹고 살기도 힘든 지금, 정치인들이 국민에게 희망을 주는 게 아니고 스트레스만 주고 있는 게 우리 정치판이다. 그놈이 그놈이다. 멀쩡한 놈도 그 속에 들어가면 제정신이 아닌 놈이 된다는 국민의 비아냥거리는 소리를 정치인들만 귀 막고 있는 것 같다. 총선을 준비하는 정치인들의 밥그릇 쟁탈전. 30년 전이나 지금이나 정치인들에 관한 뉴스 내용은 비슷하다. 대학 수준의 국민과 이제 사춘기를 접한 중2 수준의 정치인들. 문제는 선거할 때만 되면 국민의 수준도 중2 수준으로 하향된다는 것이다. 언제쯤 우리는 정치인의 스트레스에서 벗어날 수 있을까? 언제쯤 정치인들은 국민에게 희망과 꿈을 주는 성숙한 인물이 될까? 언제쯤 우리는 요순시대를 부러워하지 않을 수 있을까?

 인디언 속담에 이런 이야기가 있다. 인간의 마음에는 천사와 악마가 싸우면서 같이 사는데 어느 쪽에 밥을 주느냐에 따라 승리자가 결정된다는 이야기에 큰 의미가 있다. 우리 정치판도 그렇다. 국민이 어느 쪽에 밥을 주어야 하는지는 각자의 의견과 계산이 다르겠지만, 분명한 것은 국민 의식 수준이 높아져야 한다는 것이다. 괴물이 된 정치인들의 안중에는 국민들의 안위와 평화와 안정을 원하는 갈망에는 관심이 없는 듯하다. 자기들의 생존에 대한 전략만 있다. 정치인들은 국민의 표를 먹고 사는 괴물이다.

 정치인들보다는 성숙한 의식을 가지고 있는 국민은 감정과 이권에 좌지우지하는 어리석은 판단을 하지 않으리라 믿는다. 우리는 좀 더 냉정하고 현명해 한다. (2024.1)

● 우리의 평안한 삶을 위해

랍비가 새 한 마리를 잡았다.
새가 랍비한테 간청했다.
"랍비님! 저를 놓아주면 세 가지 교훈을 알려드리겠습니다."
랍비가 새를 놓아주었다. 새가 나무 위에 앉아 내려다보며 말했다.
"랍비님! 당신은 큰 실수를 했습니다. 내 몸에는 다이아몬드가 들어 있는데 나를 놓아주어 그걸 잃었네요."
랍비가 새를 잡으려고 나무에 오르다 떨어져 상처를 입었다. 새가 말했다.
"랍비님! 이제 세 가지 교훈을 알려드리겠습니다. 첫째는 허황한 말에 속지 마세요. 새가 다이아몬드를 뱃속에 넣고 다니면 무거워서 날 수가 없잖아요? 둘째 불가능한 일은 시작하지 마셔요. 새처럼 날 수도 없으면서 새를 잡겠다고 나무에 오르다니요. 셋째 선한 일을 했으면 뒤돌아 후회하지 마셔요."

1월 1일 미사에서 들은 신부님의 강론이다. 우린 이런 어리석은 일을 나날이 겪고 있다. 우화에서 나오는 랍비도 그러할진대 평범한 사람이야 일상일 것이다.

해마다 새해는 돌아오고 그때마다 새로운 다짐을 한다. 그러나 변화되어 가는 모습이 없다. 되풀이되는 실수와 반복되는 부조리에 타성이 되어가는 모습이 안타깝다.

올해는 세계 절반의 인구가 선거를 치른다고 한다. 우리뿐만 아니라 각국의 사정들이 절박하고 다급하다. 이런 와중에 허황한 말들이 난무한다. 가능하지 않은 일들을 가능한 것처럼 국민들을 현혹하는 무리가 선거 때면 판을 친다. 국민 한 사람의 표가 우리나라는 물론 세계의 판도를 바꿀 수 있다.

세계는 지금 전쟁하고 싶어 안달이 난 정신병자들의 수용소 같다. 우리는 어떤가? 국민들이 뽑은 정치인들은 국민에게 평안과 안정을 주고 있는가? 그 어느 때보다 전쟁의 불안을 느낀다. 다른 나라의 참혹한 죽음을 보면서 저 모습이 다음엔 우리 차례가 되지 않을까 불안해한다. 몇 년 전만 해도 금방 통일이 될 것 같았다. 전쟁의 공포를 내려놓아도 될 것 같았다.

우리는 과거의 치욕스러운 상처를 불러내어 현실에 재활용하는 실수를 범해서는 안 된다. 삶의 방식은 변화하는데 정치인만 변화하기 싫어한다. 자기 쪽에 유리했던 향수를 불러내어 과거로 회귀하는 퇴행을 즐긴다. 이를 막을 수 있는 건 국민의 한 표다. 국민들은 허황한 가짜 소문과 의도적으로 유인하는 함정에 빠지지 말아야 한다. 우리와 우리의 후손을 위해서다. 내일의 평안한 삶을 위해 현명한 판단을 해야 한다. (2024.2)

● 인도 모디 총리를 수입하고 싶다

남인도 여행을 다녀왔다. 남한 면적의 33배가 넘는 넓은 땅에 인구는 정확한 통계가 없지만 어림잡아 15억이 넘을 거라는 추측이다. 세계 1위의 인구를 가진 나라. 신을 만들어 내는 나라. 세계 100개국을 합해 놓은 다양성과 사람이든 동물이든 신화로

신을 창조하고 그 안에서 삶을 꾸려가는 나라다. 어디를 가나 사람으로 숨이 막힐 지경이다. 내가 10년 동안 보아 올 어린아이, 청소년을 며칠 사이에 다 본 느낌이다. 부럽기도 하고 한편으로는 염려스럽기도 했다. 저 많은 사람을 어떻게 먹여 살릴까?

우리나라도 일본에 36년 식민 지배를 받으면서 일본은 우리 민족의 혼을 말살하려 무던히도 애썼다. 아직도 그 흔적들이 남아 나라의 발전을 저해하고, 우리민족을 열등한 민족으로 폄하하는 의식이 남아있다. 인도는 300년 영국 통치를 받으면서 인도 본연의 정신을 잃어버리고 말았다. 일본은 자기 말을 우리에게 주입하려 했지만, 영국은 오히려 영어를 못하게 했다고 한다. 큰 나라가 언어가 통일되는 게 두려웠다. 지역마다 언어가 다르니 오히려 통치하기 편했으리라. 포르투갈인을 통역관으로 쓰면서 무력이 아니라 계획된 지능적인 수법으로 인도를 통치하면서 인도 국민을 무기력하게 만들었다. 무기력감을 일깨우기 위해 모디 총리는 지혜롭게 국정운영을 하고 있는 게 느껴졌다. 2014년부터 집권한 모디는 2선까지 끝나 올해 다시 총선을 하는데 본인은 그만 물러나고 싶다는 의사를 표했다고 한다. 그러나 국민의 열렬한 지지가 있어 다시 출마할 가능성도 있다고 한다. 국민 모두가 모디를 지지하기 위해 투표에 관심을 가진다고 한다. 모디의 당선을 위해 적극적이라는 것이다. 모디는 인도 국민의 정신을 일깨우고 사회를 정화하고 범죄를 줄였다고 한다. 네루 일가가 장기 집권하면서 친인척 도둑들이 인도 국고를 갉아 먹었다. 집권자들은 비밀로 했겠지만, 국민은 다 알고 있다. 그러나 모디 총리는 우리의 새마을 운동을 도입해 사회의식을 개혁시키고 있다. 학교를 보내지 않고 아동을 돈벌이에 보내는 것을 막기 위해

학교에 가면 밥도 주고 돈도 준다. 그러니 학교를 보낸다.

중국과 국경문제로 껄끄러운 상태다. 그러나 중국을 입으로 비난하기보다 이미지로 중국에 펀치를 날린다. 중국 핸드폰이 삼성과 비슷한 기능인데 값이 엄청 싸기에 국민들은 중국산을 애용한다. 모디 총리가 삼성 핸드폰 공장을 방문하고 삼성 핸드폰을 사용하는 장면을 두 번이나 연출하면서 중국산 매장은 망했다고 한다. 젊은이들이 많이 가는 몰디브에 많은 지원과 경제적 도움을 주었는데도 몰디브는 중국으로 기울어 갔다. 총리는 말로는 아무런 표현을 하지 않는다. 대신 그 옆에 있는 래카다이브 섬에 다녀왔다고 한다. 그 이후 상황이 역전 되었다. 고도의 전술이지 않은가? 미국이 러시아를 제재 할 때도 인도에 많은 압력을 넣었다. 하지만 인도는 러시아와 거래를 했다. 유럽이 러시아와 거래를 끊으면 인도도 끊겠다고 했다 한다.

우주개발 항공 사업에 도전하면서 미국의 10분의 1 금액으로 우주선을 성공시켰다. 국민의 자부심을 높이고 긍지를 살렸다. 강대국에 굴욕스럽지 않게 대하며 말로 나라를 격하시키지 않는 모디 총리를 수입하고 싶다. 지도자는 어떠해야 하는지 인도 국민에게 사랑받는 정치인을 보면서 우리 정치인이 행하는 꼴사나운 모습이 더 돋보인다. (2024.3)

● 이런 국회의원을 뽑자

22대 국회의원 선거에 국민이 선택한 건 정부 심판이었다. 국민이 주인이라는 민주주의 제도에서 국민이 주인임을 체험하는 유일한 제도가 투표다. 그동안 머슴처럼 일하다가 주인을 선택할 수 있는 딱 하루의 기회다. 정치인은 4년 또는 5년 동안 왕처럼 군림하다 선거 때가 되면 자기를 선택해 달라고 비굴할 정도로 겸손을 떤다.

우리나라가 발전한 원인은 국민이 정치인보다 현명하기 때문이다. 이제는 국민이 떠받드는 정치인이 아니라, 국민을 떠받드는 일꾼을 뽑아야 한다. 국회의원을 뽑을 때는 이런 사람을 희망한다.

<u>1. 국회의원의 특권을 내려놓는 법안을 추진하겠다.</u>
<u>2. 봉사직으로 국회의원직을 맡겠다.</u>
<u>3. 국회의원에게 주어지는 월급, 차량, 연금, 보좌관 수당 등은 국민소득 평균치로 받겠다.</u>
<u>4. 일하지 않으면 기본급만 받고 수당은 성과급으로 받겠다.</u>
<u>5. 범법 행위, 전과 사실, 세금 포탈, 병역 기피자는 후보에 올리지 않겠다.</u>

우리나라가 경제 부분에서는 세계 10위권이다. 그러나 선진국이라고 인정받지 못하는 건 정치인의 부끄러운 후진성과 성숙하지 못한 국민의 의식 수준 때문이다. 인격이 모자란 사람이 복권 당첨되어 물질적으로 여유롭다고 하루아침에 품격 있는 인격자가 되는 건 아니다. 그러나 얼마나 노력하는가에 따라 달라질 수 있다. 무엇이든지 빨리빨리 적응하는 우리 국민은 다음 국회의원 선거 때는 국회의원 질을 바꾸는 개혁에 나서야 한다.

우리가 부러워하는 복지 선진국 북유럽은 국회의원직이 봉사 수준이다. 특권도 없다. 월급도 적어 자전거를 타고 출퇴근한다.

사무실도 개인 사무실 없이 공동으로 책상만 놓고 같이 사용하고 직원도 공유한다. 일이 많아 가정을 돌보지 못해 이혼당하는 순위가 높은 직업이다. 본인들이 지역을 위해 일하고자 하는 진정한 정치의식이 높은 사람이라 지역민의 존경과 사랑을 받는다. 이제부터 우리도 이런 국회의원을 뽑아야 한다. 본인의 권력욕이나 당의 충성이나 특권 혜택보다 국민의 행복을 우선시하는 평범한 이웃 아저씨 아줌마 같은 국회의원을 보고 싶다. (2024.4)

● **식량 무기화에 대비해야 한다**

커피 두 잔 값이 한 달 먹는 쌀값이다. 농민들은 생산 의욕이 사라지고 우리나라 식량 안보는 갈수록 취약해져 간다. 농촌의 어르신은 더 이상 농사를 지을 수 없게 노화되어 가고 젊은이는 농사를 지으려 하지 않는다. 우리나라 식량 자급률은 갈수록 떨어지고 모든 먹거리가 수입된다. 밥은 안 먹어도 커피는 마셔야 하는 사회 분위기로 그나마 있던 쌀들은 남아돌지만 낙관적이지는 않다. 사계절이 뚜렷한 우리나라는 농산물을 생산하는데 취약점이 많다. 일본의 쌀 부족 현상을 보면서 남의 일 같지 않다. 옷은 있는 것 입어도 되고 집은 있는 데서 살아도 된다. 하지만 먹는 것은 생명과 직접적인 연관이 있다. 날마다 소비해야 하는 소비재다.

지금 세계는 돈이 되는 일에만 몰두해 식량은 저개발 나라에 의존하고 있다. 그러다 이번에 우크라이나 전쟁으로 유럽의 식량에 차질이 생겨 당황했던 사례가 남의 일이 아니다. 우리는 모자란 농산물을 중국에 의존했다. 세계 곡물 시장에 중국이 얼굴을 내밀면 세계 인구가 굶주리게 될 것이라는 경고가 현실이 되었다. 이제 중공업에 주력하던 중국도 식량이 부족해져 수출국에서 수입국이 되었다. 정책적으로 우리 뒤를 따랐던 중국이 우리와 똑같은 처지가 되면서 굶주림이 세계적으로 확산하여 갈 조짐이다. 이상 기온으로 땅은 사막화 되어가고 농토는 농사를 지을 수 없게 개발하고 오염되어 가고 있다. 유례없이 과일이 금값이 되어가는 건 인류가 손쓸 수 없는 기후 때문이다.

역사에 나타나는 모든 반란과 전쟁과 소란은 굶주림이 원인이다. 자고로 태평성대는 잘 먹고 배부르며 인간다운 삶을 누리는 시대다. 미래를 준비해야 하는 현명한 정치인이라면, 지금 본인의 안위에 집착하지 말고, 국민들의 안위에 관심을 가져야 할 때다. 한때 전자제품으로 세계를 지배했던 일본이 우리에게 밀리면서 그동안 가동이 중단됐던 공장을 공장식 농산물 생산으로 전환하여 새로운 도약을 꿈꾼다고 한다. 앞으로의 식량 무기화에 대비해 준비하고 있다. 우리나라는 지금 이런 계획이나 하고 있는지 묻고 싶다. 식량 전쟁에 패배해 또다시 식량 식민지가 되지 않을까 우려된다.

이제는 농사도 예전처럼 개인이 주먹구구식으로는 경쟁할 수 없다. 북유럽처럼 국가에서 교육과 자격증을 받고 전문 인력으로 체계화해야 한다. 그런 젊은이는 정책적으로 후원해 줘야 한다. 농업을 기업화해서 유망한 직업으로 대우해 주고 보장해 주는 시스템이 필요하다. 사람을 죽이는 전쟁 물자를 만드는데 심혈을 기울이지 말고, 생명을 살리는 농업에 투자해야 미래가 안정적일 것이다. (2024.5)

● 먹방 방송 자제해야

　방송이나 언론의 신뢰도가 많이 떨어진 원인은 여러 가지 있겠지만 스스로 자초한 일이다. 청취자가 원하는 방향이 아닌 수준 낮은 프로그램이 많아졌기 때문이다. 혐오스럽기까지 한 먹방 영상과 상식적이지 않은 드라마가 국민 전체의 수준을 낮추고 있다. 거기에다 정치꾼의 광고성 뉴스와 공기업까지 상업적인 방송을 하고 있어 더욱 식상하다. 선진국에서는 비만과의 전쟁을 선포했다. 설탕을 덜 먹게 하기 위해 학교 앞에서는 설탕이 많이 들어있는 음료는 자판기에서 팔지 못하게 한다. 지상천국이라고 하는 북유럽은 비만을 유발하는 음식에는 비만세를 물리고 있다.

　우리나라 청소년도 비만에 자유롭지 못하다. 맵고 짜고 단 음식으로 청소년들의 식탐을 자극하고 고기 먹기를 부추기는 영상은 축산업자의 광고 같다. 쌀밥과 고깃국 먹기를 소원하는 시대가 아닌 지금, 방송 유튜브 음식점들은 건강을 위협할 정도로 많이 먹기를 요구한다.

　우리나라 평균수명은 고기를 많이 먹는 미국보다 높다. 우리 역사상 가장 잘 먹고 잘 살고 오래 산다. 지금 오래 사는 노인들은 어렸을 때 못 먹고 고생하느라 당뇨, 혈압, 비만 같은 성인병이 없었다. 육체노동으로 면역력과 기본 체력이 있던 몸에 부족한 영향을 챙기고 의료 혜택을 받았기 때문에 오래 살게 되었다. 그러나 물질적인 풍요를 누리며 태어난 젊은이와 어린이들은 지금 노인들보다 건강하지 못할 것임은 당연한 일이다. 소아와 태아의 정상적이지 않은 상태가 급격히 많아진 것에는 건강하지 못한 먹거리 영향도 크다. 거기에다 편리하게 쓰고 버린 환경호르

몬 제품의 역습이기도 한다.

　무엇을 먹느냐는 몸속에 생명을 넣느냐 죽음을 넣느냐의 현실적인 일이다. 독약을 먹으면 죽는다. 그러나 지금 상업화된 먹거리는 국민을 죽음으로 내몰고 있다. 생명이 없는 가공된 먹거리는 생명을 살리지 못한다. 많이 먹기를 부추기는 사회에서 더욱이나 공장 음식 먹기를 유혹해 국민건강보험이 거덜 날 수밖에 없다. 이제는 국민의 건강과 의료보험의 건강을 위해 정부에서 적극 나서야 한다. 상업적이 아닌 건강한 먹거리와 국민의 의식을 변화시키기 위한 적극적인 홍보가 필요하다. 기업체의 이익을 위해서가 아니라 국민의 건강을 위해 가짜 음식과 진짜 음식의 진실을 밝혀야 한다. 먹방 영상을 자제하고 올바른 식생활과 건강을 위한 식습관을 유도해야 한다. 국민이 건강해야 나라도 건강하다. (2024.6)

●중립국이 되어야 하는 이유

　인간의 역사는 전쟁과 투쟁과 반란의 기록이다. 그러면서 발전해 왔다. 파괴하고 다시 건설하고 또다시 파괴하는 과정을 되풀이하는 역사의 연속이다. 인간의 삶도 그렇다. 태어나고 성장하고 늙고 죽으면 다시 태어나면서 인류가 지금까지 생명체로 존재해 왔다. 세계사도 그랬다. 영원할 것 같은 제국의 흥망성쇠를 보면 영원이란 단어는 유한한 인간이 사용할 수 없는 단어임을 실감한다.

　5천 년의 역사를 가진 우리나라는 세계사에 드문 사례다. 그렇다고 세계를 호령했던 경력도, 지배했던 경험도 없는 동방에 외진 작은 나라다. 강대국의 침략에도 망할 듯하다 되살아났다. 죽은 척하다 부활한 나라다. 그런 힘과 원동력은 백성에게서 나왔고, 국민의 저력이다. 왕이나 지배층인 양반들이 나라를 지킨 게 아니다. 그들은 자기의 권위와 기득권만을 지키기 위해 노심초사했다. 지금의 정치판도 그렇다. 정치인 누구도 대한민국의 미래를 위해 싸우는 자는 없다. 앵무새처럼 입으로만 나라를 위한다. 나라가 위급하고 어려울 때 횃불을 든 건 백성이었고 국민이었다. 국민이 정치인보다 깨어 있었기에 지금 우리는 대한민국에서 살고 있다.

어느 때보다 혼란스러운 시기다. 세계 곳곳의 전쟁과 기후 위기와 자국 이기주의에 매몰되어 가는 세계 정치판에 대한민국은 더 위험스럽다. 전쟁을 부추기는 주변 강대국 사이에 지혜로운 우리 국민은 또 한 번의 현명한 선택이 필요하다.

스위스는 강대국이었던 프랑스, 독일, 이탈리아, 오스트리아 한 중앙에 있는 힘없는 작은 나라다. 주변 강대국이 부상할 때마다 침략을 당했다. 스위스는 4개 국어를 사용해 가족 간에도 말이 통하지 않는다고 한다. 당시 스위스의 위치는 지정학 상으로 우리와 같다. 미국, 러시아, 중국, 일본. 세계 최강국의 중심에 있는 우리나라는 세력의 균형이 깨지면 먹잇감이 되는 건 뻔하다.

스위스는 이런 상황에서 지혜롭게 영구 중립을 선언했다. 방어하기 위한 약간의 군사용 이외는 군대나 무기를 비축하지 않는다. 그 돈으로 국민복지에 사용한다. 왜 우리는 스위스 같은 결단을 내릴 수 없는가? 남북한의 체제 문제와 이념 갈등 상처를 치유하지 못한 업보가 남아 있어서다. 더욱 큰 원인은 남북한의 체제를 이용해 이득을 취하려는 악의 손길이 곳곳에 뻗어 있기 때문이다.

　이제는 국민들이 지혜롭게 선택해야 한다. 대한민국에 사는 우리가 전쟁의 불안 없이 모두가 행복하게 살 수 있는 길은 어딜까? 전쟁 무기를 만들고 안보를 담보로 무기를 사야 하는 돈으로 복지를 위해 쓸 수 있다면 우리 미래는 어떤 모습일까? 중립국이 되면 젊은이들이 군에 갈 필요도 없을 것이다. 계산을 잘해볼 일이다. 손해보다 이득이 더 많다면 우리 국민은 지혜로운 방법을 찾을 것이다. 국민 의식이 높아지면 정치권은 움직일 것이다. 대한민국이 세계사에서 사라지지 않으려면 영구 중립국을 선언해야 한다. (2024.7)

● 상업화에 멍들어가는 국민 건강

　단군 이후 지금 우리가 가장 잘살고, 가장 많이 배웠고, 가장 건강하게 오래 사는 세대라고 했다. 미래를 부정적으로 보는 게 아니냐는 견해도 있지만, 사실일 수도 있다. 50년 전에 우리보다 잘 살았던 나라들이 지금 후진국으로 전락한 사례가 많지 않은가? 60세 이후의 국민들은 나라와 가정을 일으켜 세워야 하는 막대한 사명감과 자부심이 있었다. 노력하면 할 수 있다는 기대와 희망이 보였기 때문에 너무 열심히 일을 했다. 당시에는 건강을 챙길 수 있는 형편도 아니었고 노후대책이라는 말도 사회적 이슈가 아니었다. 없음에서 있음을 창조하는 치열한 삶이었다.

　지금 우리의 건강수명이 급격하게 늘어난 데는 여러 환경적인 요인이 있었고 의료보험 혜택도 있다. 그러나 60대 이후 어르신들이 어렸을 때는 못 먹고 굶주렸지만, 자연식·건강식을 먹고 자란 세대다. 일부러 살을 빼느라 고생할 필요가 없었고 대부분이 유기농이었다. 열심히 육체노동을 했기에 체력이 단련되고 일부러 돈 들여 운동하지 않아도 기본 체력이 있었다. 거기에다 의료 혜택을 받고 있으니, 수명이 길어지는 건 당연한 결과다. 어쩌면 지금 노후를 지내고 있는 어르신들은 최고의 혜택을 받는 셈이다. 아직은 노인들이 발에 밟힐 정도로 많지 않기 때문이다. 앞으로 20년 후면 아마도 노인들의 죽음을 권장할 때가 올 것이다. 지금 일본의 경우도 그런 준비를 하고 있음을 예상한다. 우리나라도 예외는 아닐 것이다.

앞으로의 우리 후손은 우리보다 질병에 시달릴 것이다. 생명을 이어가야 하는 먹거리가 모두 생명이 없는 죽어있는 음식이다. 공장에서 만들어지는 죽은 음식으로 건강한 생명을 살리기는 어렵다. 요즈음은 건강을 상업화시켜 국민들을 세뇌하고 선동한다. 자본가와 기업가는 국민의 건강보다 기업의 건강을 더 챙긴다. 그런 속성으로 갈수록 노골화 되어가는 먹거리의 공장화는 국민의 건강에 치명적인 악영향을 끼칠 것이다. 선진국은 자국민에게 안전하고 질 좋은 먹을거리를 제공한다. 그러나 우리나라는 좋은 것은 수출하고 나쁜 것은 국민이 먹는다. 국민이 건강해야 의료보험도 건강하고 국가도 건강하다. 언론이나 방송도 이제는 건강을 빙자한 상업적인 마케팅보다 국민의 입장에서 건강에 대한 매뉴얼을 실행하기를 바란다. 국민 건강은 국가의 적극적인 의지가 없으면 기업가들만 배불리는 상태가 되어갈 것이다. (2024.8)

● 세금으로 충당하기 어려운 낭비

자본주의 기본 원리는 돈이 주인이다. 산업화 이후 대량 생산되는 물품을 소비해야만 사회가 지탱해 주고 일자리가 유지되며 개인의 삶이 안정된다. 과잉 생산된 물건들이 팔리지 않아 쌓이면서 공황이 일어났다. 빚을 얻고 카드를 써서라도 소비를 부추기는 게 자본주의 속성이다. 우리나라도 성장기를 지나면서 저축하자는 캠페인이 없어진 것은 이런 맥락일 것이다. 그러나 수입과 지출이 균형을 잃을 때 어떤 현상이 일어나는지는 모두가 알고 있다.

지금 나라 살림은 구구단도 알지 못하는 숫자 문맹이 운영하는 구멍가게 같다. 아니, 그보다 더 형편없는 운영이다. 돈을 낼 수 있는 사람은 돈을 받지 않겠다고 하고, 주머니를 털어도 낼 수 없는 사람에게 돈을 더 받겠다고 쥐어짜는 형국이다. 살림 하겠다는 건지 그만두겠다는 건지 감을 잡을 수 없다.

개인 살림도 수입에 따라 지출예산을 세운다. 지출예산도 지금 당장 소비해야 하는 품목과 미래를 위해 투자해야 하는 품목에 따라 정한다. 위기 사태를 대비하기 위해 적정한 예비비도 준비해 두어야 한다. 가장 좋은 건 안정된 수입을 늘리는 것이다. 수입이 적을 때는 사치품과 생존에 도움이 안 되는 것은 과감히 버려야 한다.

개인 살림도 이러할진대 국가의 살림은 더 계획적이고 치밀해야 한다. 미래의 먹거리를 위한 투자와 국민의 안전과 기업의 발전을 위한 투자를 우선해야 한다. 그러나 지금 우리 경제는 눈앞에 보이는 것을 과대 포장하기 위한 눈요깃거리에 낭비하는 모습으로 비쳐 염려스럽다. 이명박 정부 때도 그랬다. 열심히 해외 순방에 나가 경제 수주를 많이 했다고 거창하게 광고해 국민들을 들뜨게 했다. 그러나 그 결과는 참담했다. 그들이 실패한 책임은 모두 국민의 세금으로 광고비의 대가를 치러야 했다. 당시의 사절단과 경제 전문가들은 따라가 귀빈 대접만 받고 장구만 쳤다는 얘긴가? '아니요' 할 것은 '아니요' 한 전문가가 있었던가? 당시의 전문가들은 지금 무엇을 하는지 궁금하다. 지금도 그런 현상이 벌어지고 있는 것으로 보아 지금이나 그때나 반성한 사람이 없다는 말인가?

　내일을 기대할 수 없어 무기력해진 젊은이들, 국민들이 희망을 걸고 뽑은 대통령 부부의 행실에 자책하는 국민들, 초등생 수준보다 낮은 정치인의 행보에 미련을 버린 민심은 세금으로 충당하기 어려운 낭비다. (2024.9) *.윤석열 대통령에 대한 소견

● 불안의 징조

시절은 뒤로 가고 세월은 앞으로 삭네
부도난 꿈들이 젊음을 녹슬게 하고
안개 자욱한 거리 휘청이는 노인들
본 것도 느낀 것도 알고 있는 것도
가슴에 담아 빗장 걸어 못질해야 하는
검은 그림자의 본체가 다가오는 느낌
으스스 머리끝이 쭈뼛거리는 한기

1:5000만 중에 어느 것이 더 큰지

산수를 못 하는 대단한 어리석음
애착 남편 표창을 추천하고 싶은
개를 사랑하는 분

안개야 걷혀라 걷혀 버려라. (2024.10)

● 이건, 아니다

 민주주의는 피를 먹고 피는 꽃이라 한다
우리 민주주의 역사는 더욱 그랬다
이런 자부심과 뿌리를 송두리째 뽑으려는 시도를
전 국민은 생중계로 봐야 했다
수치심과 분노로 하루 종일 소리쳤다
야, 이 미친놈! 또라이!
내 입에서 이런 거친 말이 나오는 게 부끄럽다
더 부끄러운 건 이런 사람을 대통령으로 뽑은 손가락이다
알면서 권력에 빌붙어 영달을 꾀하는 정치인의 행보다
그런 사람도 우리가 뽑은 국회의원이다

절체절명의 아찔한 순간, 용감한 국민이 어둠을 찢었다
국회 앞에서 군인과 장갑차 진입을 몸을 던져 막았다
위태로울 때마다 국민은 목숨을 던져 나라를 구했다
독재에 목숨을 던진 국민이 있었기에
40년 동안 민주주의를 지킬 수 있었다
그런데, 그런데,

원점으로 돌리려는 망상가의 행보로 아찔한 순간을 봐야만 했다
이건 아니다
누가 뭐래도 아니다

아직도 북한을 이용해 정권을 유지하려는 꼼수를 쓰는
유치한 정치인
자리가 위태로울 때 전쟁을 일으키는 나쁜 정치인이
명분을 만들려는 신호가 있음을 보며 기도했다
신이시여 이 나라를 도우소서!
정치인들에게 분별력을 주시고
국민에게 지혜를 주시며
대한민국을 지켜주소서!
(2024.12) *윤석열 대통령의 계엄선포에 대한 소회

● 대통령은 대한민국이 아니다

    1980년으로 뒤돌아 가버린 정치인의 어이없는 행보에 많은 생각을 하게 했다. 우리가 80년 동안 피 흘려 싸우고 얻어냈던 게 과연 무엇인가? 우리 국민은 아직도 독재를 그리워하고 있는가? 독재시대를 꿈꾸고 계획하고 여기에 동조하는 일부 국민과 정치인은 성공하지 못한 계엄에 아쉬워하고 있다.
    작가상을 준다고 해 참석한 시상식 장소에서 어르신 작가의 말이 나를 충격에 빠트렸다. 한남동에서 밤샘하고 오느라 화장도 못 하고 왔다며 대한민국을 지키기 위해 대통령을 지켜야 한다고 했다. 대한민국은 김일성 일가 독재 체제와는 다른 자유민주국가

다. 국민이 주인이고 대통령은 국민이 선택한 일꾼이다. 일꾼이 일을 못 하고 주인의 곡간을 축내거나 밥만 축내거나 도둑질로 자기 배만 채운다면 주인은 당연히 일꾼을 내보낼 수 있다. 주인이 주인행세를 못 할 때 종이 주인을 몰아내고 주인행세를 한다.

일본이 우리에게 저지른 악행도 용서할 수 있다. 그러나 용서하기 어려운 게 몇 가지 있다. 권력을 잡기 위해 군대를 동원해 국민을 살상한 역사의 비극은 용서하기 힘들다. 국민을 지키라고 낸 세금으로 운영하는 국가 기관에서 국민을 학살한 것은 용서해도 안 된다. 이건 자식이 부모에게 총칼을 들이대는 불효 짓이다.

지인과 언쟁을 벌이다 서로 서먹해진 일이 있다.
"우리나라는 독재가 필요해. 나라를 지키려면 몇 명의 사람쯤은 희생할 수도 있지"
"당신 아들이 좋은 대학 나왔다고 자랑하던데 희생된 대학생이 모두 좋은 대학 출신이거든. 그중에 당신 아들이 희생되었어도 그렇게 말할 수 있을까?" 그는 버럭 화를 냈다. 말이라도 그렇게 한다며 기분 나빠 자리를 털고 나갔다. 남의 아들은 희생당해도 괜찮고 내 아들은 희생할 수 없다는 이기적인 논리는 우리 사회를 혼란에 빠지게 한다. 그런 불행들이 내게도 일어날 수 있고 내가 당했다면 하는 역지사지의 마음을 갖지 않기에 불행의 역사는 되풀이되고 있다. 세월호와 이태원 사건도 내 자식이 당했다면 그렇게 뻔뻔해질 수 있을까?

민주주의는 국민의 수준만큼만 자란다. 아직도 정치인의 의식 수준이 북한을 이용해 정권을 연장하려는 계획을 세운다면, 국민을 지켜야 하는 군대를 이용해 국민에게 총을 겨누게 한다면, 이런 망나니 정치인을 지키려 한다면 대한민국은 희망이 없다.

대통령은 대한민국이 아니다.
대한민국은 대통령의 나라가 아니다.
대한민국은 국민이 주인이다.   (2024.12)

● 나만 힘든 건 아니네

  텔레비전에서 동물의 왕국을 즐겨본다. 동물들도 살아내기 위해 나름대로 생존 방법을 가지고 치열하게 살아가는 모습이 공감이 간다. 권위와 지위를 지키기 위해 목숨을 내건 수컷들의 싸움은 인간사의 모습이다. 동물의 세계에서는 강하고 건강한 씨를 받아야만 치열한 생존경쟁에서 살아남는 자연법칙에 본능적으로 행동한다.

  무심히 밟아 죽여도 아무런 가책을 받지 않는 곤충들의 삶을 지켜본다. 곤충들도 처음이고 마지막의 삶을 산다. 개미굴을 자세히 보면 개미의 생활이나 내 생활이 다를 게 없다. 집을 짓고 싸우고 먹을 것을 들여온다. 새끼를 보살피고 식량을 저장하고 창고를 수리한다. 분주히 움직이며 나름의 역할에 충실 한다. 그 중에도 게으름 부리는 놈도 있다. 외부의 침입에 집단을 지키기 위해 목숨을 걸고 전쟁한다. 목이 떨어져 쌓인 개미의 시체를 보며 인간의 전쟁을 연상한다. 밟고 다니는 잡초도 살아내느라 치열하게 애쓴다. 돌 틈에 씨가 내려 제대로 자라지도 못하면서 종족을 남기려 꽃을 피워내는 고달픈 생존을 본다.

  사람은 자기 기준으로 상대를 판단한다. 자기 고통이 제일 큰 것처럼 착각한다. 목숨이 위태로워 수술한 남의 상처보다 내 손톱 밑 가시가 더 아프게 느낀다. 각자의 일생을 저울로 달아보면 똑같이 공평하다는 말이 있다. 겉에 보이는 모습이 그 사람의 전부는 아니다. 나도 남에게 잘 보이려고 포장하듯이 상대도 내게 잘 보이려고 과대포장 한다. 우리는 대부분 포장지만 본다. 어느 것은 내용보다 포장비가 더 비싸다.

돈 있고 잘나고 잘 배우고 부모 잘 만나 유산도 많이 받은 이웃을 부러워하지만, 정작 이웃은 불행하다고 우울해한다. 어느 땐 그들이 부럽기도 했다. 그러나 속내를 알고 보면 그 이웃도 돈으로 해결할 수 없는 아픔이 있다. 이 세상에 가장 큰 아픔은 돈으로도 해결할 수 없는 것이다. 좀 더 떨어져 관찰자의 눈으로 주변을 보면 나만 힘든 게 아님을 알게 된다. 살아 있는 모든 생명은 살아내느라 애쓴다.

같이 가는 일행이 힘들어 넘어질 때 손잡아주고 고단함도 억울함도 서러움까지도 나누며 가는 길이라면 서로에게 위로가 되지 않을까? 한 손을 다른 손으로 마주 잡으면 기도하는 손이 되고, 옆 사람과 잡으면 우리가 되고, 모두가 잡으면 공동체가 된다. 각자의 무거운 짐을 지고 가야하는 삶이라면 서로 다독여주며 오늘 살아 있음을 감사할 일이다. (2025.1)

● 우방은 없다

가장 친하다고 생각했던 친구가 사소한 이권에 배신한 일을 누구나 한 번쯤 경험해 봤을 것이다. 친하다고 생각해 남들에게 하지 못했던 사사로운 일도 공유하고 설마 내 돈을 떼어먹겠어! 하면서 비상금을 빌려준다. 가정사와 대소사를 같이 나누며 때로는 친척보다 더 가까이 지낸다. 이렇게 지내던 지인이 이권에 얽히면 더 무서운 적이 되어 내게 치명적인 손해를 끼친다. 또한 내 약점을 잘 알기에 감당하기 어려운 적이 된다. 내 편이라고 생각하고 믿었던 지인이 나의 약점을 들춰내 나를 공격했을 때, 대비하지 못해 당하는 황당함이란 이루 말할 수 없다. 더욱이나 가장 어려울 때를 골라 집중적으로 공격하면 배신감과 낭패감은 절망에 가깝다.

이런 사례는 비단 개인적인 일만이 아니다. 무법천지 같은 요즈음의 국제 정세를 보면 어제의 우방이 오늘은 적이 되고, 오늘의 적이 내일은 동지가 된다. 그야말로 요지경이다. 러시아와 우크라이나의 관계에서 씁쓸한 교훈을 얻는다. 이해관계로 충돌한 국제 사회는 유럽, 미국, 러시아, 우크라이나의 미묘한 이권 문제로 얽히고설키어 명쾌한 해답을 찾기 어렵다. 힘의 논리에 약자들만 새우가 되어간다. 중국과 혈맹이라고 끈끈한 관계를 맺어왔던 북한이 러시아와 손잡고 중국을 견제한다. 중국이 더 이상 북한 이익에 도움을 주지 않는다는 실망감이었을 것이다.

우리는 어떠한가? 극우들이 태극기와 성조기를 흔들며 미국이 대한민국을 구원해 주는 구세주의 나라처럼 착각하는 믿음만큼 미국은 우리에게 믿을만한 우방인가? 미국이 우리나라에 주둔해 도와주는 척하는 이유가 진정으로 대한민국의 안전을 위해 그럴까? 좀 더 냉정하게 생각해 봐야 할 때다. 일본을 지키기 위해 우리나라에 미군을 주둔시키고 있는 것은 아닐까? 중국의 태평양 진출을 막기 위해 제주도에 해군기지를 세우고 공군기지를 세우려 하는 것은 아닐까? 사드를 설치한 건 우리나라를 위한 것일까? 물론 미군 주둔으로 우리의 전쟁 가능성을 방지할 수 있다고 생각하지만, 트럼프가 우리에게 요구하는 어마어마한 군사비용을 우리가 부담하면서까지 미군을 붙잡을 이유가 있는가? 우리가 당당히 미군 철수를 주장한다면 오히려 미국 측에서 비용을 부담하면서 주둔하기를 원할 수도 있지 않을까? 지금 우리나라는 60년대의 후진국이 아니다. 세계 6위의 군사력을 가지고 있고 북한을 두려워할 이유는 없다. 북한이 핵무기를 쓴다면 동반자살을 선택한 경우다. 이제 우리나라도 스스로 역량을 키워 국제사회에 당당하게 외교를 펼칠 필요가 있다. (2025.3)

● 사람이 우선인 나라에 살고 싶다

국가의 3대 요소는 국민, 영토, 주권이다. 이 중에 어느 하나라도 빠지면 국가라 인정하지 않는다. 그중에 가장 중요한 요소는 당연히 국민이다. 남극이나 북극은 땅이 넓어도 국가라 하지 않는다. 선진국이냐, 후진국이냐의 척도도 국민 의식 수준이다. 우리나라가 선진국으로 인정받지 못하는 것도, 경제의 문제가 아니다. 국민 의식 수준이 미달해서다. 우리가 비아냥거리는 졸부의 형태가 지금 우리나라 수준이다. 사람이 살면서 하루인들 뉴스에 나오는 사건사고가 없을 수는 없다. 개인도 그러한데 국가를 이룬 국민 수만큼 다양한 사건이 일어나는 건 일상사다. 그러나 이건 아니지 않은가?

세월호의 사건도 아직 치유되지 않고 국민에게 트라우마로 남아있다. 이 문제로 정권이 뒤흔들렸다. 아까운 젊은 생명을 국민이 생중계로 지켜보는 가운데 물속에 수장해야 했다. 이런 국가를 과연 신뢰할 수 있는가? 당시 내가 쓴 칼럼 중에 소를 잃고라도 외양간을 제대로 고쳐야 다시는 그런 불행을 재연하지 않을 거라 했다. 아직도 외양간을 고치지 않아 이태원 사고가 났다. 이런 어이없는 불행한 이에도 정치인의 편 가르기 싸움은 국민들의 마음을 피폐하게 했다. 얼마든지 예방할 수 있는 대형 사고다. 어쩔 수 없는 사고였다고 치더라도 처리는 신속하게 의혹이 없이 국민이 이해하도록 했어야 했다. 국가의 미래를 위해, 젊은이들의 살길을 위해, 국민들의 안전을 위해, 시간과 열정과 의욕을 가지는 정치인은 없어 보인다.

최상급 의사는 병이 나기 전에 예방하는 의사다. 징조가 있을 때 치료하는 의사는 중급 의사다. 병이 났을 때 치료하는 의사는 하급 의사라고 한다. 지금 국가의 처방과 대책은 하급도 아니다. 아예 의사가 없는 상황이다. 서로 네 탓으로 책임을 떠넘기고 발뺌하는 모습이 영 꼴사납다. 젊은이가 줄어들어 대한민국의 미래가 불안한 지금 대형사고, 현장 작업 사고, 안전사고가 대부분 아까운 젊은이들이다. 모든 국민이 간절히 원하는 건, 아침에 손 흔들고 웃으며 나갔던 가족이 저녁에는 행복한 모습으로 돌아와 식탁에 마주 앉는 것이다. 이러한 일상이 특별한 일이 된다면 국가는 무엇 때문에 있어야 하며 내가 낸 아까운 세금으로 정치인을 먹여 살려야 하는 이유가 없는 것이다. 국민이 원하는 건 생명의 위협을 느끼지 않고 하루 세끼 평범하게 먹고 이웃과 더불어 평온하게 살아갈 수 있는 국가다. (2025.5)

● 경제를 살리기 위한 뉴딜 정책이 필요하다

이재명 정부가 들어서면서 화두가 경제 살리기다. 지금 세계정세로 보아 우리나라만 힘든 건 아니다. 더욱이나 윤석열 정부에서 명분만 내세우며 서민의 경제를 곤두박질하게 한 것이 더욱 악영향을 끼쳤다. 지도자의 역량은 어떠해야 하는지 국민이 온몸으로 체험한 3년이다. 비싼 대가를 치르는 중이다. 국민을 위해 사용되는 권력이 아니라 자신의 안위를 위해 사용한 권력은 국민과 본인에게 얼마나 치명적인지 역사는 증거하고 있다. 그러나 아직도 우리 정치인은 역사의 교훈을 터득하지 못하고 되풀이하고 있다. 이에 동조하는 공무원이나 권력자들, 국민들은 역사교육을 시켜야 하지 않을까? 친일과 권력자의 횡포가 어떠한지 우리의 역사를 바로 세워야 배울 게 있을 것이다. 아직도 과거를 깨끗하게 청산하지 못해 국민의 머릿속에는 애국자는 망한다는 의식이 남아 있다. 지금 우리 사회가 일치하지 못하고 혼란스러운 것은 정신 분열 상태이기 때문이다.

　미국 대통령은 2선만 가능하도록 헌법에 정해놓았다. 그러나 국민의 열렬한 지지로 유례없이 4선을 한 대통령이 있다. 루스벨트 대통령이다. 미국이 가장 어려웠을 때 임무를 맡은 대통령이다. 1929년에 시작된 대공황을 극복했고 세계 2차 대전을 승리로 이끌어 지금의 미국을 만드는데 초석이 되었다. 루스벨트 대통령이 구제와 회복, 개혁이라는 뉴딜정책을 발표했을 때 극심한 반대에 부딪쳤다고 한다. 반대파를 설득해 정책을 실행했을 때는 당장 효과가 극대화하지는 못했지만 지나고 나서야 얼마나 위대한 발상이었는지 안다. 그때 그렇게 하지 못했다면 지금의 미국은 강대국이 아니었을지도 모른다. 102층 엠파이어 스테이트 빌딩에 들어가 보았다. 대공황에 실업자가 넘쳐나고 공장은 문을 닫고 일자리가 없어 굶주려야 하는 서민들은 노숙자 신세가 되었다. 실업자에게 일자리를 제공하기 위해 그 높은 102층을 기계를 쓰지 않고 인력으로 1년 45일 만에 완공했다. 처음엔 부실 공사일 거라는 생각에 입주자가 없었다. 사고로 비행기가 빌딩에 부딪혀 많은 승객이 목숨을 잃었는데도 빌딩은 손상이 없었다. 그때서야 입주자들이 몰려왔다 한다. 100년이 넘은 빌딩은 지금 새 건물에 비해도 하자가 없다. 왜 루스벨트 대통령이 재임 하도록 국민이 허락했는지 이해가 갔다.

우리 정치권도 탁상공론에 정당의 명분만 내세우지 말고, 국민을 위해 어떻게 해야 할지 머리를 맞대야 할 때다. 불신과 의혹과 분열을 화합으로 이끌어 국민이 믿고 단결해 내일의 대한민국을 바르게 이끌어가야 할 책임이 이재명 정부에 맡겨졌다. 지금 상처를 치료하지 않으면 더 큰 혼란이 발생할 것이다. 배가 고프면 성인군자도 마음의 평화를 잃는다. 인간의 기본적인 욕구이기 때문이다. 이재명 정부가 의욕적으로 민생 살리기에 주력하는 모습을 지켜보면서 성공한 대통령으로 기억되기를 바라는 마음 간절하다. (2025.7)

● 악몽은 빨리 깨어나야 한다

어렸을 땐 악몽을 자주 꾸었다. 쫓기거나 절벽 낭떠러지에서 떨어지거나 마귀 형상이 달려드는 꿈이다. 무서워 소리치고 발버둥 치던 경험은 한 번쯤 가져봤을 것이다. 꿈을 깨고 나서도 가위눌려 있던 온몸이 굳어있어 숨을 쉬지 못했던 경험은 살면서도 느낀다. 무서운 꿈에서 가위눌려 헉헉거릴 때 엄마가 흔들어 깨워주곤 했다. 악몽은 빨리 깨어야 한다. 아니면 후유증이 심하다. 어른들은 크느라고 무서운 꿈을 꾼다고 했다. 어른이 되어서도 몸과 마음이 편안하지 않을 때 불안한 징조가 있을 때 깨고 나면 기분이 좋지 않은 꿈 때문에 마음에 그림자를 느끼곤 했다.

3년 동안 대한민국은 악몽에 시달렸다. 옛 어른들의 말처럼 성장하기 위한 과정이라고 믿고 싶다. 성장통이라고 하기에는 너무나 큰 상처와 자존감의 상실을 겪어야 했다. 80년 동안 우리는 안전한 삶과 자유와 평화로운 삶을 위해 목숨을 잃고 피를 흘리며 싸웠다. 그렇게 다져온 기반을 한꺼번에 잃을 뻔했다. 아찔한 순간을 겪었다.

아직도 80년대의 동물적인 의식을 가지고 21세기를 지배하려는 정치인이 우리 세포에 살아 있다는 게 부끄럽다. 그런 정치인을 뽑은 후진적인 생각을 가진 국민이 대다수라는 증거이다. 상식 이하의 생각과 행동을 하게 한 것은 무엇이 원인일까? 대한민국이 앞으로 어떻게 되어가든 국민의 삶이 도탄에 빠지든 아랑곳하지 않고 자기들의 안위와 이익만을 위한 이기주의적인 정치인을 우리가 선택했다는 것이다. 국민의 정신이 깨어있지 않으면 민주주의는 우민(愚民)정치로 전락할 수 있는 맹점이 있다. 3년 동안 우민정치를 겪은 국민이 비싼 수업료를 지불하고 배운 공부였으면 한다.

검찰 출신과 사업가 출신이 대통령이 되어 성공한 사례는 없다고 한다. 우리도 경험한 사례다. 국가는 개인 조직이 아니다. 국가나 기업이나 단체나 동아리도 리더가 어떤 사람이냐에 따라 결과가 다르다는 걸 모두는 알고 있다. 능력 없는 리더는 자기 자리를 지키기 위해 극좌·극우를 조장해 편 가름 한다. 서로 대치하게 만들어 대결을 시킨다. 한쪽으로 치우치면 배도 뒤집어지고 산도 무너진다. 사람도 몸의 균형이 맞아야 건강하듯 나라도 그렇다.

서로를 혐오하는 국민 정서를 이해와 배려로 균형을 잡아야 한다. 다시는 악몽에 빠지는 일이 없도록 국민이 정치인을 감시·감독하는 데 소홀함이 없어야 한다. (2025.8)

● 대한민국 STOP! & GO!

움직이는 것은 영원하지 않다. 아니, 존재하고 기억하는 모든 것은 영원하지 않다. 영원하다는 약속은 인간이 쓸 수 없는 단어다. 영원한 사랑도, 영원한 권력도, 영원한 번영도, 지구상에는 없었다.

길은 로마로 통한다는 말을 만든 국가도, 해가 지지 않는다는 영국의 번영도 영원하지 않았다. 초원의 말을 전투 무기로 사용해 세계를 정복한 칭기즈칸도, 동서양을 넘나들던 알렉산더가 세운 나라도, 천하를 통일한 진시황도 그들의 야망과 기대와는 달리 영원하지 못했다. 역사에서 보는 흥망성쇠는 사계절의 변화를 보는 것 같다. 나라도 사회도 사람도 비슷한 패턴으로 흐른다. 정상에 있을 때 오래 버티느냐 버틸 수 있는 기력이 없어 처지느냐의 차이가 있을 뿐이다.

정상에 올랐을 때 내려올 것에 대비해 연습과 훈련을 많이 한 지혜로운 산악인은 조난당할 위험이 적을 것이다. 설령 천지지변에 조난당해도 살아날 가능성이 높다. 등산을 시작할 때는 새로운 계획과 준비와 마음가짐을 여민다. 그러다가 어느 정도 오르다 보면 긴장도 풀어지고 여유도 생긴다. 이런 때가 더 위험하다. 익사 사고가 잦을 때를 보면, 꽁꽁 얼었던 겨울 강이 아니라 봄에 얼음이 녹기 시작할 때다. 사람의 일도 그렇지만, 나라도 마찬가지다.

지금 대한민국은 어느 즈음에 와 있을까? 경제 규모는 공식적으로 세계 10위권이라 하는데 이게 지속될지는 누구도 장담하지 못한다. 세계적인 경제 혼란과 정치적 불안과 이념적 갈등이 어느 때보다 더 위험한 시기다. 대한민국은 75년이 넘는 이 기간에 전쟁의 두려움을 안고 경제 성장을 이루었지만, 전쟁이 끝난 게 아니고 휴전 중이다. 전쟁의 가능성을 안고 살아가야 하는 원초적 불안을 가지고 있다. 모든 국민이 단합해 경제를 성장시키고 정치를 안정시켜야만 조금만 더 오르면 정상에 설 수 있는 기회를 가진다. 모든 물질을 움직이는 것은 정신과 마음이다. 바른 생각으로 정당한 말을 하고 옳은 행동으로 움직이는 게 발전과 변화의 기원이다. 우리 국민이 가지는 지금의 극단적인 생각과 말과 행동이 옳고 정당하고 바른지 감정이 아니라 이성으로 숨을 고르며 생각해 봐야 한다. 삶은 양과 음이 조화로워야 몸도 가정도 사회도 건강하다. 어느 한쪽에 심하게 치우쳐 있을 때 사람은 건강을 잃고 나라는 혼란이 온다.

지금 세계 사람들은 대한민국을 주목하고 있다. 기적이라며 부러워하는 성장과 민주화와 문화가 이 상태에서 STOP 할 것인가? 더욱더 진화하고 발전시켜 GO를 할 것인가? 우리의 갈림길을 지켜보고 있다. 대한민국 국민의 생존에 대한 중대한 문제다. 후손에게 위대한 선조로 남을 것인가? 업적을 후퇴시킨 졸렬한 선조로 기록될 것인가를 선택해야 하는 시기다. 정치인들도 중요한 몫을 맡고 있지만, 대한민국은 국민의 것이다. 이 역경을 넘기 위해 다시 한 번 마음을 통합하고 미래를 위해 오늘 새로운 계획을 꾸려야한다. (2025.10)